村田和代
井出里咲子
編

Edited by
Kazuyo Murata
and
Risako Ide

雑談の美学

言語研究からの再考
The Kaleidoscope of Small Talk
A Linguistic Approach

ひつじ書房

序章
雑談とその諸相

井出里咲子・村田和代

1. はじめに

　職場、学校、家庭、公共場面、サイバー空間といった日常生活のあらゆる場面は他愛のない雑談に満ち溢れている。友人同士のおしゃべりや職場でのちょっとした立ち話。近所の人やタクシー運転手と交わす世間話から、LINE や Facebook での繋がり合いのやりとり。テレビをつければバラエティー番組のタレントたちが楽しげなおしゃべりに興じている。いわゆる雑談は、とりとめもなく、目的もなく、気楽にさまざまなことについて喋る行為を総じて指すが、我々はなぜこうした取るに足らないおしゃべりとしての雑談に興じるのだろう。

　近年「雑談力」という言葉が世間に定着するほどまでに、社会的スキルとしての雑談の価値が注目を浴びるようになった。齋藤孝の『雑談力が上がる話し方─30 秒でうちとける会話のルール』は売上 43 万部超の 2013 年度のベストセラーであるが、初対面の相手と自然に話す上でのノウハウが、大学生や営業職につくサラリーマンなどに向けて伝授されている。ほかにも「伝え方が 9 割」、「しゃべる技術」、「相手の心をつかむ話法」といった謳い文句に彩られたハウツー本が書店に並ぶが、これはビジネスに限らず恋愛や人付き合いなどの世渡りの上で、雑談的な能力が欠かせないスキルであることを物語っている。

　こうした雑談力への希求の背景には、社会の近代化に伴う地縁組織の崩壊や核家族化、また生活全般における対面コミュニケーションによるつながりの希薄化があるだろう。一方昨今では、安心・安全なくらしのためのネットワークの再構築が求められ、テーマ型コミュニティが各地で発生し、また

SNS の発達に伴いつながりの再評価が行われるようになってきた。そうした中で人と人とがつながりあう術としての雑談に注目が集まっているのであろう。

2. ことばの交感的機能

　そもそも人はなにゆえに話すのであろう。言語、そして話すという行為は、社会的集団の結束を促進するために進化したヒト特有の能力である。『ことばの起源—猿の毛づくろい、人のゴシップ』を著したダンバーによれば、群れの仲間内での毛づくろい(グルーミング)は猿や類人猿が従事する最も社会的な行動であり、友情と忠誠の証として一日の時間の 10 〜 20%もがその行為に費やされている。毛づくろいのような肉体的接触で集団の連帯を維持、強化していた我々の先祖は、より大きな集団を維持する必要が生じる過程で、声による接触に依存するようになった。そこで交わされるやりとりは、自分と相手との関係構築だけでなく、他人同士の関係性をも確認するためのゴシップ的な性質を帯び、ひいては社会の全体性を司る上で機能するようになる。人の会話の中で、ゴシップも含めた社交的な話題は全会話時間のおよそ三分の二に及ぶことは多数の調査に報告されていることだが、こうした言語のもつ社会的関係性維持の機能に初めて当てられた用語が、マリノフスキーの「ことばの交感的機能」(phatic communion)である。

　文化人類学者のマリノフスキーは南太平洋トロブリアンド諸島にて、交換、贈与という社会経済の本質的な行為をめぐる参与観察を行った際、人々が夜な夜な焚き火を囲んで話す姿に、言語には情報交換だけでなく、目的もなく自由に交わされる ('language used in free, aimless, social intercourse') 交感的または交話的な機能があることを報告した (Malinowski 1923: 142)。近所の人に声をかけるようなあいさつや天気の話などは、情報伝達や合意形成を直接の目的としないが、話し手と聞き手とが互いに相手を認識し、つながりとしての一体感や親密感を感じる上での社会的機能をもつ。ヤコブソンの言語の七機能の１つでもあることばの交感的機能は、しかしながら言語学や

人類学の初期の流れにおいては、些末で特に重要な意味をもたない言語事象
として、長い間分析の対象とは見做されてこなかった。このことは、たとえ
ば英語における特段意味のないおしゃべりや雑談がスモールトーク（small
talk）と呼ばれ、より重要で価値のある talk や speech と区別されてきことと
無関係ではないだろう。ここで社会言語学や言語人類学を含めた広義での言
語学において、こうした雑談の研究が辿ってきた系譜を、英語を中心とした
会話と日本語会話の研究動向とに区別して簡単に紹介したい。

3. 雑談の言語学

　近年、言語学の分野では、録音録画機器やコーパスの発達などに伴って言
語データの収集方法が飛躍的に進化したことから、文や節を単位とする「発
話」から、一文一節以上のまとまりとしての「会話」や「談話」の研究が実
践されるようになってきた。その中で、雑談やスモールトークは「自然会
話」、「日常談話」といったカテゴリーの中に入れられ、談話分析、会話分
析、自然言語処理などのさまざまな方法論や理論を用いて研究されてきた。
しかしこうした雑談的なやりとりは、あくまで日常会話や自然談話をデータ
に日常的な「褒め」や「話者交代」、「コードスイッチ」といった分析事象を
抜き出すために用いられ、雑談を構成する語用論的、行為連鎖的、社会言語
学的側面を捉えてはいても、雑談の本質そのものを探求せんとする研究は多
いとは言えない。

　ここで改めて欧米の社会言語学、語用論、言語人類学を含む広義での言語
学分野における会話（conversation）の定義を紐解くと、そこには会話を「日
常的で普通の会話」と、そうでないものとしての「制度的な会話」とに大別
する流れがある。たとえば Levinson（1983: 284）は、普通の会話（ordinary
conversation）を「制度的場面の外で取り交わされる二名以上の参与者による
自由参与の話」（下線は筆者による）と定義する。さらに普通の会話は、「実
利目的でなく、話そのものを楽しむ」ものであり（Eggins and Slade 1997: 6,
19）、「より制度的なインタビュー、討論、会見、宗教儀礼などから区別さ

れるもの」(Duranti 1997: 250) としても認識されている。また Goodwin and Heritage は、普通の会話が、自然界の言語使用の本源的場 (primordial site) を構築し、より専門的コミュニケーションの場への出発点となると指摘している (Goodwin and Heritage 1990: 289)。

　このように専門性のない、あくまでも日常的なデフォルトとしての会話のもつ社会的機能に最初に着目した Beinstein (1975) は、雑談としてのスモールトークを「沈黙」と「討議」(meaningful discussion) との中間点に位置する現象と捉え、総じてスモールトークがアメリカ社会の中産階級特有の発話形態であることを考察した。またイギリスのさまざまな社会的場面でのスモールトークを研究した Schneider (1988) は、その雑談内容を、パーティーやパブで積極的に交わされる「オフェンス型」と、スーパーのレジや駅などで時間を潰すために交わされる「ディフェンス型」の二種に分け、それぞれの型におけるインターアクションの構造や話題転換について分析した。

　雑談としてのおしゃべりを、特定の社会的状況下でのフィールドワークに基づいて分析した代表的研究に、Lindenfeld (1990) と Bailey (1996) がある。Lindenfeld は参与観察、インタビューなどを組み合わせたことばの民族誌の手法を用い、フランス都市部の市場をフィールドに、売り子と客とのおしゃべりを分析している。売り子の呼びかけ、客とのおしゃべりやジョーク、そしてからかい合いを通して、Lindenfeld はスモールトークが都市コミュニティに生きる人びとが習得すべきスキルであり、またこうしたおしゃべりのある場所に、共通の規範意識を想起させる実践コミュニティが存在することを指摘している (1990: 47)。一方でおしゃべりとしての技能がコミュニケーション上のコンペテンスの表れであるということは、同じ規範意識を持ち合わせない人々が対峙した際に生じる亀裂から明らかである。Bailey (1996) は、1992 年にアメリカ、ロサンジェルスで勃発した「ロス暴動」の際、韓国系の商店街がアフリカ系住民によって放火や略奪にあったことを契機に、ロサンジェルスの韓国系店舗にて、韓国系の店員とアフリカ系アメリカ人の客とのやりとりをフィールドワークした調査を行っている。その結果、他愛のないおしゃべりにおいて相手への敬意 (respect) の示し方が、韓国系とアフ

リカ系とで大きく異なり、それがおしゃべりにおける齟齬を生み、結果として互いの帰属集団への侮蔑意識を生み出していることを明らかにしている。

　Lindenfeld と Bailey の研究がそうであるように、90 年代以降の欧米での言語研究では制度的談話（institutional talk）や職場談話（workplace discourse）が盛んになり、雑談としてのおしゃべりの意味機能について、サービス場面やビジネスの場での会話をデータに調査する傾向が高まった。アメリカ社会のコンビニ店と花屋における店員と客のやりとりの間に生じるスモールトークを分析した井出（2005, 2008）は、協働での自己開示や声の強弱、参与者の視線や体の向きなどをきっかけに実践されるフレームシフトの過程を分析し、スモールトークが場の参与者間に同調のリズムを生み出す語用論的機能について考察した。さらに Coupland（2000）では、職場の同僚同士の雑談から、旅行代理店やスーパーのレジでの店員と客のおしゃべり、さらに夕食を囲む家庭の食卓での噂話などをデータに分析が行われている。ここでは、同時に多様な機能をもつ発話の中で、対人関係に関わる機能が突出する話しをスモールトークと捉え、スモールトークを介して対人関係が相互的かつダイナミックに構築される様子が報告されている。さらに職場談話の異文化間比較研究として、ニュージーランドと日本の職場で同僚同士が交わす雑談やユーモアの考察をした Murata（2014, 2015）がある。ここでは、ニュージーランド人と日本人とが抱く異なるミーティング、会議や打ち合わせ観を考察しながら、中核となるビジネス的会話と社交目的の会話とが、それぞれ異なる方法で関係性を構築する過程が分析されている。

4.　日本語会話の雑談研究

　翻って日本語の日常会話の分析においても雑談データは多く利用されている。たとえば初対面会話は、ある特定の状況下で引き合わされた会話参与者が最初の自己紹介から交わす雑談的なおしゃべりをデータとするが、その雑談において選択される話題の種類、話題の開始と終了方法、話題転換のプロセスにみられる言語・非言語的特徴、また話題の推移の仕方についての分析

が多くみられる（宇佐美・嶺田 1995, 串田 1997, 三牧 1999, 河内 2009）。雑談の中の局所的な構造については、たとえば李（2000）は雑談の中に生じる体験談としてのナラティブを分析対象とし、長く話しを続けていく上での会話の管理方式を分析している。また親しい友人同士の雑談に生じるナラティブについて分析した大津（2005）では、友人同士の雑談ならではの会話における冗談や可笑しみが協働して構築される様子が、声の引用（創作ダイアログ）を巡って分析されている。雑談の構造を総括的に分析した筒井（2012）は雑談を話題で区分し、話題ごとの内容の種類とその話題を構成する連鎖組織の分析を行っている。さらに、藤本他（2003）や熊谷・木谷（2005）では、雑談をインタビューや討論といった形式度の高い会話と比較した上で、雑談の話題の広さ、テンポの良さ、会話進行上の役割が固定しないといった特徴を記述した。

　これらの日本語談話の展開に関わる研究の一方で、日本語教育の分野では第二言語としての日本語による雑談研究も盛んである。たとえば樋口（1997）では母語話者と非母語話者との初対面会話において、相手が母語話者かどうかによりいかに自己紹介の仕方が変わるかを分析している。また佐々木（1998）は母語話者・非母語話者それぞれに対する、母語話者の雑談における情報要求発話の量についての分析を、さらに伊集院（2004）は、雑談のデータを用いて、相手が母語話者かどうかによっていかにスピーチスタイルが使い分けられているかについて分析をしている。

5.　雑談をめぐるいくつかの指標

　以上のように、国外・国内ともに、雑談やスモールトークを利用した研究はさまざまにある。しかし、雑談そのものの本質について考える論考は多いとはいえない。本書は雑談的な会話をデータに、さまざまな角度からコミュニケーション、そして人間社会における雑談の役割について考えることを目的とするが、その際行うべきこととして、何を「雑談」と見做し、何を「雑談でない」とするかが挙げられるだろう。本書では雑談の定義そのものは各

章の執筆者に委ね、あえて共通した雑談の定義を設置していないが、たとえば前述の筒井（2012）は『雑談の構造分析』において、雑談を「特定の達成すべき課題がない状況において、あるいは課題があってもそれを行っていない時期において、相手と共に時を過ごす活動として行う会話」（筒井 2012: 33）と定義している。この定義を基点として、次に雑談と雑談でないものを区別する上での3つの指標を挙げる。

　筒井の定義にあるように、何が雑談的で何がそうでないかを考えるときに、その会話がおこる状況下で「特定の達成すべき課題」があるかないかという問題がある。ある文脈において話がどのような目的をもって遂行されているのかを考えると、それは「目的遂行型」（transactional）と「対人関係調整型」（relational）の2つに分けられる。前者は、情報伝達や問題解決を中心としたタスク遂行のための会話であるが、後者は対話の相手との関係性を構築、維持し、共感としてのラポール形成を行い、参与の場の空気を作ることを優先した会話である。たとえば美容室で美容師と客とが髪型を決めるために交わす会話は目的遂行型であるが、施術中のその他のおしゃべりは対人関係調整型であろう。ここで仮に雑談に対する目的遂行型の会話を「正談」と呼ぶとすると、正談の会話内容は雑談と比べてより叙述的であり、メイントラックであり、「製品の使い方を指示する」、「俳句の成立ちについて講義する」、「治療方法について相談する」などのゴールとしての着地点が明確に存在する。これに対し雑談は、サイドトラックであり、いつの間にか自然発生し、時として正談から脱線する形で生まれ出る。またタスク遂行が直接の目的ではないことから話の内容も特に定まっておらず、それゆえにいつでもやめられる会話といえるだろう。

　雑談とそうでないものを区別する2つ目の指標となるのが、会話の起きる場の性質としての「場所性」である。たとえば雑談は、家族や友人などの仲間内といった私的（private）でインフォーマルな場面を想像させるのに対し、雑談でないものとしての正談は、より公的（public）でフォーマルな場でのしゃべりを連想させる。より具体的に言えば、正談の生じる場所は、インタビュー、討論、会見、宗教儀礼、教室談話、医療現場、法廷談話などと

いったさまざまな「制度的」(institutional) な場面である。これらの制度的場面において交わされる正談は先に挙げたように、基本的に目的遂行型で、中核となるタスクに基づき一連の行為の連鎖や、誰がどの順で喋るのかという話者交代のデザイン、また何について話すかという話題選択の上で、参与者の言動が制限される (Drew and Heritage 1992)。これに対し、雑談の場はより日常的でカジュアルな場面であり、特に会話の形式が意識されることのない無標、デフォルトの領域だということもできるだろう。

　上記2点に関連した第3の指標として、雑談と正談では話し言葉の形式に伴って会話スタイルが異なることが挙げられる。たとえば、医者と患者との診療場面や教師と生徒との教室談話といった制度的場面での正談は、より形式的で定形的な表現や専門用語が用いられ、標準語の使用がデフォルトの場合が多い。またこうした正談は、本質的には真面目で秩序立ったやりとりであるのに対し、雑談はどちらかといえばユーモアを伴い、面白さを優先し、地域語などのレジスターが用いられる向きがある。また混沌として、最初から予測される筋書もゴールとしての着地点もないことから、「なんでこんな話になったんだっけ?」というような偶発性やアドリブ性を伴い、それが雑談の醍醐味を生み出す。さらに正談に比べ、雑談には自身の直接的・間接的体験などについて話す自己開示 (self-disclosure) や、人の言葉の直接・間接引用 (reported speech) が多く用いられ、また娯楽としての価値ゆえに、誇張や虚言も許されるだろう。しかし正談はあくまでもタスク遂行がその目的であり、人を笑わせ、人と人の間に接続感覚を生じさせることはその直接的目的ではない。雑談とそうでないものを識別する際には、以上のような指標が参考になるであろう。

6.　本書のねらい

　上記3つの雑談をめぐる指標は、緩やかに雑談の特徴を炙り出してはくれるものの、雑談の本質に近接するにはまだ多くの問いを有する。たとえば、雑談と正談の境界線はそもそも明確に引けるものなのか。また雑談と正

談の間を行き来する会話においては、何をきっかけに2つの領域への行き来がされるのだろうか。また、雑談における遊びや詩的（poetic）なことばの使用と、正談における詩的性やレトリックとの相違点はどこにあるのか。子供は雑談ができるのか。また母語、第二言語における雑談の能力はいかにして習得されるのか。噂話、ホラ話、井戸端会議から恋愛話まで、そのどこまでが雑談の範疇に含まれるのか、などである。

　本書に収められた13篇の論文は、「まちづくり」のための市民の話し合い、政治家の演説、南アフリカのグイのよもやま話からLINE上でのスタンプを用いた友達とのやりとりまで、万華鏡のように異なる場面や状況、文化的コンテクストでの雑談的やりとりに光が当てられている。その内容は、制度的場面での雑談、マルチモダリティと雑談、関係性構築のための雑談、そしてジャンルとしての雑談の4部に分けて展開している。

　第1部の制度的場面での雑談では、非日常的場面で生じる雑談を扱う。口火を切るのは、裁判員評議の場で裁判官がくり出す雑談について分析した堀田論文である。堀田は目的指向が強く、会話の脱線が起きにくい評議の場において、自由に意見を言い合える雰囲気を醸造する上でいかに雑談が有効かをGriceの協調の原理をベースに分析する。次の東論文は、異なる時代の2人の政治家による「演説」という公的な話し言葉の雑談度を比較し、時代によって変化する「雄弁」な話し方に着目する。そこでは、文末表現やポーズの取り方、物語の挿入などの分析から、現代日本社会の演説が次第に話し手中心から聞き手中心へと雑談化してきていることが指摘される。3つ目の村田論文は、最近増えてきた市民参加の話し合いにおける雑談の役割に切り込む。所属も年齢も異なるほぼ初対面の人々がまちづくりの話し合いをする際、本題に入る前の雑談や、ファシリテーターのデザインする雑談的な会話がいかに参与者のインタラクションに影響を与えるかが実証的に分析されている。

　制度的な場面であれ、日常場面であれ、雑談は「話しながら料理をする」、「お茶を飲みながらおしゃべりする」といった特定の行為に付随するマルチモーダルな活動である。第2部のマルチモダリティと雑談では、まず鮨職人が鮨を握りながら客と会話をする様子をビデオ録画した平本・山内論文

が、「注文をとる」といった鮨屋の作業としての行為連鎖と雑談との切り離しがいかに行われるかを分析し、さらにこうした行為が常連客とそれ以外で使い分けられている可能性を示唆する。続く坊農論文では、手話会話者がたこ焼きを焼きながらおしゃべりをする多人数会話の微細な分析から、雑談が身体的アクティビティといかに共起するかについて鋭く切り込まれている。また、アフリカ狩猟採集民のグイのよもやま話を扱う菅原論文では、同一命題を多人数でくり返す展開の分析を通し、遊び的な会話を真面目な会話と区別し、規則付けようとすることの限界について論じつつ、身体的なかかわりあいとしての会話の本質に迫っている。

　第3部の関係性構築のための雑談においては、4本の論文が異なる視点から友人間のおしゃべりとしての雑談的やりとりを分析している。最初の筒井論文は、親しい友人間の雑談において、評価の上での対立が起きた際の雑談の展開方法について分析するとともに、笑い合いながらの言い合いが共有感覚を引き伸ばし、雑談の醍醐味としての遊びとなる過程を考察する。次の大津論文では、母語話者と非母語話者の友人間の雑談分析を通し、言語能力や当該文化についての知識の差異がある会話参与者が、いかに非対称な関係性が現れることを避けつつも雑談を続けるかが考察されている。続く白井論文は日本語とドイツ語のインターネット掲示板での多人数チャットを分析している。ここでは日本語チャットでは会話への割り込みが多く、多人数会話が維持されやすいのに対し、ドイツ語では発話の重複が避けられ、多人数会話がペアの会話へと落ち着く様子が分析され、雑談形式の言語的、文化的異なりが浮き彫りとなる。第三部の最後に収められた岡本論文ではチャットシステムとしてのLINEのスタンプを利用した雑談について分析がされており、友人同士のやりとりにおける雑談的な楽しさやノリが、いかにビジュアルコミュニケーションを介して創発されるかが考察されている。

　第4部のジャンルとしての雑談では、雑談の位置するジャンル性について問う論文が収められている。捕鯨問題についてのインタビュー中に立ち現れるゴシップを扱う山口論文は、活動タイプという概念を用いながら、「質問」と「応答」との発話連鎖において「雑談部」と「非雑談部」がいかに指

標されるか分析するとともに、制約の中での逸脱を可能とするコミュニケーション遂行能力について考察する。次の遊びとしての雑談に焦点をおいた井出論文では、アメリカ社会の公的場面において交わされる遊びとしての車のバンパースティッカーのメッセージとコンビニなどのサービス会話における自己開示に共通する機能の分析を行い、こうした雑談的やりとりが創発する感性的快について論じる。最後の片岡論文はゴシップに焦点を当て、ある遭難死亡事故をめぐって親しい友人間で交わされた険悪なゴシップ（噂話・陰口）を分析する。その中で雑談としてのゴシップが、責任追及や誹謗といった正談へと発展していく様子から、雑談のもつ政治的行為としての側面に光を当て、ジャンルとしての雑談の域とその魅力とを改めて問い直している。

　本書の構想は、2013 年 9 月に信州大学で開催された社会言語科学会大会でのワークショップ「雑談の美学を考える」に端を発する[1]。このワークショップでは日本語談話、米語談話、そして異文化コミュニケーション場面にみられる雑談の構造や形式、機能と役割、また詩的な遊びとしての特徴について議論がされた。また雑談を通した関係性構築や、雑談が参与の場をいかに私的・公的に構築するのかといったダイナミックな相互行為のプロセスについて考察がされた。翌年 2014 年 7 月には龍谷大学でラウンドテーブル「雑談の美学を考える」が開催され、雑談的なやりとりに関連して 12 名の研究者が異なる切り口からの発表を行った。ラウンドテーブルの発表者と聴衆を交えた全体討議では、1) 雑談とは何か、おしゃべりやトークとどう異なるのか、2) 雑談のもつコミュニケーション力と機能とは何か、また 3) 他文化の雑談にみる実践コミュニティごとの特徴と言語・文化を超えた普遍性とは何かについて意見交換が行われた。本書はその成果をまとめたものである。

　本書の題名にある「美学」とは、自然や芸術における美の本質や構造、また感性的認識について研究する学問である。極めて情緒的で主観的なタイトルともいえるが、純粋でなく、混じりものの集まりと捉えられてきた「雑」談にあえて光を当てることにより、人間のもつ根源的かつ多岐に渡るコミュニケーション力が再評価され、読者にとって雑談のもつ魅力の発見や再発見に本書が繋がれば幸いである。

注

1 詳細は村田・井出・筒井・大津(2014)を参照されたい。

参考文献

Bailey, Benjamin. (1997) Communication of respect in intercultural service encounters. *Language in Society* 26(3): pp. 327–356.

Beinstein, Judith. (1975) Small talk as social gesture. *Journal of Communication*. Autumn issue: pp. 147–154.

Coupland, Justine. (ed.) (2000) *Small Talk*. London: Longman.

ダンバー・ロビン著、松浦俊輔・服部清美訳(1998)『ことばの起源―猿の毛づくろい、人のゴシップ』青土社.

Drew, Paul and John, Heritage. (eds.) (1992) *Talk at Work: Interaction in Institutional Settings*. Cambridge: Cambridge University Press.

Duranti, Alessandro. (1997) *Linguistic Anthropology*. Cambridge: Cambridge University Press.

Eggins, Susanne and Diana, Slade. (1997) *Analyzing Casual Conversation*. London: Cassell Publishing.

藤本学・村山綾・大坊郁夫(2003)「三者会話におけるトピックの変遷と会話の展開について―討論条件と親密条件における会話スタイルの違い」『社会言語科学会第12回大会発表論文集』pp. 33–36.

Goodwin, Candy and John, Heritage. (1990) Conversation analysis. *Annual Review of Anthropology* 19: pp. 283–307.

樋口斉子(1997)「初対面会話での話題の展開」『平成7年度～平成8年度文部科学省科学研究費―基盤研究(C)(2)―研究成果報告書 日本人の談話行動のスクリプト・ストラテジーの研究とマルチメディア教材の試作』(研究代表者：西郡仁朗)pp. 50–57.

井出里咲子(2005)「スモールトークとあいさつ―会話の潤滑油を超えて」井出祥子・平賀正子編『講座社会言語科学―異文化とコミュニケーション』pp. 198–215. ひつじ書房.

井出里咲子(2008)「スモールトーク」唐須教光編『開放系言語学への招待―文化・認知・コミュニケーション』pp. 171–192. 慶應義塾大学出版会.

伊集院郁子(2004)「母語話者による場面に応じたスピーチスタイルの使い分け―母語場面と接触場面の相違」『社会言語科学』6(2): pp. 2–26.

河内彩香(2009)「日本語の雑談における話題の展開方法」『東京大学留学生センター教育研究論集』15: pp. 41–58.

熊谷智子・木谷直之（2005）「三者面接調査における雑談的行動―回答者同士の相互作用に着目して」『社会言語科学会第 16 回研究大会発表論文集』pp. 62–65.

串田秀也（1997）「会話のトピックはいかに作られていくか」谷泰編『コミュニケーションの自然誌』pp. 173–212. 新曜社.

Levinson, Stephen.（1983）*Pragmatics*. Cambridge and New York: Cambridge University Press.

李麗燕（2000）『日本語母語話者の雑談における「物語」の研究―会話管理の観点から』くろしお出版.

Lindenfeld, Jacqueline.（1990）*Speech and Sociability at French Urban Marketplaces*. Amsterdam: John Benjamins Publishing.

Malinowski, Bronislaw.（1923）The problem of meaning in primitive languages. In Ogden, C. K. & Richards, I. A.（eds.）*The Meaning of Meaning: A Study of the Influence of Language upon Thought and of the Science of Symbolism*, pp. 451–510. London: Routledge and Kegan Paul.

三牧陽子（1999）「初対面会話における話題選択スキーマとストラテジー―大学生会話の分析」『日本語教育』103: pp. 49–58.

Murata, Kazuyo.（2014）An empirical cross-cultural study of humour in business meetings in New Zealand and Japan. *Journal of Pragmatics* 60: pp. 251–265.

Murata, Kazuyo.（2015）*Relational Practice in Meeting Discourse in New Zealand and Japan*. Tokyo: Hituzi Shobo.

村田和代・井出里咲子・筒井佐代・大津友美（2014）「第 32 回研究大会ワークショップ：雑談の美学を考える―その構造・機能・詩学をめぐって」『社会言語科学』16（2）: pp. 112–118.

大津友美（2005）「親しい友人同士の雑談におけるナラティブ―創作ダイアログによるドラマ作りに注目して」『社会言語科学』8（1）: pp. 194–204.

佐々木由美（1998）「初対面の状況における日本人の「情報要求」の発話―同文化内および異文化間コミュニケーションの場面」『異文化間教育』12: pp. 110–127.

Schneider, K. Paul.（1988）*Small Talk: Analysing Phatic Discourse*. Marburg: Hitzeroth.

筒井佐代（2012）『雑談の構造分析』くろしお出版.

宇佐美まゆみ・嶺田明美（1995）「対話相手に応じた話題導入の仕方とその展開パターン―初対面二者間の会話分析より」『日本語学・日本語教育論集』2: pp. 131–145.

目　次

序章
雑談とその諸相

井出里咲子・村田和代 ································· iii

第1部　制度的場面での雑談
—公の場でのその役割—

法コンテクストの雑談
模擬裁判員裁判での評議における談話の分析

堀田秀吾 ·· 3

「雑談的」スピーチと「非雑談的スピーチ」
小泉純一郎と尾崎行雄

東　照二 ·· 23

まちづくりの話し合いを支える雑談

村田和代 ·· 51

第2部　マルチモダリティと雑談
—○○しながらしゃべる—

鮨屋のサービス文化と雑談

平本　毅・山内　裕 ······································ 73

手話雑談におけることばと身体とマルチアクティビティ

坊農真弓 ······ 97

アフリカ狩猟採集民グイのよもやま話

言語人類学の視点から

菅原和孝 ······ 119

第3部　関係性構築のための雑談
―親しさと繋がりをつくる―

評価の対立による対人関係の構築

友人同士の雑談の分析

筒井佐代 ······ 145

留学生との雑談

第二言語話者との会話における非対称性の克服を目指して

大津友美 ······ 167

チャットにおける多者間雑談と二者間雑談

日独比較の観点から

白井宏美 ······ 189

雑談のビジュアルコミュニケーション

LINE チャットの分析を通して

岡本能里子 ······ 213

第4部　ジャンルとしての雑談
―コンビニ店員との会話から噂話・陰口まで―

異文化間対話における雑談の美学
rapport（対人構築的）–report（情報伝達的）機能連続性仮説の立場から

山口征孝 ⋯⋯⋯⋯⋯⋯⋯⋯⋯⋯⋯⋯⋯⋯⋯⋯⋯⋯⋯ 239

スモールトークとバンパースティッカー
公共の場におけることばの感性的快をめぐって

井出里咲子 ⋯⋯⋯⋯⋯⋯⋯⋯⋯⋯⋯⋯⋯⋯⋯⋯⋯⋯ 261

雑談とゴシップを超えて
規範と逸脱から考える

片岡邦好 ⋯⋯⋯⋯⋯⋯⋯⋯⋯⋯⋯⋯⋯⋯⋯⋯⋯⋯⋯ 281

あとがき　309

索引　311

執筆者紹介　317

第 1 部

制度的場面での雑談

—公の場でのその役割—

法コンテクストの雑談
模擬裁判員裁判での評議における談話の分析

堀田秀吾

要旨

　法が関わるコンテクストには様々なものがあるが、とくに裁判というコンテクストにおける会話は、基本的に、事件の判決を決定するという目的志向型であり、極度にフォーマルでコントロールされたプロセスであるために話題の脱線は起きにくい。しかし、2009年に導入された裁判員裁判では、裁判結果に市民感覚を反映するために、一般市民であり、裁判という場に慣れていない裁判員達が発言しやすいように、「会話を利用して場の空気を生み出す」機能を持った雑談が時として利用されるようである。

　本章では、実際の裁判官と市民が参加した模擬評議のデータをもとに、評議という法コンテクストにおける会話の特徴を明らかにし、言語学および社会心理学の知見を援用しながら分析することにより、雑談に関する言語学的探究の議論に寄与することを目的とする。

1.　雑談とは

　雑談は、大辞林によれば、「さまざまのことを気楽に話し合うこと。また、その話。世間話。よもやま話」と定義されている。より学術的な文脈では、たとえば、藤本・村山・大坊 (2003) は、「インフォーマルな性格が強く、その内容も自己に関することや会話者の興味・関心などといったより広範な話題が展開される」という特徴があると述べている。

　これらの定義は内容や形式に関するものだが、機能に注目して考えると、齋藤 (2010) のように、「会話を利用して場の空気を生み出す」「場を温める会話」という側面も持ち合わせる。

Festinger (1950) は、コミュニケーションを、「道具的 (instrumental)」なものと「自己充足的 (consummatory)」なものに大別している。道具的コミュニケーションとは、話し手と聞き手の差異を軽減するために用いるコミュニケーションを指す。一方、自己充足的コミュニケーションとは、怒り、喜び、敵意といった何らかの感情によって喚起されるコミュニケーションを指す。上述の齋藤による雑談の定義は、Festinger が考える道具的コミュニケーションに近く、またその機能がどういうものかをより具体的に述べたものと言える。

また、コミュニケーションの機能の観点からは、Brown & Yule (1983) が、情報伝達的 (transactional) なものと相互行為的 (interactional) なものにコミュニケーションを分けている。前者は、内容を伝達することに重きを置いた機能で、後者は人間関係や会話参加者の態度に関わる機能である。齋藤の定義する雑談は、後者の部類に属する会話と言える。

さまざまな研究者が同様の区分を提示しているが、おおまかにまとめれば、コミュニケーションの機能には情報伝達的な側面を重視した部分と、対人的な側面を重視したものに分けられるだろう。そして、それぞれの機能を軸にして、関係を示したものが図1である。(あくまでもイメージであるので、異論はあるかもしれない。)

挨拶のようなコミュニケーションは、情報伝達機能はあまりなく、主に対人的機能を重視したものと考えられる。したがって、図1のAのエリアに属するコミュニケーションと言える。会社における業務報告などは、情報伝達機能が中心で、対人的機能はあまり考慮に入れないで済む。したがって、図1のDのエリアに表れるコミュニケーションに属するだろう。

また、選挙の街頭演説のような場面では、政策内容を伝えるのはもちろん、共感を得ようとする対人的な機能も働く。したがって、Bのエリアに表れるようなコミュニケーションとなるだろう。

情報伝達機能も、対人的機能も担わない、Cのエリアに表れそうな典型的なコミュニケーションの例は、独り言であろう。

では、雑談は、この観点から言えば、どこに位置する会話となるだろう

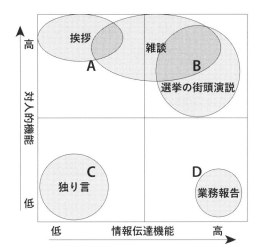

図1　情報伝達機能と対人的機能の関係

か。対人的機能を重視したコミュニケーションであることは間違いないが、時には同時に伝達する内容が重みをもっていることもあるだろう。したがって、図1のBのエリアに広く表れる会話となると考えられる。

2. 法コンテクストにおける雑談

　私たちの生活は、朝起きてから寝るまで、そして寝ている間でさえもずっと法に関わって生活をしている。たとえば、住んでいる家は契約に基づいて住む権利を有しているわけだし、婚姻関係、家族関係、扶養関係などもすべて法で定められたルールに基づいている。また、相続権の問題などを考えた場合、生まれる前から死んだ後まで常に法と関わっていると言える。したがって、私たちの生活に関わることであれば、書きことばにしろ、話しことばにしろ、あらゆる言語使用が権利や法的効力との関わりをもつ「法コンテクスト」の言語使用となる可能性がある。それゆえに検討の対象を絞る必要があり、ここでは、裁判というコンテクストにおける話しことばに焦点を当てて考察を進めていく。

6　第1部　制度的場面での雑談

　裁判の中でも、とくに法廷という場面に限って言えば、「一般人にはまっ
たく馴染みのない、多数の談話規則に支配された、特殊なジャンルに属する
言語活動（Stygall 2012: 369）」であるとされる。限られた時間の中で効率よ
く行っていくために、極めて話題に関する統制・制約の大きい会話なのであ
る。さらに、その言語使用が実社会への影響を少なからずもち、時には関係
者の生死にまで関わる（Levi 1986: 231）という点でも通常の会話とは大きく
異なる。余計なことはなかなか言いにくい場なのである。

　このような条件のもとに産出される会話であるから、雑談に用いる余白が
なく、情報伝達中心のコミュニケーションになっていくことは想像に難くな
い。その究極形とも言えるのが、弁護士や検察官からの質問に対して被告人
や証人が受け答えする尋問におけるやりとりであろう。関係ないことを質問
したり、答えたりするのは、例えば刑事裁判における主尋問であれば、刑事
訴訟法施行規則199条の3第1項において「主尋問は、立証すべき事項及
びこれに関連する事項について行う。」と定められているように、法律に
よって禁じられてさえいる。

　しかし、裁判過程の中にも、雑談が時折発現し、有効に活用されるプロセ
スがある。裁判員制度における、「評議」というプロセスである。次項で評
議とは何かについて説明する。

3.　評議という場の特殊性

　裁判員制度では、裁判員裁判の対象となる刑事事件において、典型的には
法律のプロである裁判官3人と一般市民の中から選ばれた裁判員6人が、
法廷で見聞きした主張や証拠をもとに話し合いで判決を決めていく。評議と
いうのは、公判を行う法廷とは別室で、裁判官と裁判員が事件についての議
論を行う過程である。また、裁判員と裁判官に加えて、万が一裁判員が特別
な事情で参加が途中で困難になったときの補充要員として待機している、補
充裁判員と呼ばれる人々も同席している。補充裁判員は、通常は、オブザー
バー的に議論を聴き、議論には直接的には参加しない。したがって、本章で

も補充裁判員のことは考慮に入れないで考察を進める。

　評議も会議の一種である。一般的に、会議は、意思決定を行ったり、参加者同士で情報を共有したり、新しい情報を創出したりする場である。川上（2008）によれば、会議は、課題解決だけでなく、集団維持の機能をももつとしている。すなわち、集団の結束力、連帯感などを喚起するのである。集団維持の機能が働くことにより、会話参加者の議論への主体的な参加が期待できる。メーリングリストやインターネットの掲示板等、議論をする場は様々な形で存在するが、わざわざ顔を付き合わせて議論をする意義は、こういう部分にもあると言える。

　評議を行う集団、すなわち評議体は、裁判員と裁判官（裁判長および陪席裁判官二人）によって構成される。裁判員は、選挙人名簿からランダムに選ばれた人々であり、職業、年齢、居住地域、信条、思想、学歴等において実に多様なバックグラウンドをもった人々が集まる。

　評議体には、「裁判員が自由・闊達に意見を述べることができるような状況・雰囲気を醸成すること」（吉丸 2006）が求められている。裁判員が自由な雰囲気の中で、多様な意見を言えることが、市民感覚を司法に採り入れるという、裁判員制度の趣旨の実現に繋がるからである。

　裁判官同士は、常日頃から一緒に仕事をする仲間であるから、当然知合いであるが、裁判員同士、そして裁判官と裁判員は初対面である。したがって、初対面同士という壁を乗り越えて、意見が言いやすい雰囲気を作り出して行くことが、会話参加者、とくに議論の進行役を務める裁判官たちに求められる。

　また、裁判員と裁判官の間には、「法律の専門家」対「法律の素人」という、純然たる立場の差があるため、制度的談話になりやすい。また逆に、Drew & Heritage（1992）が指摘するように、会話形式自体に差が生じると、立場の差異が顕在化しやすくなる。また、自由闊達に意見を述べるためには、裁判官という「お上」の意見に過度に影響されないように、裁判官と裁判員が「対等の立場」で議論することが望まれるということが法学の専門家たちの間でも述べられている（cf. 伊藤 2006, 三島 2007）。

4. 雑談と評議

　このような、ほとんどが初対面で見ず知らずの者たち同士で、極めてオフィシャルで、ややもすれば制度的談話に陥りがちな参加者たちの間で、より活発に議論をするためには、親近感や連帯感が生まれたほうが良い。

　その意味で、雑談を会議体で用いることは、会議体での人間関係構築の上で有益であり(川上 2008)、お互いの心理的な壁、立場の壁を取り除くラポール形成に重要な役割を果たすのであるから、評議でも雑談を用いる意義は大きい。

　では、どの場面で雑談を行うかと言えば、陪審制度や裁判員制度のような市民参加型の裁判では、市民達が法廷で見聞きしたこと以外の情報の影響を受けることを避けるため、事件に関する議論は基本的に評議室で行わなければならないとされる(Hans and Vidmar 1986)。したがって、評議室の外で出来る会話は、原則、事件以外のことに限られる(ibid.)。

　一方、評議室の中では、事件のことしか話せないかと言えば、そういうわけでもなく、むしろ事件の議論を行う中でも、積極的に雑談を採り入れていこうという姿勢が裁判所にも見られる。たとえば、筆者が調査協力を依頼している裁判長から提供していただいた、裁判官の間で共有している評議の指針に関するメモにも、「当初の雰囲気をほぐすために、雑談をはさむこと自体には意味がある。」と、雑談の使用、そしてその効果を認める記述がある。

　雑談は、なわばり関係の調整、および共感の喚起に役立つ。参加者同士の心的距離を近づけ、おたがいの心のなわばりの中に相手を招き入れることで、ラポールは形成されていく。そういったなわばりの共有、そしてラポール形成に有効なのは共感を得ることである。社会心理学においても、共感は、対人関係や社会生活において重要な働きを持ち、他人への共感によって個人間の結びつきが強まるとされている(相川 1999)。Brown & Levinson (1987)が提唱する親近方略(相手との距離を縮めるストラテジー)にも、「Exaggerate 聞き手への関心、賛同、共感を強調する」ことがあげられていることからも、共感が親近感を生み出すのに果たす役割は見えてくる。

では、評議においては、どのタイミングで裁判官と裁判員は雑談をするのだろうか。裁判所に呼び出された候補者の中から実際に裁判員を務めてもらう人達を選び出す選任手続の際も、すでに、裁判官と選ばれることになる裁判員との接触は始まっている。また、筆者らがかつて調査した2005年～2009年の間に実施された、各地の裁判所・検察庁・弁護士会による合同模擬裁判では、評議室で実質的な議論を始める前に、裁判員役を行う一般市民と簡単な雑談をして場を暖めるという場面が散見された。また、評議の議論の最中にも、時折、裁判官あるいは裁判員から「雑談的な会話（これについては後述）」が差し挟まれることがあった。本章の以下の議論では、この評議の中で表れる雑談に注目する。

5. 雑談の判別方法

雑談の定義はすでにいくつかとりあげてきたが、特定の会話が雑談かどうかを判断する基準について考察する必要もあるだろう。本章では、Grice（1975）の「協調の原理（cooperative principle）」を、雑談度を見極める指標として援用してみる。

協調の原理は、会話における最優先の原理で、「関連性」「質」「量」「様態」の4つの公理から成る。ここでは、雑談かどうかを判断する指標として用いるために、Grice の協調の原理を以下のような形で利用する。

- 関連性の公理：話題と関連があることを話しているか
- 質の公理：真実ではないとすぐにわかることを言っていないか
- 量の公理：適切な量で話しているか（無駄な話をしていないか、あるいは必要とされている情報量が提供されていないか）
- 様態の公理：適切なスタイル、レジスター、コード等で話しているか

これらの公理に照らして、雑談を判断する。ただし、それぞれの公理を違反

することが雑談となるわけではない。これらはあくまでも、当該発話が雑談かどうかを見極める際の「手がかり」あるいは「視点」として用いるものである。したがって、「違反」しているかどうかではなく、むしろ、有標・無標の違いで捉えてみたい。これらの公理から見て、コンテクストに照らし合わせて有標な場合にこれらの公理が違反され、雑談、あるいは「雑談的な発話」になると判断する。

　公理に違反していたら直ちに雑談的な発話になるわけではないという点について、例として、裁判官が事件の議論の最中は裁判員を務めている一般市民に合わせて、親しみやすいカジュアルなスタイルおよびレジスターで会話していたのに、法的な説明をすることになった途端にフォーマルで、専門的な語彙が随所に散りばめられる話し方に変わったケースを考えてみる。そういったスタイルやレジスターの変化は、様態の公理の面で変化が見られるので、機械的に判断すれば、その発話が雑談的と判断されるが、実際には雑談的ではないだろう。このように、上掲の公理の援用に関する提案は、あくまでもどのような点に着目するかという視点を提供するだけである。

　また、特定の発話が雑談かどうかを判断するためには、どういった談話構造のもとに発話が行われているかを分析することが必要であろう。その意味で、南（1983）が挙げる、談話の構造を分析・記述するための単位も、どのような観点から雑談を捉えるべきかを考える際に示唆的である。

- 表現された形そのもの
- 話題
- コミュニケーションの機能
- 表現態度
- 参加者
- 使用言語
- 媒体
- 全体的構造

これらの多くは、上述の Grice の協調の原理を援用する際により具体的な観点を提供してくれるものである。こういった観点から、有標・無標を判断することで、雑談かどうかの判定がある程度可能になる。たとえば、「表現された形」、「表現態度」、「使用言語」などは、おそらく様態の公理に関わるであろうし、「話題」は関連性の公理に関わるであろう。同様に、「コミュニケーションの機能」は、それが人間関係構築のような対人機能的な部分を重視した発話であれば、様態の公理に関わるものとなるだろう。「媒体」、「参加者」、「全体的構造」などは、どのように関わって来るか、現段階では明確ではないが、分析の切り口として備えておくに越したことはない。

6. 雑談度から見た評議

先に議論してきた通り、裁判員裁判という特殊なコンテクストにおいては、雑談内容については、法律上の制限があったり、時間の制約があったりと、通常の雑談とは内容的にも形式的にも異なる特徴を持つ。そこで、裁判員裁判における雑談の様相を捉えるために、ここでは「雑談度」という観点で発話を考察していくことを提案する。

もともと、「雑談」と「非雑談」は、明確には区別できない。たとえば、話題に関連しているにしても、実際に話題に出ている対象とは違うものごとで例え話をすることが、ものによっては、脱線、あるいは雑談的と受け取る会話参加者もいるだろう。同様に、話題に沿っていても、求められている以上の情報を与えられると、余計な話、あるいは雑談的だと感じる会話参加者もいるであろう。したがって、「雑談」には、極めて雑談らしい雑談から非雑談的なものまでが、漸次的に存在すると捉えるのが適当である。以下の議論においても、前項の判断指標はあくまでも会話が雑談的なものかどうか（雑談度）を判断する材料であると捉えていただきたい。

評議以外での雑談は、事件以外のことを話すことが前提となるため、雑談度が高い雑談が多くなる。たとえば、Hans and Vidmar (1986) の研究によれば、陪審制度を採り入れているアメリカでは、食べ物、政治、最近の出来

事、スポーツなどの事件以外のことが話されるという。日本ではこれを確認するための資料が存在しないため、はっきりとはわからないが、おそらく、日本でも同様の話題は話されていると推測される。また、筆者らによる裁判官に対する調査では、裁判官の転勤や日常の生活、法服の由来、裁判所について、過去の経験や事例、裁判員の職業、裁判員の趣味などの話が出たということである。いずれにしても、事件からは離れた話が多い、裁判員や裁判官の個人個人の単なる関心に関わるものであるから、関連性の公理から考えて有標なものと捉えられる。

　一方、評議室内に入り、評議が始まると、事件に関する議論を行う上で、事件からあまり関係ない話題をするのは避けられる。議論内容と多少なりとも関係のある範囲で、個人の経験などが発話に盛り込まれる傾向がある。つまり、関連性の公理から大きく離れた話はしない。その意味で、比較的雑談度が低い「雑談」が多いと言える。

　では、そういう話がどうして雑談的と言えるかというと、そういった発話は、評議終了後に作成される判決文には、議論内容として絶対に現れない発話だからである。

7.　雑談と自己開示

　ここでは、実際の評議における雑談例を見ながら、考察を進める。

　ここで紹介されるデータは、2005 年〜 2009 年の間に全国の裁判所、検察庁、弁護士会が合同で行った法曹三者合同模擬裁判員裁判、および弁護士会主催の模擬評議における評議のデータを文字起こししたものである。

　このデータの特殊性は、事件自体は創作であるが、評議での会話は、本物の裁判官と本物の市民の間で行なわれる「本物の会話」であることである。

　評議における雑談の最も顕著な傾向は、自己の経験を語ることが多いということである。これは、自分の個人的な情報（とくに、人に好んで知らせたくないプライベートな内容など）を聞き手に話すこと、すなわち「自己開示」を行うことになる。自己開示は、対話の相手にも同様に自己開示しやす

くしたり、話者に対する好感度を高めたりする働きがある (Jourard 1959) ことが知られており、他者との関係を構築する上で有効である。

自己開示の例として、いくつかの会話例を見てみる。

会話例 1

【裁判員 A】裁判官になるぐらい優秀な人だから、そうだと思うんですけども、<u>自分なんか、当時、こんぐらいの齢の時に、親に勉強しろ、勉強しろって言われて、すっかり、勉強しなかったから、こんなになっちゃったんですけれども。もっと、今考えると、あん時に親が、あの時分は全然勉強してないなと思ってなかったけれども、親が勉強しろ、勉強しろっていうのを、もっと従ってれば、たぶん、ひょっとしたら、もっと良い人生だったに違ったかもって、あったのかもしれないなって</u>思うと、今、このシチュエイションの中で、中学生の子が勉強したくないって、で、親が勉強しろって言ったのを、別にしごく普通の風景だと思うんですよね。…(以下略)

会話例 1 は、娘の受験のことで被告人の夫婦が口論をしていたことについて語っている文脈で、裁判員が発したものである。事件に直接は関係のない自分の話を出しているため、これは関連性の公理の違反である。雑談度はそれほど高くないが、この発話者が昔勉強しなかったことで現在の状況にあることは、議論には直接は関係なく、雑談的な発話であると言えよう。かつ、自分のネガティブでプライベートな過去をさらけ出している点から、自己開示的な発話であると言えよう。

こういった発話は裁判官にもよく見られる。そして、制度性が顕在化しやすい裁判官による発話の方が、自己開示によって、制度性を減じ、他の会話参加者との親近感を得る効果は高いように思われる。裁判官という存在は、裁判員にとってはやはりお上であり、法の専門家であるから、素人の裁判員にとっては距離感を感じがちである。その意味で、裁判官が自己開示の雑談的発話を挟むことで、裁判員との心的距離を縮めようとしていると思われる

14　第1部　制度的場面での雑談

例が散見される。

　会話例2

001【裁判員C】しかも飲酒運転をすごく気にしているわけですよね、人
　　　の命よりも

002 気にしている人が、なんであのときにあんなメチャクチャな飲酒をし
　　　てるのかなと思って、おかしいとか言って。

003【裁判長】お酒というのは、どうでしょうか(笑)。

004【裁判員C】私はお酒のことはよくは。

005【裁判長】私も、しばしば本当に大変な失敗をたくさんしております
　　　ので(笑)。

　この会話において、005で裁判長が、裁判の内容とは直接は関連しない、自
分自身の飲酒癖について話しているが、文末に「(笑)」と記述され、笑いが
起こっていることから分かるように、戯けた調子で語っている。これは、関
連性と様態(真面目で、一定のフォーマルさが要求される場で、このような
態度で発話が行われているため)の公理の違反と考えられる。したがって、
この発話は雑談的発話と捉えることができる。そして、自身の失敗談という
ことで、明らかにプライバシー度の高い話であり、自己開示の例と捉えるこ
とができる。

　無論、自己開示とは関係なさそうな雑談的発話も見られる。以下がその例
である。

　会話例3

001【裁判長】ただ、そこまで行くかどうかはまたちょっと議論なんです
　　　　　ね。じゃ、議論を進めさせていただいて、もし仮に「カンパ」とい
　　　　　う言葉が…「カンパ」というのも、しかし少し古いですね。

002【裁判員A】まだ今どきでもありますよ。

003【陪席裁判官1】カンパという事実があったか否かと、カンパの中身

が窃盗にかかるかに話を進めますか。

004【陪席裁判官2】「カンパ」はもともとロシア語らしいですよ、昨日急いで調べたら。

005【裁判長】検察官が「『カンパ』という日本語は」と言ってたんでちょっと調べたら、ロシア語なんです。「カンパニア」というのが語源らしくて。そうすると、やや留保はつけるということにしますけれども、じゃ、「カンパ」という言葉が出たとして、この意味なんですけどね。だから…(以下、略)

006【裁判員B】ちょっとだけ戻ってしまいますけど、いいですか。私は、…

004および005で、「カンパ」ということばにまつわって、裁判官たちが調べた語源の話を披露している。この話題は、議論の内容に直接関わるものではなく、その意味で関連性の公理の違反と捉えることができる。内容的にも雑学的な知識を披露しているだけであるから、雑談的であると言える。また、協調の原理を利用せずとも、語源の話題になっているのを、裁判員Bが、006で「ちょっとだけ戻ってしまいますけど…」と議論の本筋に戻そうとしていることからも、先行する裁判官たちの発話が脱線している、すなわち雑談的な発話であることが明らかとなる。

8. コミュニケーション・ネットワーク

最後に、コミュニケーション・ネットワークという、社会学や心理学でよく用いられる分析手法を紹介する。これは、会話参加者同士のコミュニケーションのベクトルをヴィジュアル化する方法である。

Bavelas (1950) によれば、コミュニケーション・ネットワークの形、つまり会話参加者らがお互いにどのようなベクトルで議論を行っているかによって、問題解決の速度や正確さ、連帯感の創出、参加者の満足度、作業の変化への対応など様々な側面で差異が生じるという。

コミュニケーション・ネットワークには、様々な類型が観察されているが（Christie 1954, Shaw 1954）が、ここでは、裁判員裁判での評議において典型的に観察される、図2のような2つの類型を検討していく。

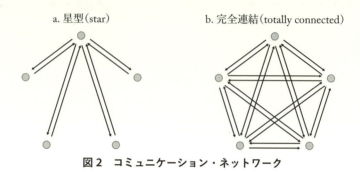

図2　コミュニケーション・ネットワーク

図2において、丸（ノードと呼ぶ）はそれぞれの参加者を表し、ノード間をつなぐ矢印がコミュニケーションの方向を表している。

これを裁判員裁判における評議にあてはめて考えてみる。図2a、bにおいては、それぞれの図に表れている5つのノードのうち、最上部中央にあるノードが裁判長で、他のノードが裁判員や他の裁判官だと仮定する。図2aでは、参加者はみな、裁判長とはやりとりを行うものの、裁判長以外の参加者とはあまり関わらないという状況を表している。裁判長が司会となって、各裁判員と一人ずつ対話していくような様子がこれに当てはまる。対する図2bでは、各参加者が他の参加者全員とやりとりを行っている状況を表している。ここでは、前者の議論体系を「単線型」、後者の議論体系を「複線型」と呼ぶことにする。

Shaw（1964）によるコミュニケーション・ネットワークに関する先行研究のまとめによれば、議論の複線化が生じている議論体では、①「課題の多角的な検討に優れている」、②「複雑な課題の解決に向いている」、③「参加者の士気・満足度が高い」といった利点が観察されるという。これらは、「私の視点、私の感覚、私の言葉で参加します」という裁判所が掲げるスローガン、すなわち、市民の目線・感覚を法的判断に採り入れる、市民に主体的に

議論に参加してもらうという裁判員制度の趣旨から見て望ましい効果と言える。したがって、議論の複線化が起こっている方が良い議論体であると評価することが可能であろう。

図3は、堀田(2010)で扱った、議論の複線化に失敗した評議体の例である。この図では、矢印の太さが発話回数に基づいたコミュケーションの量も表している。ここでは、裁判長のノードを中心のやや左に位置させ、他の参加者たちを周囲に配置した。陪席裁判官二人が左上のノード、それ以外のノードが裁判員である。これは、実際の着席位置を表しているわけではない。

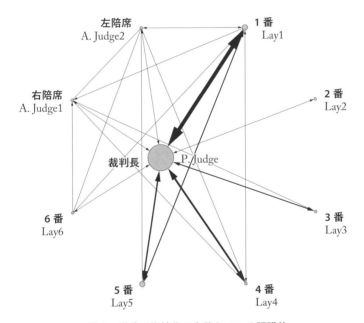

図3　議論の複線化に失敗している評議体

右や下の方に示されている参加者たちは、特定の参加者(右陪席裁判官や裁判長)などの特定の人としかやりとりを行っていないのが見て取れる。すなわち、議論が単線化している。この評議体では、裁判長が裁判員に対して質疑応答を繰り返す形で議論が進められ、まるで取調官による被疑者の取調

べを行うような「取調型評議」の形態になってしまっていたからである。そのような形態の評議体では、雑談を挟みにくいのは無理もない。

一方、同じく堀田（2010）で扱った、議論の複線化に成功した評議体では、筆者が持っている資料の中で、最も多く雑談的発話が観察されていた。以下、図3との違いを見ていただきたい。

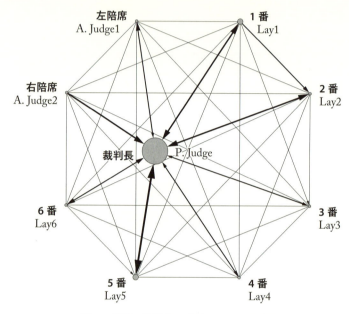

図4　議論の複線化に成功している評議体

各参加者が他の参加者全員とやりとりを行っているまさに理想の形態である。

雑談が生じていたから場が和み、複線化が成功したのか、複線化ができているから場が和み、雑談も気軽に入れられるようになったのか、原因と効果の因果関係ははっきりしないが、いずれにしても、裁判長が積極的に雑談を採り入れている評議体は、場の雰囲気がリラックスしているというのには偶然以上の関連性がありそうだというのが筆者の観察の結果である。

残念ながら、実際の裁判員裁判では評議は非公開であるため、私たち研究

者が調査することはできない。したがって、これ以上の検証はできないし、あくまでも推測するしかないのだが、裁判官たち自身が、評議においては適度に雑談的発話を挟むことを推奨していることからもわかるように、雑談的発話が有する、雰囲気を作り出す効果を裁判官たちも認識しているのであろう。

少々根拠と説得力に欠けているにも関わらず、コミュニケーション・ネットワーク図を用いた分析をここで紹介したのは、今後、評議あるいは他の議論の場で、議論体の評価・分析を行う際に、このような調査を盛り込んだ分析が可能であることを示すためである。

9. おわりに

本章では、法コンテクストにおける雑談ということで、とくに裁判員裁判における評議という場面に焦点を当てて考察を行った。

評議という、極度に目的志向型の会話においては、基本的には話題に関連の薄い雑談はほとんど観察されないということが明らかになった。そのような特殊な状況での雑談を捉えるために、雑談を漸次的なスケールで捉えることが有効であると主張した。また、何が雑談的な発話かを判断する方法として、Grice (1975) の協調の原理と有標・無標の区別を援用した評価モデルを利用することを提案した。

こういった内容や形式に関する分析に加えて、評議の機能的側面の分析としては、自己開示的な雑談的発話が多いことに着目し、それを社会心理学の知見を採り入れて分析し、こういった雑談的発話は話者による会話参加者との距離感を調節するためのストラテジーとして用いているということを見た。

さらに、今後、評議分析と類似した、議論参加者の議論形態の評価・分析に有効であると思われるコミュニケーション・ネットワーク図を利用した分析を紹介した。

このように、法というコンテクストにおける会話は、日常会話とは少々異

なる様相を示すため、新たな視点や分析方法を生み出すきっかけになること
が少なくない。そしてそこでの分析が、日常的な会話を含めた法以外のコン
テクストにおける会話の分析に還元出来る可能性もある。

　今回は、裁判員裁判における評議という場面に限って分析を行ったが、ま
た別の法コンテクストの会話を分析することにより、発見される現象なども
あるだろう。今後、より広範囲の法コンテクストにおける言語使用の分析が
展開されていくことに期待したい。

参考文献

相川充(1999)「共感性」中島義明・安藤清志・子安増生・坂野雄二・繁桝算男・立花
　　政夫・箱田裕司編『心理学辞典』p. 183　有斐閣.

Bavelas, Alex. (1950) Communication patterns in task-oriented groups. *Journal of Acoustical Society in America* 22: pp. 725–730.

Brown, Gillian. and George Yule. (1983) *Discourse Analysis.* Cambridge: Cambridge University Press.

Brown, Penelope and Stephen C. Levinson. (1987) *Politeness: Some Universals in Language Usage.* Cambridge: Cambridge University Press.

Christie, Lee. S. (1954) Organization and information handling in task groups. *Journal of the Operations Research Society of America* 2: pp. 188–196.

Drew, Paul. and John Heritage. (1992) Analyzing Talk at Work: An Introduction. In Paul Drew and John Heritage (ed.), *Talk at Work*, pp. 3–65 Cambridge: Cambridge University Press.

Festinger, Leon. (1950) Informal Social Communication. *Psychological Review* 57 (5): pp. 271–281.

藤本学・村山綾・大坊郁夫(2003)「三者会話におけるトピックの変遷と会話の展開に
　　ついて」『社会言語科学会第 12 回大会発表論文集』pp. 33–36.

Grice, H. Paul. (1975). Logic and Conversation. In Peter Cole and Jerry L. Morgan (eds.), *Syntax and Semantics*, Vol. 3, Speech Acts, 41, New York: Academic Press.

Hans, Valerie. P. and Neil. Vidmar. (1986) *Judging the Jury.* Cambridge: Perseus Publishing.

堀田秀吾(2010)『法コンテキストの言語理論』ひつじ書房.

伊藤雅人(2006)「裁判員制度導入に向けた取り組み　①裁判所」『法律のひろば』59

（10）: p. 16.

Jourard, Sidney. M.（1959）Self-disclosure and other-cathexis. *Journal of Abnormal and Social Psychology* 59（3）: pp. 428–431.

川上善郎（2008）『雑談力　おしゃべり・雑談のおそるべき効果』毎日コミュニケーションズ.

Levi, Judith. N.（1986）Applications of Linguistics to the Language of Legal Interactions. In P. C. Bjarkman and V. Raskin（eds.）, *The Real-World Linguist: Linguistic Applications in the 1980s*, pp. 230–265, Norwood, New Jersey: Ablex.

南不二男（1983）「談話の単位」『日本語教育指導参考書 11　談話の研究と教育 I』大蔵省印刷局.

三島聡（2007）「裁判員裁判における評議の進め方はたんに技術的な問題なのか」法律時報 79 巻 1 号（2007 年 1 月）pp. 107–109.

齋藤孝（2010）『雑談力が上がる話し方―30 秒でうちとける会話のルール』ダイヤモンド社.

Shaw, Marvin. E.（1954）Some effects of unequal distribution of information upon group performance in various communication nets. *Journal of Abnormal and Social Psychology* 49（4）: pp. 547–553.

Shaw, Marvin. E.（1964）Communication networks. In L. Berkowitz（ed.）, *Advances in Experimental Social Psychology* 1: pp. 111–147. Academic Press, New York.

Stygall, Gail.（2012）Discourse in the US Courtroom. In Tiersma, P. and L. Solan（eds.）, *The Oxford Handbook of Language and Law*, pp. 369–380. Oxford: Oxford University Press.

吉丸眞（2006）「裁判員制度の下における公判審理及び評議のプラクティス」ジュリスト 1322: pp. 108–119.

「雑談的」スピーチと「非雑談的スピーチ」
小泉純一郎と尾崎行雄

東 照二

要旨

　民主国家において、政治家のもつ最大の武器はことばを通じた「説得力」(persuasive power) にあるといわれている (Charteris-Black 2005: 1)。その政治家の「説得力」、そしてそれを支える「雄弁」は時代とともにどのように変わってきたのだろうか。本章は、ケース・スタディーとして、近代の日本の憲政史を代表する二人の政治家を取り上げ、それぞれの時代における「雄弁」と「雑談」の関係を考察するものである。一人は、戦前、東京市長、文部大臣、司法大臣などを務め、「演説の神様」と称せられた尾崎行雄 (1858–1954)、そしてもう一人は、約 100 年を経た今日、「小泉節」を駆使しながら、長期政権を維持した元首相、小泉純一郎 (1942–) である。

1.　はじめに

　本章では、1990 年代より新たに盛んになってきた言語観である社会構成主義 (social constructivism)、あるいはインタラクション、オーディエンスの重要性を念頭に置き、特に、発話とは、話し手だけではなく、話し手と聞き手の間で起こる相互作用において意味を獲得するものである、というとらえ方をすることにする (Gumperz 1982, Duranti 1986, 1993, 2003, Fina & Georgakopoulou 2012, Ochs, Schegloff & Thompson 1996 など)。Bakhtin (1981) のことばを借りれば、すべての言語使用は、根本的に「対話的」(dialogic) だということになる。つまり話し手は、自分だけで話すのではなく、聞き手といわば対話しながら話すのであり、聞き手も受け身的に聞くのではなく、話し手と対話しながら聞くということである。

さらに、この枠組みにおいて、Tannen (2007)の Involvement（「かかわり合い」）も、有益な理論的概念になってくる[1]。Tannen (2007: 27)によると、この「かかわり合い」とは、個人を他者、場所、物、行為、考え、記憶、ことばなどと結びつけるもので、「内的で情緒的でもあるつながり」(an internal, even emotional connection)のことであるという。この「かかわり合い」の背景には、話し手のことばは、聞き手の参加を得て初めて意味が生まれてくるという言語観があるといえる。

　また、この「かかわり合い」は、話し手がどの程度聞き手と「対話的」であるのか、つまりどの程度聞き手を意識し、聞き手の方を向いているのかということとも関係してくる。Makino (1987)は、Communicative Orientation（コミュニケーションの方向性）という概念を用いて、発話には聞き手への方向性があるもの、話し手への方向性があるものの2つに分類している。この考えでいくと、「かかわり合い」は明らかに聞き手への方向性が強い、聞き手中心の話し方だということになる。

　本章では、こういった話し手と聞き手の「かかわり合い」が演説の中で、どの程度、どのように具現化されているのかを二人の政治家の演説をもとに検証してみたい[2]。特に、「かかわり合い」は今世紀になって顕著になってきた概念であるということを考えると、一世紀前の演説は実際どうだったのだろうかという疑問がわいてくる。尾崎は「演説の神様」と称せられながらも、その言語学的な研究は今日まで皆無であるといってもよい。わずかに、政治史の分野でその演説を取りあげた研究があるのみである（小股 1994）。したがって、日本の演説の発達過程を通時的にたどる上で、尾崎の演説、またその演説観は貴重な資料を提供してくれるといえる。

　仮説として、一世紀前の尾崎は「かかわり合い」の要素が少ない話し手中心の語りであるのに対し、小泉は「かかわり合い」の要素が多い聞き手中心の語りだと考えてみることにする。特に、雑談という観点からみると、尾崎は若干本題からそれた、個人的な「雑談」あるいは「物語」の要素が極めて少ない、論理的、直線的な演説、つまり「非雑談的」演説であるということになる。そして、小泉はその逆の「雑談的」演説である、という仮説を提示

しておこう。

2. 尾崎行雄

2.1. 演説観

実際の尾崎の演説を検証する前に、尾崎の「雄辯概論」を考察しておくことにする。これは、いわゆる「大正デモクラシー」の時期に雄辯學会(1924)より発行された『雄辯學講話』に収められているものである。当時、「演説の神様」と称せられた尾崎が理想的な演説、雄弁をどうとらえていたかが分かる。その一節を以下に引用しておこう。

（1）　永遠、不死の雄辯家の演説には決して無駄がなく、不統一の非難を受くべき箇所がない　出鱈目に饒舌を弄し、聴衆に媚び、場当たり式の「雄辯」を以て永遠、不死の雄辯家たりしものはない

（雄辯學会 1924: 33）

理想の演説とは、「無駄がなく」、理路整然と統一されたものであって、場当たり的に脱線するような演説ではないということになる。つまり、演説とは、主題に沿って論理的に組み立てられたもので、直線的で、寄り道、迂回をするような無駄なものがない、「統一」されたものでなくてはいけないということになる。

これは、本章において、極めて重要な点である。というのも、本章の1つの大きな検討概念は「雑談」であり、これがどのように演説の中で使われているのか(いないのか)を考察することが目的の1つだからである。「雑談」にはさまざまな定義が考えられるが、本章では便宜的に、会話、あるいは演説において、本来のトピック(本題)ではなく、それから若干逸脱したトピックについて、比較的短く、また非計画的あるいは自発的に語られるもので、話し手と聞き手の間でのなんらかの人間関係、「かかわり」を構築(あるいは維持)するような効果をもたらすものだと考えることにする[3]。

26　第1部　制度的場面での雑談

　そうすると、(1)から推察される理想の(永遠、不死の)演説とは、雑談の
ない、それを排除した、無駄のない演説ということになる。さらに聴衆に
「媚び」ない演説であるということも重要だ。「媚び」るとは、否定的な意味
あいをもったことばだが、少なくとも聴衆とのなんらかの心理的な関係作り
をするものであると考えるならば、それを拒絶するものだともとらえられ
る。つまり、「雑談」の形態、さらに聞き手とのつながり、かかわり合いを
できるだけ排除し、「無駄」をなくしたものが、理想の演説だということに
なる。

　さらに、尾崎は「単純」にとにかくストレートに、技巧に走らずに、「熱
誠」を込めて語ることが重要であると説く。次のことばをみてみよう。

（2）　然り、しこうして材料の整理、統一が十二分に出来たならば、何処ま
　　　でも事実に立脚して秩序正しく、整然と之を演述すべきである。(中
　　　略)私は単純に語ることが不断に成功するものであるやうに思ふ。

（雄辯學会 1924: 42）

（3）　私は力強く申したい『熱誠の伴はない雄辯は聴くの價なし！』と。

（雄辯學会 1924: 51）

　つまるところ、「雑談」を排除し、理路整然、単純明快に熱を込めて語る
というのが演説の要諦ということになるだろう。この論理と熱誠という2つ
のポイントは、「尾崎行雄氏大演説集」(大日本雄辯會 1925)に収められた自
序でも、以下のように明確に述べられている。

（4）　予が持つ所のものは理性より生ずる一種の熱誠あるのみだ。

（大日本雄辯會 1925: 3）

　さて、ここまで尾崎の演説論を検討してきたが、それでは尾崎は実際どの
ような演説をしていたのであろうか。次の節では、尾崎の演説を録音した音
源資料、及び文字化資料をもとに、検討していくことにする。

2.2. 音源資料

　本節で検討する音源資料は、芸能史研究家の岡田則夫氏が収集したSP盤レコードに録音された音源を学術研究用にデジタル化したもの（『SP盤貴重音源 岡田コレクション』日外アソシエーツ 2010）である。この中には、大正から昭和前期の講演、朗読などが収められており、この音源資料、さらに岡田氏、日外アソシエーツの許諾を得て文字化した資料（相澤・金澤 2012）をデータとして使用することにする。取り上げる演説は、「司法大臣尾崎行雄君演説」（1915, 演説時間：28分09秒）、「普通選挙に就て」（1928, 演説時間：21分31秒）、「正しき選挙の道」（1930, 演説時間：7分17秒）である。

2.3. 論理的展開

　「司法大臣尾崎行雄君演説」（1915）は、当時、第二次大隈内閣の一員でもあった尾崎が、第12回衆議院議員総選挙（1915年3月25日実施）に向けて、国民に選挙の重要性、また争点、論点などを訴えた演説である。演説の流れをみてみると、尾崎の説くところの「内容」が1つ1つ有機的に積み重ねるように「統一」されて、主張点が明快に述べられていく。演説の流れを追ってみると、おおよそ次のようになる。

（5）　専制体制⇒立憲体制⇒生命財産を管理する総代人⇒衆議院議員⇒選挙
　　　⇒財政、国防、行政組織

　江戸時代のような専制体制ではなく、現下の立憲体制では、生命と財産は人民のものである。そして、その人民の総代人が衆議院議員であり、これを選ぶのが今回の選挙であるが、今日、選挙は腐敗してきている。しかし、生命財産を管理する総代人を選ぶ選挙は極めて重要である。そして、選挙の論点は、財政、国防、行政組織問題にあり、これら国家の大議題について判断するのが今回の選挙であり、選挙民の重大な任務である、ということになる。

　整然と、論理的に、抽象（体制）から具象（争点）へと、論点が述べられてい

28 第1部 制度的場面での雑談

く。そこには、まったく無駄がなく、横道、脇道にそれることもない。あく
までも、本論にずっと沿ったままで、直線的に、演説が続いていく。雑談的
要素はほとんどないといっていい。ただ、聴衆の理解を助けるために、若
干、比喩が使用されている。

　次に、「普通選挙に就て」(1928)をみてみよう。普通選挙法により、それ
までの納税額の制限がなくなり、満25歳以上の成年男子に選挙権が与えら
れた最初の選挙となった第16回衆議院議員選挙(第1回普通選挙)につい
て、尾崎が所信を述べているところである。この演説も論旨が極めて直線的
で、明瞭で、雑談的要素は皆無といってもいい。その演説の流れは、おおま
かに記すと、次のようになる。

（6）　衆議院の解散⇒不景気問題が争点⇒減税派に投票すべし⇒両大政党は
　　　増税派⇒両大政党は財閥の影響下にある⇒両大政党に立ち向かって成
　　　功した例がある⇒軍備縮小と普通選挙実施⇒小政党・減税派に投票す
　　　べし

　現状の分析、争点の明確化、解決すべき問題点、過去の成功例、結論が1
つの流れとなって、統制を取りながら展開されていく。特に、当時の両大政
党(立憲政友会、立憲民政党)は、ともに増税派であり、財閥と癒着してお
り、国民の政治を行っていないという主張は、繰り返されることにより、そ
の説得力を増していく。

　このまったく横道にそれることがなく、雑談的要素のない、直線的な論旨
の展開は、「正しき選挙の道」(1930)においても同様に観察される。これは、
濱口雄幸内閣のもとで行われた第17回衆議院議員選挙に関しての演説であ
る。前の2つに比較すると短い演説であるが(7分17秒)、論旨は次のよう
に明確なものである。

（7）　政党本位の不当な解散⇒腐敗する両大政党⇒腐敗していない小政党・
　　　独立候補者に投票すべき

議会の解散は、国家ではなく政党本位、政党の都合で行われたものであり不当であること、さらに両大政党(立憲政友会、立憲民政党)ともに疑獄事件関係者を出すなど腐敗した政党であること、したがって、両大政党に投票すべきではない、という点が順次、理路整然と述べられていく。雑談的要素の全くない、極めて直線的で無駄のない演説である。

　総じて、尾崎の演説の特徴はその引き締まった論理性にあるといえるだろう。直線的で論理明快であり、回り道、横道にそれる、本題から外れるといった雑談的要素はほとんど観察されない。短い比喩を使った表現は若干あるが、それはあくまで主題に沿って論を進めていく中で使われるものである。その意味で、脇道にそれる雑談ではなく、本題の流れの一部として解釈できるものだといえる。

2.4.　論理を示す接続詞

　ここでは、文と文がどのような論理関係で結ばれているか「連接関係」(市川 1978)を示す接続詞について検討してみることにする。接続詞は、話の流れ、論理構成を聞き手にとって明確にする役目をもつもので、話に論理性を与えるものだといえる。図 1 は、「司法大臣尾崎行雄君演説」(1915)について、一文ごとの接続詞を含めた文頭表現の種類、およびその頻度を示したものである。

　文頭表現のうち、接続詞の使用頻度が高いことが分かる。これが演説の論理性を高めていると解釈できるだろう。それも、「しかるに」、「すなわち」といったフォーマルな接続詞は、演説を格調高いものとし、権威づけ、信頼性に一役買っているといえる。それぞれの使用例を、以下にあげておくことにする。

(8)　「しかるに」(逆説型)
　　　政府はいちいち、その持ち主に相談をせなければ、何事も作ることはできないはずである。しかるに、従来政府は、人民には一切相談をせないで、命と財産に関する法律規則を、勝手に作りきたったではないか。

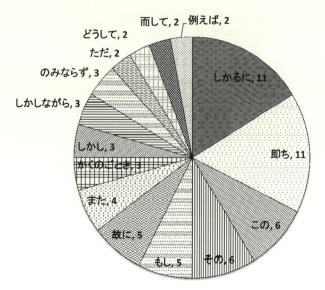

図1 文頭表現の種類と頻度(「司法大臣尾崎行雄君演説」)

(9) 「すなわち」(同列型、換言型)
　　　これは憲法の大義である。すなわち、今の政府はその大義に基づいて議会を解散して、この三大問題を国民に訴えたのであります。

　上記のようなフォーマルで、漢文調の接続詞は、論理の流れを明確にし、演説を知的で格調の高いものへと仕上げていく。この論理的な接続詞の使用傾向は、他の演説においても同様に観察される。興味深いことに、「正しき選挙の道」(1930)では、今日ではほとんど使われなくなったような古い接続詞である「さなきだに」、漢文調の接続詞「いわんや」も使用されている。その例をあげておこう。

(10) 「さなきだに」(そうでなくてさえ)
　　　(中略)直ちに国民に訴えるということは、元来無理なやり方である。さなきだに、今日のような不景気の極端に達しておる場合において、議会を解散を致し、金銭と労力において、五千万円以上、一億円をた

だ捨てるといえば、これがまた不景気を一層深刻にする原因となるのである。

(11) 「いわんや」(まして、なおさら)

およそ、善はこれを奨し、悪はこれを懲らしてすら、なかなか悪人は絶えないものである。いわんや、政党が、両大政党ともに腐敗を致して、続々疑獄事件関係者を出しておる場合において、益々これに多く投票を入れれば、これは疑獄事件関係者を出したがために褒美をやるということになる。

2.5. 文末表現

尾崎の演説について、その文末表現の特徴は圧倒的に「である」スタイルが多いということが分かる。つまり、敬体の「ます」スタイルはあまり多くない。図2は「普通選挙に就て」(1928)の中で使用された文末表現の種類、およびその頻度を示したものである。

「である」、「おる」は演説口調そのものであり、話し手からの一方的で断定的なメッセージを聞き手に送る、知識、見識ある者がそうでない者に情報を伝え、啓蒙するという、いわば「講義」のフレームを作り上げる文末表現だといえる。具体的な例をみてみよう。

(12) おる

行政、立法、凡ての働きが大体日本では財閥の利益を計って、全国人民を苦しめるという働きになっておる。　　　　（「普通選挙に就て」）

(13) のである

よし、政党中に人格者があっても、政党に身をおく以上は、その人は党利に束縛せられて、悪い幹部の命令通りに議会においては働くのであるから、善人といえども、悪人と同しことになるのである。

　　　　　　　　　　　　　　　　　　　　　（「正しき選挙の道」）

32　第1部　制度的場面での雑談

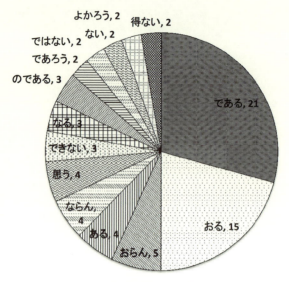

図2　文末表現の種類と頻度(「普通選挙に就て」)

(14) よかろう
　　　(中略)すなわち前(ぜん)に述べた不景気ということを中心問題として、この選挙に投票したらよかろう。　　　(「普通選挙に就て」)

　特に、最後の「よかろう」は、権威ある指導者がその生徒たちに教えを授けるという「講義」のフレームの極地にあるような文末表現であり、今日の政治家から発せられることのない表現である。

2.6. 一文の長さ

　次に、発話における一文の長さをみておくことにする。何をもって文とするかは、意見のわかれるところであろうが、ここでは便宜的に、文法的・意味的にまとまりを持った単位と考え、特に文末表現によって区切られる単位と考えておく。そうした場合、その一文の長さをどう計るかについても、いくつかの方法が考えられる。たとえば、「食べられた」を自立語として1とカウントするか、あるいは形態素に分けて「食べ・られ・た」(語幹・受け

身・完了）として3とカウントするか、いろいろ考えられるだろう。しかしながら、ここでは、作業の煩雑さを避けるという観点から、単純に、漢字仮名まじり書き起こし文テキスト（相澤・金澤2012）に現れた文字数をもとに文の長さを検討する。したがって、例えば「食べられた」は5文字からできているため、この方法では5とカウントすることにする。この計算方法で、3つの演説について、一文あたりの長さの平均値を調べてみると、次のようになる。

(15) 「司法大臣尾崎行雄君演説」：61
　　　「普通選挙に就て」：56
　　　「正しき選挙の道」：65

　尾崎は、一文あたり平均60字ぐらいの長さで話していることになる。これは後述する小泉の平均29字と比較して、ほぼ2倍の長さである。聞き手に理解しやすいように短い文で話すというよりは、話し手の視点からの情報、論点の流れを優先させるような長い文で演説をしていることになる。比較的長い文例をみてみよう。

(16) 　どうぞ、諸君においては、普く諸君の部下の人々によくこの趣意を教えて、衆議院議員の選挙ということは、何でもない、自分たちの十有余万人の生命財産を管理せしむるがために、各々一人ずつの議員を選ぶのであるという趣意を、飲み込ませることを希望する。

（「司法大臣尾崎行雄君演説」）

　この長い文は、たとえば次のように3つの比較的短い文に区切ることも考えられるだろう。

(17) 　諸君の部下に趣意を教えてもらいたい。
(18) 　選挙とは自分たちの生命財産を管理する議員を選ぶことである。

34 第1部 制度的場面での雑談

（19）　この趣意を部下に飲み込ませることを希望する。

　しかし、長い一文を用いることによって、「趣意」を繰り返し、聞き手にとっては若干理解しがたい演説となっているようだ。
　ここまで、尾崎の実際の演説の特徴をまとめてみると、(a) 雑談的要素のほとんどない直線的で論理的な構成になっている、(b) 論理性を示すフォーマルな接続詞が頻繁に使われている、(c) 話し手の強い断定を示す文末表現が多く使われている、(d) 一文あたりの語数が多い、といったことになるだろう。これらに共通しているのは、論理であり、話し手中心の強い意志、熱意、そして権威ということになる。まさに尾崎が主張する「理性」と「熱誠」を象徴した演説だといえるだろう。
　それでは、次に尾崎から約百年を経た今日の政治家である小泉純一郎元首相の演説をみてみることにする。

3.　小泉純一郎元首相

　小泉純一郎（1942–）は、2001 年 4 月から 2006 年 9 月まで、5 年半の長期政権を維持した元首相である。首相在任中は、国民・マスコミからその言動で注目を集めた政治家だが、引退後は政治の表舞台に出てくることはしばらくなかった。しかし、2013 年 11 月 12 日、日本記者クラブで行われた原発ゼロをテーマとする講演（「原発即時ゼロ」）は、その年の安倍晋三首相の消費税増税の記者会見よりも多くの記者を集め、日本記者クラブで最大規模の演説となった（日本記者クラブ 2013a）。毎日新聞政治部特別編集委員で、日本記者クラブ賞受賞者でもある山田（2013: 101）は、「元首相の発信が民心をとらえ、力強い底流を生み出している」と述べている。
　小泉は、尾崎のように演説に関して自分の所見を述べた著作は一切出版していないので、その演説論をまとまった形で検証することはできない。したがって、ここでは、日本記者クラブ（2013a, 2013b）での講演を一次的データとして論をすすめることにする。

3.1 尾崎の正反対

　小泉の講演は、質疑応答の時間を除いて、約57分間の長さであった。それは、尾崎のものと比較して、いくつかの点で対照的なものであった。まず、話の内容、情報についてみておこう。メインのトピックは、原発ゼロであったが、主宰者側からの要請もあり、それ以外に靖国問題、日米関係、沖縄の基地問題についても最後の部分で取り上げられた。

　特に、原発に関する部分は、読売新聞の社説（「小泉元首相発言『原発ゼロ』掲げる見識を疑う」2013年10月8日朝刊）で指摘された数点に反論するという形で構成されていた。その流れは、おおまかに次のようなものであった。

(20)　代案も出さない原発ゼロ発言は無責任である（批判）⇒政治家が大局に立った方針を示すのが大切（反論）⇒原発ゼロにすると電気料金が上がる（批判）⇒日本の革新的な技術力で対応できる（反論）⇒核の廃棄物処理場を見つけるのが政治の仕事だ（批判）⇒どこにもない（反論）⇒フィンランドのオンカロでさえ十分でない（反論）⇒総理大臣が決断すればできる⇒靖国問題、日米関係、沖縄の基地問題

　新聞社からの批判、そしてそれに対する自分の反論。この2つを並列させることによって、自分を批判する者と自分の疑似対話を作り上げ、聞き手をその中に引き込んでいく。小泉の講演は、尾崎のような話し手中心の理路整然とした直線型の「講義」フレームではない。むしろ、聞き手の前に争点を二元論的に整理して提示し、聞き手に判断をゆだねて論を進めるという「対話」（ダイアログ）のフレームだといえる。

　次に、文頭表現、文末表現をみてみよう。まず、文頭表現についてだが、尾崎の場合は、論理関係を示すフォーマルな漢文調の接続詞（「しかるに」、「すなわち」など）が多く使われていた。しかし、小泉の場合は日常会話的な接続詞（「しかし」、「しかも」、「そして」、「だから」など）が使われている。ただ、その使用頻度は尾崎の場合ほど高くはなく、他に様々な表現が使われ

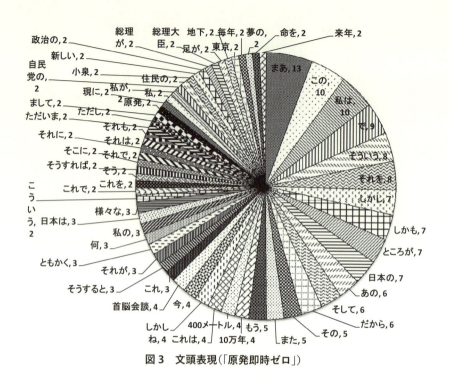

図3 文頭表現(「原発即時ゼロ」)

ている。

　文末表現をみると、上下関係を明白にし、話し手の強い信念を示す、尾崎の「である」スタイルと違い、会話調の「ですよ」「です」「ますよ」といった敬体が多いことが分かる。特に、終助詞の「～よ」は、話し手のもつ情報を聞き手に伝え、聞き手に話し手と同一の認識をもたせる働きがあることを考えると、その多用は小泉が聞き手を強く意識している証拠だとみなすことができる。興味深いのは、尾崎の発話には、このような終助詞、つまり聞き手と話し手が同一の認識をもつように仕向けるものが皆無であるというところだろう。それは、尾崎が使う話し手からの一方的、かつ断定的な文末表現(「おる」「おらん」「のである」など)からも明らかである。

　一文あたりの長さだが、前述したように、尾崎の60字に対し、小泉は29字と尾崎の約半分である。小泉は、首相在任中、マスコミなどから「ワンフ

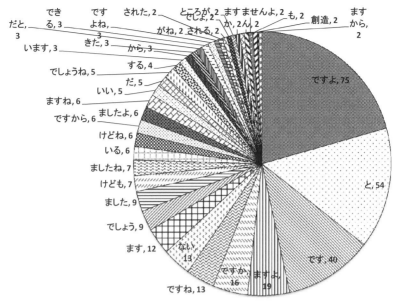

図4 文末表現(「原発即時ゼロ」)

レーズポリテックス」と揶揄されることもあったが、退任してからも比較的短い文を用いながら、聞き手にとって理解しやすい発話をしているということになる。例をあげてみると、次のようになる。

(21)　こういう状況は滅多にないですよ。
　　　しかも壮大な事業じゃないですか。
　　　夢のある事業じゃないですか。
　　　自然を資源にする、そういう事業。
　　　それに総理の権力をふるうことができる。
　　　こんな運のいい総理、いないと思いますよ。

安倍首相の決断で脱原発を推し進めることができる、と述べているところである。1つ1つ、いずれも短い文で話している。さらに、「事業」を3つ

38　第1部　制度的場面での雑談

の連続した文で繰り返す。そして、「総理」を後の2文で繰り返す。事業と総理が繰り返されることによって、強調され、聞き手の意識の中に入っていき、事業と総理が結びついていく。さらに文末表現をみると、「よ」⇒「か」⇒「か」⇒体言止め⇒常体⇒「よ」と変化、スイッチさせながら、聞き手に語りかけるかのように話していく。聞き手中心に、聞き手とのつながり、かかわり合いを作り上げていく手法だといえるだろう。

　この変化、スイッチという点は、文末表現だけに限ったものではない。それは声の抑揚、話すスピードについても観察できるものである。尾崎の場合は、概して目立つポーズはほとんどないか、あっても短いもので、声の抑揚もなく、比較的単調に演説が続く。それに対し、小泉の場合は、声の抑揚があり、長いポーズ、短いポーズのスイッチが頻繁に起こる。

　以下に、尾崎と小泉がどのようにポーズを取りながら話しているか、その一例をあげておくことにする。なお、ポーズの定義には、さまざまな議論があり、音響的あるいは知覚的によっても若干違ってくることが予想されるが、一般的には連続無音区間200ms（0.2秒）以上を1つの目安としているようである（籠宮・山住・槙・前川 2008、前川 2003 など）。ここでは、試験的に、100ms（0.1秒）以上の無音区間を抽出し、演説の書き起こし文の中に例示してみた。使用した音声分析ソフトは、wavesurfer である。（〈 〉の中にある数字はポーズの長さ（秒）である）

(22)　尾崎（「普通選挙に就て」1928）
　　　これがすなわち、〈0.35〉普通の〈0.31〉場合の解散である。〈1.07〉しかるに〈0.17〉我が国、〈0.44〉この度の解散には、〈0.74〉まだその以前に、政府と議会、エー、政府と反対党とが議会において衝突しておらん。〈0.40〉何らの問題をも議しておらん。〈1.82〉しかるに〈0.14〉突然、〈0.32〉これを解散した。〈0.51〉これは〈0.48〉事件なしに〈0.59〉グンビリョードーが裁判所に〈0.37〉駆け込んだと〈0.24〉言うと〈0.13〉同し〈0.56〉違法の〈0.26〉ことであり、同時に〈0.15〉気違いの〈0.20〉所作である。〈1.90〉裁判官であるなら

ば、左様なものは〈0.43〉巡査に外に〈0.61〉押丁に外に放逐させれ
ば、それでことが済むけれども、〈0.77〉この場合選挙人、〈0.18〉す
なわち国民は〈0.56〉今度はそうする訳にいかない。〈0.80〉既に解
散という働きがあった以上は、〈0.44〉嫌でも応でも〈0.30〉選挙を
〈0.25〉せなければならん。〈0.55〉

(23)　小泉(「原発即時ゼロ」2013)
　　　最終処分場、どれだけ作らなくきゃいけないんですか。〈1.16〉しか
　　　も10万年後なんぞでもう一つ〈0.29〉考えなきゃいけないことがあ
　　　ると。〈0.18〉何だ。〈2.40〉放射能と言うのは〈1.68〉危険なんだけ
　　　ども〈0.36〉近寄っちゃいけないんだけども、〈1.56〉色がない。
　　　〈1.19〉臭いがない。〈1.57〉近づいてもこれが〈0.40〉放射性物質か
　　　分からない。〈2.77〉それを〈1.38〉10万年後の人間が〈0.54〉この
　　　オンカロに来て〈1.27〉なんだこりゃと思って〈3.19〉果たして
　　　〈1.52〉ほっといてくれるかなと、〈0.92〉そっとしといてくれるか
　　　な。〈1.04〉人間って言うのは好奇心が強いと、〈1.63〉必ず分からん
　　　ものがあると掘り出そうとすると。

　尾崎よりも小泉の方がポーズを長く取りながら話していることが分かる。
上記の該当箇所だけでみると、尾崎の平均ポーズ0.54秒に対して、小泉の
それは1.32秒である。特に、小泉の演説には3秒以上の長いポーズがある
のに対して、尾崎の演説では3つの演説ともに皆無である。
　声の抑揚という点でも、両者は大きく違う。尾崎は、わりと平坦な話し方
であるのに対し、小泉は抑揚をつけ、メリハリのある話し方をする。次のス
ペクトログラムは、両者の声の抑揚、またポーズ(無音区間)を視覚的に示し
たものである。

(24) 尾崎

(25) 小泉

　尾崎のスペクトログラムは、比較的平坦で抑揚が少ないのに対し、小泉のそれは上下の幅があり、抑揚があるのが分かる。話し手である小泉の抑揚、またポーズは、話を生き生きとして、活気のあるものにする。そして、それは話し手自身が自分の話に引き込まれていくと同時に、聞き手が話し手の語る物語に引き込まれ、話し手そのものにも引き込まれていくという効果を生み出す。語りとは、アイデアや情報を伝えるだけではなく、感情(興奮)も伝えることになる。

3.2　物語を語る

　尾崎と小泉の大きな違いは、使用する語彙(漢文調の接続詞など)、文頭・文末表現、文の長さ、抑揚、ポーズといった、ことばの形態(フォーム)にあるだけではない。それよりも、もっと大きな決定的な違いは、政治的なトピックについて語りながらも、そこから若干脇道にそれて、聞き手の経験、記憶、想像を呼び起こさせるような「物語」を挿入し、「雑談」風に論をすすめるというところにある。それも、ただ単に、時系列的に出来事を語る(Prince 1973)というだけでなく、物語の語られ方から、聞き手が自分たちの知識や経験をもとにして、1つの「内的な世界観」(Van Dijk and Kintsch 1983)といってもいいようなものを作り上げる手助けをするような物語である。

「雑談的」スピーチと「非雑談的スピーチ」　41

　ちなみに、尾崎の演説には、短い比喩を使って論点を分かりやすくするということはあるが、話し手の個人的な経験などを物語にして詳細に、拡張して語るということはまったくない。

　小泉の演説では、フィンランド・オンカロへの「旅」の物語が語られていく。時間にして、全演説 57 分中の 8 分もかけている。文数にして、全演説 479 文のうち、78 文がこの物語に使われている。全体の講演の流れの中では、核廃棄物最終処分場建設の場所について目処をつけるのが政治家の責任だという小泉への批判について語っている場面である。小泉は、目処をつけることは不可能であり、目処をつけられると考えることがそもそも「楽天的で無責任だ」と主張する。このあと、4.4 秒という長い沈黙の後、突然、なんの前触れもなく、本論からそれたかのように、つまり「雑談」的に「物語」が次のように語られていく。

（26）　フィンランドのオンカロ行きましたよ、私。
　　　　世界で唯一、原発から出る、核の、廃棄物を処分する、場所ですよ。
　　　　まあ、オンカロというのは、フィンランド語で洞窟とか隠れ家とかいろいろあるようですけれども。
　　　　ともかく、核廃棄物を最終、処分するために、作られた、地下ですよ。
　　　　それも、フィンランドというのはね。
　　　　岩盤で出来ている国ですよ。
　　　　もう道路を通ると分かりますね。
　　　　地下掘んなくてもトンネルがもう岩盤ですよ。
　　　　だから岩盤をくりぬいて道路を作ってる。

　演説の流れとしては、核廃棄物の最終処分場を日本で作るのはまったくもって無理であるということを述べ、したがって、脱原発しかないという主張へとつなげていくところである。その主張をサポートする具体例として、フィンランドのケース（「世界で唯一」）を取り上げ、それでも安全であるとは

42　第 1 部　制度的場面での雑談

決していえない(ましてや日本では)と傍証していくところである。したがって、情報を伝えるだけが目的ならば、フィンランドのケースの問題点をリスト化して述べれば十分なところである。

　しかし、小泉は違う。8 分間、78 文も使い、フィンランドのオンカロへの物語を「雑談」のフレームの中で語るのである。それは、小泉が経験した出来事を単に時系列で語る、という意味でのテキストとしての物語(Prince 1973)ではない。それよりもっと重要なことは、聞き手が、物語から自分の過去の経験(もちろん全く同一ではないが)の一部を呼び起こされ、また想像しながら、その物語の中に入り込んでいき、物語のイメージ、風景を描きながら、話し手と物語をある意味、ともに作り上げ「共有」するというところにある。別のいい方をすれば、共有される物語とは、聞き手が話し手の物語に息を吹きかけて蘇らせるように、(物語の話し手だけでなく)聞き手によってももたらされるものだということになる。

　このオンカロの物語には、少なくとも 2 つの聞き手を引きつけるストラテジーが生かされている。それは、(a)詳細に語る、(b)ダイアログを直接引用する、という 2 点である。詳細な情景の描写は、聞き手がそこからイメージを作り上げる刺激になり、材料となる(Tannen 2007)。そして、これは聞き手だけではなく、話し手自身が話し手の物語に入り込んでいく手助けとなる。そして、話し手と聞き手が、意味作りという行為にお互いに(ともに)参加することになる。詳細な描写の例を、次にあげておこう。

(27)　そして、ま 2 時間くらいかけてヘルシンキから、そこで、防護服、ヘルメット、装備をして、400 メートル、地下に降りて行くわけです。もう入り口から岩盤です。で、中、入って行くのにね、エレベーターじゃないんです。エレベーターあるんだけどどうしてあれ乗っていけないのかなと思ったら、あれは物資用のエレベーターで人間は乗らないんだと。やっぱ車で行くんです。だから車で人数制限、運転手も入れると 10 人ちょっと 10 人ぐらいしか乗れないので、7 人までしか乗れないって言って、ちょっと 10 人まあ視察団の 7 人に制限され

てジグザグにマイクロバスで降りて行った。400 メートル、地下です
ね、約。で、約 400 メートルの地下、に、縦横 2 キロメートルの広
場を作っているわけです。

　単純な情報の伝達だけが目的であるならば、「ヘルシンキから離れた所、
地下 400 メールに縦横 2 キロメートルの広場が作られていました」で十分
である。しかし、小泉は詳細な描写を順番に述べていく。防護服、ヘルメッ
トといったことばは、聞き手にまさに防護服、ヘルメットのイメージを思い
起こさせる。それは、自分が着用したことのあるものかもしれないし、どこ
かで見たものかもしれない。話し手の小泉も、ジェスチャーで着用する仕草
をする。話し手と聞き手が、ともに参加しながらイメージを作り上げ、これ
から地下へ降りて行く瞬間を体験する。エレベーターを使わないで、マイク
ロバスで、7 人の小集団で降りて行く。人数（7 人）、交通機関（マイクロバ
ス）、下り方（ジグザグ）は、なくてはならない重大な情報ではない。しか
し、これらの詳細な記述は、物語の信憑性を増し、その場にいるような臨場
感を聞き手にもたらす。ヘルメット、7 人の参加者、エレベーター、マイク
ロバス、曲がりくねった坑道、これら 1 つ 1 つのイメージが、重なり合い、
共鳴しながら、場面、情景ができあがってくる。この情景が共有されたと
き、それが意味をもち、聞き手はその意味を理解する。もちろん、小泉のそ
れと聞き手のそれは、それぞれの過去の経験が違うように、全く同じではな
い。しかし、ことばによって情景を作り上げていくというプロセスは、話し
手と聞き手がともに参加する意味作りのプロセスとなる。
　さらに、第 2 点目の興味深いストラテジーは、話し手とオンカロの係員
とが、今、聞き手の目の前で会話をしているかのような情景を思い起こさせ
るような対話が、物語の中に直接引用されているところだ[4]。次の例をみて
みよう。

(28)　地震がない、そういう国ですから、しかも岩盤で。これでもう決まっ
　　　ているのかと。いやいやまだ最終審査が残っているんだと。何だ？最

終審査ってのはね、岩盤でところどころに水が漏れているところがあるんです。ほら、あそこに水が漏れているだろう。ああそうかあれが水かと。水が漏れているか漏れていないかをまだ完全に調べなきゃいけないんだと。10万年もつかどうか調べなきゃいかんと。

　この小泉と係員の質疑応答、対話の引用は、聞き手にあたかも自分たちが薄暗い坑道内でヘルメットを被りながら、小泉と係員のやりとりをすぐ隣で聞いているかのように思わせてしまう。「ほら、あそこに水が漏れているだろう」、「ああそうかあれが水か」ということばで、岩盤の間から水が漏れてくるのを見た過去の経験、あるいは想像をもとにしたイメージを思い浮かべる。静かな坑道内で、水がポタッ、ポタッとゆっくり落ちてくる水滴の音さえ、聞こえてくるかもしれない。気がつかないうちに、物語の中に引き込まれていく。（むしろ、引き込まれていくのを拒むことは至難の業だろう。）話し手の物語は、話し手だけの経験ではなく、聞き手も経験する。Fludernik (1996: 12) のことばを用いれば、experientiality（「経験性」）があるということになる。つまり、実際の経験が擬似的に呼び起こされる（quasi-mimetic evocation of 'real life experience'）ことになるわけだ。そして、話し手の物語は、聞き手の物語にもなっていく。共有される物語は、「かかわり合い」のストラテジーの最も有効なものの1つとなる。
　さらに、この物語の最後の部分では、尾崎に全くないものが挿入されている。それは、ユーモアである。次の部分をみてみよう。

(29)　10万年後にここに近づいてはいけない、掘り出してはいけないという文字をね、何語にしようかと。国連使っている英語、その他、フィンランド語。しかし字は変わりますからね。日本語だって最近、私なんか、ちょっとついていけない若者たちのことばありますよ。うん、我々若い頃はね、あの人キレるなっていうのはね、頭よかった。今あの人キレるって言うとね、ちょっとおかしいなって言われちゃう。

10万年後には言語が大きく変化（消滅？）しているかもしれないというところで、突然、小泉は自分の経験した日本語の「キレる」の意味変化を述べる。「キレる」の意味が全く逆になったというところが、聞き手の笑いを誘う。時間、空間の壮大な話から、急に、日本語の卑近な例に飛ぶ。このギャップが笑いを生み出すユーモアとなるのだが、これは本題からかなりそれてしまった雑談の典型例といえるだろう。このユーモアが面白いかどうかは別としても、話し手と聞き手の間でなんらかの「かかわり合い」が生まれるところである。

　ここまで、小泉の「物語」の手法をみてきた。それは、イメージを作り上げる、詳細に語る、ダイアログを引用する、ユーモアを入れるということで、「かかわり合い」のストラテジー（Tannen 2007）そのものだといえる。そして、この「物語」は、本論から少しそれた、付け足しの「雑談」ともいえるものだが、「かかわり合い」を作り上げることに成功した時、それは単なる「雑談」ではなくなる。「雑談」が本論そのものの一部になっていったともいえるだろう。

4.　まとめ

　今から約一世紀前の尾崎、そして今日の政治家である小泉の二人のスピーチは、もとより、それぞれの時代の複雑な政治言語の全容を適切に代表したものであるとは、到底言い難い。しかしながら、本章での二人のスピーチの検証は、それぞれの時代の「雄弁」のいくつかの特徴を、ある程度浮き彫りにしたといえるのではなかろうか。尾崎のそれは話し手の精神性、スピーチの論理性、情報性に重きを置いたもので、話し手から聞き手へ向けた一方的、階層的な語りであったのに対し、小泉のそれは話し手と聞き手の心理的また認知的な「かかわり合い」に注目したものであったということだ。小泉の使うことばは、尾崎と比べて、日常的で、抑揚に富み、認知的に分かりやすいもので、聞き手中心であるということになる[5]。

　特に、「物語」のストラテジーは、本題の連続性から少し逸脱したもので

あると考えると、「雑談的」だともいえる。小泉の「雑談的」スピーチに対して、尾崎のそれは「非雑談的」スピーチと形容できるかもしれない。そして、「雑談的」スピーチは今日の日本において、聞き手との「かかわり合い」を作り上げる機能をもっているということもできるだろう。Tannen (2007: 134) は「かかわり合い」とコミュニケーションの関係について、次のように述べている。

Involvement strategies do not decorate communication, like frosting a cake, by adding something to the exchange of information. Rather, they constitute communication: They are the ingredients that make the cake. It is in large part through the creation of a shared world of images that ideas are communicated and understanding is achieved.

（かかわり合いのストラテジーは、ケーキに粉砂糖をふりかけるように、情報の交換になにかを足すことによって、いわばコミュニケーションにちょっとした飾りをつける、といったものでは決してない。むしろ、かかわり合いのストラテジーがコミュニケーションを作り上げるのだ。ちょうど、ケーキを作る材料のように。アイデアが伝えられ、理解が得られるというのは、大まかに言って、聞き手と話し手が共有するイメージの世界を創ることを通して達成されるのである。）

　この Tannen (2007) の比喩を少し発展させて考えてみよう。「雑談」（「雑」多な「談」話）とはメインの本題に付随した、なくてもいいような粉砂糖のようなものだともいえる。しかし、実は私たちのコミュニケーションそのものとはいわないまでも、認知、理解、関係作りに多大な貢献をしているものととらえることもできる。特に、尾崎の時代は「雑談」は無用（むしろ「統一」を阻む有害なもの）と考えられていたが、一世紀を経た今日、政治が民主化・大衆化し、「力」ではなく「共感」の時代に生きる現代人にとっては、なくてはならない粉砂糖となったのかもしれない。

　さらに、このことは「雄弁」、あるいはなにをもって説得力となすかは、時代に応じて変遷することを示唆しているともいえる。少なくとも、本章の尾崎と小泉に限って考えてみると、話し手にフォーカスし、理性と精神性に

重きを置く大正・昭和初期の雄弁から、聞き手にフォーカスし、かかわり合い、共感に重きを置く現代の雄弁への変遷を認めることができるだろう[6]。これを Tannen (2007) の「かかわり合い」の理論に照らして考えてみると、その理論は言語的・心理的に時代を超えて普遍性のある理論というよりも、社会文化的・歴史的な文脈の中で解釈・評価されるものだといえるのではないだろうか。特に、「かかわり合い」のタイプを考えてみると (Chafe 1985)、尾崎のように、強い「熱誠」を込めて、話し手が自分自身、あるいは自分の述べる内容に深く入り込み「かかわり合い」をもったとしても、それは今日の聴衆にとっては、聞き手との「かかわり合い」につながっていかないといえるだろう[7]。

　総じて、本章は、時代を隔てた二人の雄弁家のスピーチとはどのようなものであったのか、また「雄弁」のもつ時代性、さらに「かかわり合い」、「雑談」といった概念で二人のスピーチを解釈することの可能性を探ったものである。言語使用における話し手と聞き手の相互作用(対話性)は、多くは共時的な日常会話の枠組みで語られてきたが、本章は通時的、歴史的な視点、またジャンル (genre) としての政治言語、貴重音源データの研究への活用 (archival research: アーカイブ調査) の可能性を示唆したといえるだろう。

注

1　Involvement の訳語としては、「共感・一体感」、「関与」ということばもあるが、ここでは「かかわり合い」とする。

2　語りの形態という観点からみると、大まかに、尾崎のスピーチはレコードに吹き込まれた「演説」、小泉のそれは聴衆に向かって行われた「講演」ということになる。したがって、厳密にいうと、諸条件をそろえた上での比較ということにはならない。残念ながら、尾崎には、その時代的、技術的な背景もあり、眼前の聴衆に向かって行われたスピーチの録音は、著者の知るところでは存在しない。ただ、両者とも不特定多数の聴衆に向けて語っているという点で、そのスピーチ・スタイルが観察される一次的資料として使用することとする。ちなみに、芳賀

(1999: 148) は、尾崎のラジオのスタジオ（レコード録音時と似ているか？）での話し方について、「聴衆を目の前にした演説と同じ調子」だったとしている。

3　個人間の会話における small talk（世間話、雑談）については、Coupland (2003: 1) によると、一般的に 'a formulaic and superficial mode of talk'（紋切り型で表面的な語りの様式）のことで、近年その社会的機能が注目されているという。たとえば、Holmes and Fillary (2000: 281) は、そういった機能を 'oil the interpersonal wheels'（「人間関係の車輪に油をさす」）と表現している。

4　Maynard (1994: 244) は、竹下元首相の国会答弁（1992 年 12 月 7 日）を分析する中で、引用の手法について次のように述べている。
In order to express friendliness and involvement, Japanese language offers a strategy for the animation of talk, i.e., self-quotation.（親しさやかかわり合いを表現するために、日本語には生き生きした語りの手法、つまり自己引用がある。）

5　Fairclough (1995: 138) は、the 'conversationalization' of public discourse（公的談話の会話化）が、現代社会に広く観察される言語使用の特徴であるとし、それは私的領域による公的領域の植民地化 (colonization) だとしている。この点については、東 (2014) も同様の指摘をしている。

6　この変遷を、「反知性主義」という枠組みで解釈することも可能だろう (Lim 2008)。

7　尾崎と同時代の雄弁家であった永井柳太郎の演説について、その次男である永井道雄（元文部大臣）は「いまの時代におやじの演説がでてきたら、みんな腰ぬかすでしょうな。つまり対話型でない。自分のほうからだけ訴える。」と述べている（岩見 2009: 84）。

参考文献

相澤正夫・金澤裕之 (2012)『岡田コレクション「演説音源集」文字化資料』（国立国語研究所内部資料）

東照二 (2014)『なぜあの人の話に耳を傾けてしまうのか—「公的言語」トレーニング』光文社

Bakhtin, Mikhail. (1981) *The Dialogic Imagination: Four Essays*. Austin: University of Texas at Austin Press.

Chafe, Wallace L. (1985) Linguistic differences produced by differences between speaking and writing. In David R. Olson, Nancy Torrance, and Angela Hildyard (eds.) *Literacy, Language and Learning: The Nature and Consequences of Reading and Writing*, pp. 105–123. Cambridge: Cambridge University Press.

Charteris-Black, Jonathan. (2005) *Politicians and Rhetoric: The Persuasive Power of Metaphor*.

New York: Palgrave Macmillan.

Coupland. Justine. (2003) Small talk: Social functions. *Research on Language and Social Interaction* 36(1): pp. 1–6.

大日本雄辯會(1925)『尾崎行雄氏大演説集』大日本雄辯會

Duranti, Alessandro. (1986) The audience as co-author: An introduction. *Text*, 6, 3: pp. 239–247.

Duranti, Alessandro. (1993) Intentionality and truth: An ethnographic critique. *Cultural Anthropology* 8: pp. 214–245.

Duranti, Alessandro. (2003) Language as Culture. *Current Anthropology* 44(3): pp. 323–347.

Fairclough, Norman. (1995) *Critical Discourse Analysis*. New York: Longman.

Fina, Ana D. and Alexandra Georgakopoulou. (2012) *Analyzing Narrative: Discourse and Sociolinguistic Perspectives*. Cambridge: Cambridge University Press.

Fludernik, Monika. (1996) *Toward a 'Natural' Narratology*. London: Routledge.

Gumperz, John. (1982) *Discourse Strategies*. Cambridge: Cambridge University Press.

芳賀綏(1999)『言論と日本人―歴史を創った話し手たち』講談社

Holmes, Janet and Rose Fillary. (2000) Handling small talk at work: Challenges for workers with intellectual disabilities, *International Journal of Disabilities, Development and Education* 47(3): pp. 273–291.

市川孝(1978)『国語教育のための文章論概説』教育出版

岩見隆夫(2009)『演説力―わかりやすく熱い言葉で政治不信を吹き飛ばせ』原書房

籠宮隆之・山住賢司・槙洋一・前川喜久男(2008)「自発音声における大局的な発話速度の知覚に影響を与える要因」『音声研究』12(1): pp. 54–62 日本音声学会

Lim, Elvin. (2008) *The Anti-intellectual Presidency*. Oxford: Oxford University Press.

前川喜久男(2003)「日本語話し言葉コーパスの設計と実装」『平成15年度国立国語研究所公開研究発表会論文集』pp. 1–8

Makino, Seiichi. (1987) How relevant is a functional notion of communicative orientation to GA and WA? In Hinds, John, Shooichi Iwasaki, and Senko K. Maynard (eds.) *Perspectives on Toplicalization: The Case of Japanese Wa*, pp. 293–306. Amsterdam: John Benjamins Publishing Company.

Maynard, Senko K. (1994) Images of Involvement and Integrity: Rhetorical Styles of a Japanese Politician, *Discourse and Society* 5(2): pp. 233–261.

日外アソシエーツ(2010)『「SP盤貴重音源 岡田コレクション」学術研究用デジタル音源集』

日本記者クラブ(2013a)「原発即時ゼロ 総理が決断すればできる 小泉純一郎元首相

2013 年 11 月 12 日．〈http://www.jnpc.or.jp/files/2013/11/fa36912bdce3bbd7aee00
　　c332691e941.pdf〉2014.12.1

日本記者クラブ（2013b）「小泉純一郎元首相 2013. 11. 12」〈http://www.youtube.com/
　　watch?v=YxVwp_Bk-eM&list=UU_iMvY293APrYBx0CJReIVw〉2014.12.1

Ochs, Elinor, Emanuel. A. Schegloff, and Sandra A. Thompson.（1996）*Interaction and
　　Grammar*. Cambridge: Cambridge University Press.

小股憲明（1994）「尾崎行雄文相の共和演説事件―明治期不敬事件の一事例として」『人
　　文学報』73: pp. 201–24 京都大学人文科学研究所

Prince, Gerald.（1973）*A Grammar of Stories*. The Hague: Mouton.

Tannen, Deborah.（2007）*Talking Voices: Repetition, Dialogue, and Imagery in Conversational
　　Discourse*. New York: Cambridge University Press.

Van Dijk, Teun. A. and Walter Kintsch.（1983）*Strategies in Discourse Comprehension*. New
　　York: Academic.

山田孝男（2013）「小泉純一郎　私に語った『脱原発宣言』」『文藝春秋』91（13）: pp. 94–
　　101 文藝春秋社

読売新聞（2013）「社説 小泉元首相発言『原発ゼロ』掲げる見識を疑う」10 月 8 日朝刊
　　p. 3

雄辯學會（1924）『雄辯學講話』大日本雄辯會

まちづくりの話し合いを支える雑談

村田和代

要旨

　本章では、まちづくりの話し合いにみられる雑談について、フィールドワーク、主催者・関係者へのインタビュー、実際の話し合い談話の録画・録音データから考察する。話し合いの本題に入る前のフェーズや、休憩時間に焦点をあて、ミクロ（話し合いで行われるインタラクション）とマクロ（話し合い全体のデザイン）の両方の視点から考察する。情報伝達や合意形成といった言語の情報伝達面が重視される話し合い談話においても、対人関係機能面を担う雑談は重要な役割を担う。産官学民のセクターを超えた世代や価値観の異なるひとびとによって行われるまちづくりの話し合いが、雑談に支えられている有様について議論する。

1.　はじめに

　「まちづくり」とは、地域環境、地域経済、地域社会の質的な向上をめざして、私たちの暮らしを地域という場で設計するプロセスや実践である（石原・西村 2010）。従来、まちづくりは行政主導のトップダウンで進められてきたが、近年、まちづくりをめぐり市民参加型の話し合いが取り入れられるようになってきた。

　本章では、まちづくり懇談会や市民懇談会等の名称で開催されるような意見を集約するタイプのまちづくりの話し合いにみられる雑談について考察する。そして、意見交換や意見収集を目的とする話し合いの場で、雑談がどのような役割を担っているのかについて議論する。まちづくりの話し合い談話の録画・録音データの分析に加えて、話し合いのフィールドワーク、主催者

や参加者及び関係者へのインタビュー等の情報も入れながら質的な分析を行う[1]。

本題に入る前に、まちづくりの話し合いについて紹介しておこう。本章で対象としている話し合いは、まちづくり系ワークショップと呼ばれる方法で行われている[2]。まちづくり系ワークショップは、住民参加の話し合いの手法として注目され、課題探究・解決、合意形成の手法としてまちづくりのプロセスで広く用いられている。図1のように、5〜7名程度の小グループにわかれて、各テーブルでファシリテーター（図中のFT）の進行のもと話し合いを進める。一方、全体の進行は総合司会が進めるといったもので、話し合いの長さも半日から数日間にわたるものまでさまざまである。まちづくりの話し合いにおいて重要な役割を担うのがファシリテーターである（堀2004, 村田2013）。ファシリテーターとは、議論に対して中立的な立場で議論を進行しながら参加者から意見を引き出し、合意形成に向けて提案をまとめる調整役で、近年社会活動や地域住民活動においてその役割が注目されている（堀2004, 今川ほか2005, 土山2008）。

図1　ワークショップタイプの話し合い

まちづくりの話し合いにはどのような特徴があるのだろうか。村田（2013, 2014）は以下のような点をあげている。

1. 産官学民といったセクターを超えた価値観や利害の異なる人々によって行われる。
2. 当該テーマについての知識量も不均衡である。
3. 参加者は、住む、働く、学ぶ等で共通の地域に今後も長期的に関わる可能性が高い。
4. 参加者たちは、立場を超えて継続的に協力していく必要がある。

多くの場合、話し合いの参加者は初対面かそれに近い状態で所属も年齢も多様である。話し合いのテーマについての情報量も参加者によって異なる。このような話し合いの場で雑談はどのように行われ、どのような役割を担っているのだろうか。そして、話し合いの場で重要な役割を担うとされるファシリテーターは、雑談においてはどうであろうか。本章ではこのようなポイントから考察を進めることとする。

2. ミーティング談話と雑談

まちづくりの話し合いは、日常会話とは異なる制度的談話（institutional discourse）で、ミーティング談話というカテゴリーに含まれる。ミーティン

グはある組織や集団に関する何らかの目的のために、意見交換をしたり、課題解決を考えたり、意思決定や合意形成を行う集まりである（Schwartzman 1989, Tracy and Dimock 2003）。ミーティング談話は1つのジャンルを形成し、開始部―展開部―終結部といったセクションで行われるインタラクションも含めて、さまざまな特徴を共有する（Bargiela-Chiappini and Haris 1997, Angouri and Marra 2010）。

　Tracy and Dimock（2003: 43）がミーティングを 'gatherings in which people come together in work or public settings'（仕事や公的な環境における人々の集まり）と定義しているように、一般的に考えられるのが公の場のミーティングと職場のミーティングであろう。まちづくりの話し合いのような公の場のミーティング談話をめぐる言語学的な研究も行われるようになってきたものの（Boholm 2008, Witteborn and Sprain 2010 ほか）、雑談に焦点をあてた研究はみられない。そこで、90年代以降研究が行われている職場談話（workplace discourse）のミーティングにみられる雑談についての研究を概観することにする。

　職場のミーティング談話にみられる雑談を扱う研究としては、Holmes（2000）、Holmes and Stubbe（2003）、Chan（2005）、Mullany（2007）、Murata（2015）があげられる。これらは、実際に職場で行われたミーティング談話にみられる雑談の分布、トピック、発言者、機能について考察を行っている。いずれの研究においても、雑談がミーティングメンバー間の連帯感を強めたりメンバーシップを構築するために重要な役割を担う点が指摘されている。

　ミーティング談話のような制度的談話において、何を雑談と考えればいいのだろうか。ミーティングも含む職場談話における雑談の定義をわかりやすく示したのが Holmes（2000）である（図2）。

Core business talk ―――― Work related talk ―――― Social talk ―――― Phatic communion
　　　　　　　　　　　　　　　　　　　　　　　　◄――――　Small talk　――――►

図2　雑談の定義（Holmes 2000: 38）

Holmes（2000）は、ビジネス中心の話、仕事に関連する話、社交的な話、

あいさつのような交感的言語使用の4つの話題に分類し、社交的な話と交感的言語使用を雑談と定義している。しかし、一方で、これら4つの話題ははっきりと区切れるものではなく連続体をなすという。雑談を社交的な話題から交感的言語使用の連続体に入る話と位置付けてはいるものの、仕事に関する話まで含まれる場合もある。たとえば、クライアント先についての裏話やゴシップ等は、仕事に関連する話題ではあるものの、参加者間の連帯感を増すという機能もあるため、ここまでは仕事に関連する話でここからは雑談といったようにはっきりと線を引くことはできない (Holmes, Marra, and Bernadette 2011)。これは、制度的談話も日常談話も含めて雑談を体系的に研究した Coupland (2000) の主張にもつながる。つまり、談話の対人関係に関わる機能 (phaticity) は、参加者によって相互的かつ動的に構築されるため、phatic talk (small talk) か non-phatic talk (transactional talk) かの二項対立ではなく連続性があるとみなすべきである。どの発話も同時に多様な機能を担っているので、対人関係に関わる機能が突出する話 (talk) を雑談ととらえ、話題と機能は一対一対応ではないということである。

　Holmes (2000) の定義を援用し、本章では、雑談を「正談」(話し合いの本題についての談話) と対比して、「話し合いの本題から逸脱した話題で対人関係機能をもつ談話」と定義する。社交的な話題と交感的言語使用に限定せず、その談話のもつ機能によっては本題に関連する話題も含むものとする。

図3　雑談の定義

　雑談はユーモアと並び、職場談話の典型的な relational practice である。relational practice とは職場談話にみられる対人関係機能を担う実践 (practice) であるが (Holmes and Marra 2004)、これは、相手のフェイスへの配慮として働くと同時に、当該仕事や仕事の目標にもプラスに働く点が指摘されている (Holmes 2000, Murata 2015)。

雑談はミーティング談話内の「周辺部」におこる。ミーティングの構造を
ミクロレベルでみると、トピックが変わる部分やその周辺部におこることが
多い。マクロレベルでみると、ミーティング前 (pre-meeting) が雑談の起こ
る典型的フェーズである (Chan 2005, Murata 2015)。ミーティング前 (pre-
meeting) とは、参加者が集まって本題に入る前までである。まちづくりの話
し合いは、同じミーティング談話である職場の会議やうちあわせと比較する
と、本題に入る前のフェーズが特徴的である。そこで、次節では、まちづく
りの話し合いの本題に入る前にみられるインタラクションに着目して考察を
行うこととする。

3. まちづくりの話し合いにみられる雑談
─本題に入る前に着目して

　まちづくりの話し合いで特徴的なのが、本題についての議論(正談)に入る
前に、参加者同士の自己紹介を行うという点である。メンバー同士の自己紹
介と言えば、せいぜい名前と所属を述べ合うだけの短いシーンを想像する
が、実際の自己紹介のインタラクションは想像をはるかに超えて長い時間が
費やされている。参加者の人数(5 〜 7 名)によっても異なるが、おおよそ
30 分から 1 時間がこれにあてられている。参加者同士が自発的に自己紹介
を行うというのではなく、ファシリテーターによって進められる[3]。

(1)

FT： で、私がまとめていくのではなくて、あくまでも私の方は皆さんの、
　　　えー、進め方をですね、サポートする役。そして、まあ、意見をこう
　　　まとめたり、整理したりする役というふうに思っていただいて、主役
　　　はこう皆さんにあるというふうな、えー、整理の仕方をしたいと思い
　　　ます。で、そういった、こう、そういったのをワークショップ、ま
　　　た、私の役割をファシリテーターというんですけれども、そういった
　　　ですね、えー、1 つのもの、多様な人たちの集まりの中でものを考え

たり、整理したり、また、新たな、あのー、仕組みを作っていくときに、こういったワークショップの手法を使いますので、えー、まあ、言葉自体がちょっと難しいんですけれども、一緒につくる、えー、ものごとを作っていく、考えていく、そういったことだと思っていただければ結構です。(1.0) はい、それでしたら、あのー、まあ、早速ですけれども、(1.0) えー、自己紹介の方をさせていただきたいと思います。で、えーとですね、ちょっと配りますね (1.0) これ、回していただければ (3.0) えー、(4.0) 回してください。はい。そして、あ、で、ああ、もう切らなくて結構です。このまとまりで、はい、これで結構です。4枚あると思うんですけれども、ちょっとですね、普通にあの、自己紹介しても、あの、面白くないといいますか、ちょっと分かりづらいですので、えー、こういった形でやりたいと思います。まず、1枚ずつ使うと思うんですけれども、1枚目にお名前とですね、皆さん、所属というよりはむしろどういったことをされているのか、普段ですね、そういったことを、あのー、書いていただける、お話しいただくために、こう、1枚目はこういったこと、お名前と所属。まあ、お仕事はどういったことをされているか、ということです。で、次の2枚目になんですけれども、仕事の話じゃなくてですね、こう、まあ、3日間を一緒に過ごす仲間ですので、最近気になっていることとか、特に関心のあることがございましたら、特に何でも結構です。お話ください。…

　話し合いの冒頭で、ワークショップやファシリテーターについて説明を行った後、自己紹介の仕方について説明している。(1)では、B5サイズの用紙を4枚用いて自己紹介をしているが、よく用いられるのがA3の用紙である。4つ折りにして、それぞれの空欄に対応するように、ファシリテーターから参加者に4つの質問が投げかけられる。それぞれの答えを記入して発表するという方法である。4つの質問は概して氏名、所属といったありきたりの質問に加えて、3つめは自己開示につながるような質問、4つめは話し

合いの本題に関わる質問である場合が多い。例を示したのが図4である。

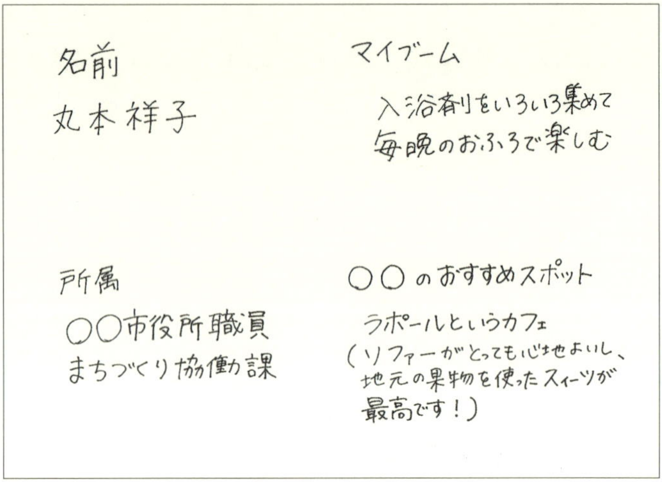

名前
丸本 祥子

マイブーム
入浴剤をいろいろ集めて
毎晩のおふろで楽しむ

所属
○○市役所職員
まちづくり協働課

○○のおすすめスポット
ラポールというカフェ
（ソファーがとっても心地よいし、
地元の果物を使ったスイーツが
最高です！）

図4　A3用紙を用いた自己紹介の例

　自己開示につながるような質問として、たとえば「趣味」「昨日の夕ごはん」「一番リラックスするとき」「自分を動物にたとえると」「マイブーム」といったものがあげられる。何れも難しい質問ではなく、質問に答えながら気持ちが和んだり、思わず笑みがこぼれるような内容である点が興味深い。続いて4つめの質問として多いのが、話し合いの本題に関連するようなものである。たとえば、地域の子どもについて考える懇談会の場合は「地域の子どもについてのイメージ」といったように話し合いのテーマについてのイメージや、話し合いの本題に関連して自分自身が気になることは何かを問う質問がみられる。あるいは、「○○（地域名）のおすすめスポット」「○○（地域名）の好きなところ」「私だけの秘密の○○（地域名）」といったように、その地域について考えることができるような質問が用いられることが多い。

　（2）は、ファシリテーターが参加者に質問を投げかける場面である。

(2)

1. FT：…皆さんすごいお忙しい方ばっかりだと思いまして、えーと、5
   日間休暇をもらえることになりました。5日間、丸々何もない状態の5
   日間。そのうち2日間は、もう、例えば1日寝るとか、いわゆるこう
   家のこと、こう、掃除するとかっていうのは、もう(1.0)決めている、
   と。で、そのあとの3日間の空白をどう、時間を、どんなことをして
   過ごしたいかっていうのを、ここのところに書いて、(1.0)ちょっと考
   えて書いていただきたいなあと思うんですが。(1.0)案外難しいですか
   ［笑］。
2. A：むっちゃ簡単やな。［つぶやく］
3. FT：むっちゃ簡単？　ああ、そうなんだ。
4. D：ええ。難しい。
5. B：それは難しい。
6. A：それを我慢して我慢して［笑］
   　　　［メンバーが書いている間に］
7. FT：1日ずつ書いていただいても、1日ずつ書いていただいてもいいで
   すし、3日連続でっていうのでもいいし。
   　　　［メンバーが書いている間に］
8. FT：すらすらー、すらすらー、(1.0)皆さん大変ですか？　あ、書か
   れてますね。

ファシリテーターは、Aがひとりごとのように語ったことばを繰り返し【発言3】、共感を表している。これによって、他の参加者(D)も感想を語り【発言4】、つづいてもうひとりの参加者(B)が発言を重ねている【発言5】。また、参加者が作業をしている間に「すらすらー、すらすらー、皆さん大変ですか？　あ、書かれてますね」と声をかけている【発言8】。ファシリテーターのこのような働きかけで、さらに場が和んでいく様子がみてとれる。
　参加者(及びファシリテーター)は用紙に答えを書いた後、それを他の参加者たちに見せるように自己紹介を行う。「誰から始めましょうか？」という

60　第1部　制度的場面での雑談

ファシリテーターの問いかけに誰かが名乗りを上げた場合を除いて、まずは
ファシリテーターから自己紹介が始まる。ファシリテーターが先に自己開示
をすることで、参加者たちも自己開示がしやすくなると言えるだろう。ファ
シリテーターの自己紹介に続いて、参加者の年齢や所属には関係なく座って
いる順番に自己紹介をするように進行している場合が多い。初対面（あるい
はそれに近い状態）同士のグループで、まずファシリテーターから自己紹介
をすることで場の緊張がほぐれていく様子や、ファシリテーターが詳しく
（長く）話すことで、それにつづく参加者達の自己紹介も自然と詳しく（長く）
なっている様子が録画データから見受けられる。メンバーを肩書や年齢にか
かわらず「〜さん」と呼んでいる点も着目したい。

　自己紹介の場面で、ファシリテーターの言語的ふるまいにいくつか共通し
た特徴がみられる。1つめとして、各参加者の自己紹介が終わったときの
ファシリテーターの応答である。

(3)
　1. FT：ありがとうございます。よろしくお願いします。はい、拍手。［拍
　　　手］
　2. 参加者たち：［拍手］

表現に違いはあっても、ファシリテーターは(3)にみられるように、自己紹
介をした参加者にお礼の言葉やあいさつを述べ、率先して拍手をする。参加
者から自発的に拍手が行われる場合はまれで、参加者の中で一番目の人が自
己紹介をしても拍手が起こることはほとんどない。ファシリテーターの拍手
に促されて、他の参加者たちも拍手をし、これが暗黙の共有ルールとなって
次の人の自己紹介の後は、自然と拍手がおこるようになる。

　続いて、ファシリテーターの聞き手としての言語行動をとりあげよう。

(4)
　1. E：協働についてなんですけれど、あのお、言葉としてはとても好きで

す。響きもいいなと思うんです 1/ けれども \1、具体的にどうって言われると 2/+\2　私も分からないところをあってですね、(1.0)先生も（　）ですから、昼からきょう研修でしょう。3/（　）\3 行かんといかんなって思ったんですけど［笑］、結構 4/ おもしろくて \4 スムーズに入って 5/ きて \5　だから今がこうなんだっていうのも分かって 6/ 良かった \6 と思いました。

2. FT：1/ うーん \1
3. FT：2/ うん \2
4. FT：3/ はい \3
5. FT：4/ はい \4
6. FT：5/ ああ \5
7. FT：6/ ふーん \6

(4) ではあいづちの位置に着目したい。ファシリテーターのあいづちは、参加者の発話の最中で、ターンが移行する可能性のない箇所 (non-transition relevance place) でおこっている。このようなあいづちは多くのファシリテーターにみられた。発言の途中で挿入されるあいづちは、相手にサポートしていることを示したり、思いやりを示したりする交感的言語使用 (phatic communion) として機能している (Kita and Ide 2007)。ファシリテーターは、参加者に聞いているという信号を送ることで、積極的に親しみや理解を表し、同じ話し合いの場を共有するメンバーとしての連帯感を築こうとしていると考えられる。あいづち以外にも、積極的に聞いているという言語的ふるまいがみられた。

(5)

1. G：部活は剣道やってました。
2. FT：へえー。体育会系っぽいですね。
3. G：まあ、キャプテンやらしてもらってたんです 1/ けど \1　その頃は 2/ えっと \2　ありがとうの方につながるんです 3/ けど \3　その頃は、

　　　　一日一回（　　　）と思えるくらい、すっごいきびしかったんですけど

4. FT：1/ すごい \1

5. FT：2/ はい \2

6. FT：3/ うん \3

7. FT：へぇー。

8. G：あのー　丸刈りにして　はい

9. FT：はい。あ、この辺ですか？　中学校は

10. G：あ、○○中学です。

11. FT：ああ、○○ / 中学 \

12. H：/ ああ \、○○中学 もしかして△△署の上でやってませんでした？

（5）のやりとりでは、ファシリテーターはあいづち以外にも、肯定的なコメントで応答したり【発言4】、さらに詳しく尋ねる質問を投げかけて【発言9】、発言を繰り返したりして【発言11】、聞いていることを積極的に示している。ここでは、ファシリテーターが話題をさらに展開するような質問を投げかけることによって、他の参加者もその話題に入るきっかけとなっている。

　あいづち詞、繰り返し、さらに詳しく聞く質問（clarification question）は広義のあいづちに含まれる（堀口1991）。あいづちは相手に親しみを表す機能とともに、話の進行を助け相手に話を進める方向へ導くという機能がある（松田1988, 水谷1988）。ファシリテーターは、あいづちを使うことで参加者に親しみを示しながら参加者が話しやすいような場を作っていると考えられる。このような広義のあいづちに加えて、「そうですね」「わかります」といった理解や共感を表す応答も多用されていた。

　自己紹介フェーズにおけるこのようなファシリテーターのふるまいは、互いに初対面（あるいはそれに近い状態）である参加者同士がお互いを知り合い、肩書や年齢を超えて和んだ雰囲気で話し合いに臨めるようにという配慮行動として機能している。本題に入る前の話し合いの場作り（アイス・ブレイク）をていねいに行っていると言える。

まちづくりの話し合いを支える雑談　63

　ファシリテーターの積極的な働きかけで場が和む場合も多くみられたが、参加者同士で話が弾んで場が和んでいく場合もあった。次の例は、地域の中学生について考えるという話し合いの場で、「最近の中学生のイメージは」という質問について、一人の参加者が、最近の中学生は脳を外に持っているという話題を出してきた場面である。

(6)

1. J：僕は空想科学小説が好きで、いつもこう、夢見てるようなところがいまだにあるんだけど、あの、人間が動物の、動物から分化、ていうかわかれて、人類としての道を歩みだした原因というのはあのー、人間、小脳の上に大脳がついています。その大脳の働きが人間とその動物の違いを分けたっていうふうに言われてます。で、それと同時に、同様に、今、僕らはひょっとしたら、あの、第3の脳をね、あの、自分の身体以外のところに、あのはっきり言ったら、コンピューターです。

2. FTとメンバー複数：はぁー

3. J：コンピューターができることによって、今までの人類とはちがう人類が、1/ こう \1　生まれる可能性あるんちゃうかな、今。この、携帯なんかありますよね。スマホなんか 2/ あって \2 ほんまにもう、コンピューター自体が身近なところで 3/ 扱える \3。あれは何がすごいかっていうと脳みそが、こう、他の人とつなが 4/ よるん \4 ですよ

4. K：1/ うーん \1

5. K：2/ うーん \2

6. K：3/ うーん \3

7. 一同：　　4/ ［笑いが起こる］\4

8. FT：4/ うーん \4

9. J：自分のわからない 1/ 知識を \1 調べよ 2/ 思たら \2 すぐ調べられますよね。

10. L：1/ ほー \1

11. FT：2/ うーん \2

64　第1部　制度的場面での雑談

12.　K：そうですよね。

13.　M：うん、そうですよね。

14.　N：確かにそうですよね。

15.　L：融通きかんよな、コンピューター / はなぁ \

16.　一同：/［笑いが起こる］\

17.　J：そのへんがね、新しい人類が生まれるか生まれないかの過渡期にあ
　　　　るんじゃないかね。　と、そういう気がしとるんです

18.　複数：はぁー

　名前と所属を紹介するといった必要最小限の自己紹介にとどまらず、自己開示につながる質問について話し・聞くというインタラクションを通して、参加者同士が共通点を見出したり共感したりする様子がみてとれる。

　さらに、本題に関わるトピックについて話し・聞くというインタラクションを通して、正談に入る前のブレインストーミングとして本題についての議論が活発になる要因となると考えられる。同時に、本題周辺のトピックによっても参加者同士が同じないしはよく似た意見をもっていたことで共感がめばえたり、異なる意見があることを知ることが学びや理解が生まれてメンバーシップが構築されることにつながり、雑談としての機能ももっていると言えるだろう。

　最初から参加者同士のやりとりが活発なグループもみられるが、多くは、自己紹介が始まってしばらくは、ファシリテーターと各参加者とのやりとりが大部分を占めている。しかし、話し合いが進むうちに、参加者同士のやりとりも生じるようになってくる。それはグループによって自己紹介の段階からである場合もあるし、本題に入ってからの場合もあるのだが、徐々に参加者同士のやりとりの場面が多くみられるようになる。そうなると、冗談が出てきて話し合いの場に笑いが起こったり、一人の参加者の発言中に、他の参加者たちが同時にうなずいたりするといった様子が見受けられる。このような話し合いの場の変化は、ファシリテーターと各参加者の間にラポール（共感を伴う心理的つながり）が生まれ、次第に各参加者間にも広がっていると

考えられる(FitzGerald 2002)。ラポールが形成した場では、参加者同士のやりとりも多く、活発な意見交換につながっていると言えるだろう。

正談に入る前のフェーズはまちづくりの話し合いでは「アイスブレイク」と呼ばれているが(土山・村田・深尾 2011)、このフェーズについてファシリテーターにインタビューしたところ、「話し合いの前のウォームアップとして大切にしています」「本題に入る前に参加者同士で会話が始まった場合にはその後の話し合いがうまくいく場合が多いです」「初対面同士の話し合いの場合は、どんなに少なくてもアイスブレイクに 30 分から 40 分はとりたい」といったコメントが聞かれ、まちづくりの話し合いにおいて重要な役割を担っていることがわかる。

4. 話し合いのデザインと雑談

前節では、談話をミクロレベルから分析したが、本節では、話し合い全体のプロセスをマクロの視点から考察を行う。

まちづくりの話し合いを観察していると、随所に雑談がおこりやすいデザインが取り入れられている点に気付く。まず、食べ物や飲み物の存在である。話し合いの場に飲み物やおかしが置いてある場合がある。そのような場合は、それらがきっかけとなって雑談がおこる。

(7)
P：このチョコおいしいですよね。
Q：あ、私も大好きです。

飲み物や食べ物は、各グループのテーブルに設置されていて、飲んだり食べたりしながら話し合いを行う場合もあるが、全体で長めの休憩時間(20 ～ 30 分)をとり、別のテーブルで提供される場合もある。その地域名産のおかしが提供されるときもあるが、おかしの話(雑談)から地域の話(本題に関連する話題)へと展開する様子も見受けられ、正談を促進するための雑談と言

えるだろう。さらに自分たちのグループのテーブルを離れて、別のテーブルでおかしを受け取ることで、グループメンバー以外のひとたちと雑談する機会となる。

　食べ物以外には、地域の活動のパネル展示が行われるケースもある。こういった展示も正談につながる雑談が行いやすい工夫であると言える。休憩時間の始まりには、総合司会から「この機会にぜひ他の参加者の方とも交流してください」といったことばがかけられるが、これも雑談促進につながっている。

　このように、まちづくりの話し合いのデザインにおいても雑談が起こりやすいしかけがみられる。それは参加者間の交流を促すという役割を担うだけでなく、雑談が正談につながりさらなる意見交流の促進にもつながる工夫でもある。

5.　まとめ

　本章では、雑談が話し合いを進めるうえでの基礎作り（場作り）になっている点を指摘した。しかし、このような基礎作りが話し合いに本当に必要なのか。話し合いの場作りをせずに話し合いを始めたらどうなるのだろう。筆者の勤務校で実施している話し合い能力育成プログラムから一例を紹介しよう[4]。このプログラムでは、授業の冒頭で、学生たちに話し合いのテーマを与えて 30 分間話し合うよう指示する。グループのメンバーがほとんど初対面という状況で、いきなり話し合いをするよう指示されるわけである。学生たちはたちまち困惑して長い沈黙が起こり、たまりかねて誰かが口火を切るものの、ぎこちない感じが残ったまま話し合いが行われる。翌週の授業では、話し合う前に必ず自己紹介とできれば簡単なアイスブレイクを入れるように指示を与える。そうすると、前回の話し合いよりずっと活発に意見が出るようになる。合意形成の場面を比較しても、最初の授業ではごく少数だけで合意形成を行っていたのが、次の授業ではグループ全員が合意形成に関わるという変化がみられる。これはあくまでも一例であるが、雑談による話し

合いの基礎作りが重要な役割を担っていると言える。

　まちづくりの話し合いにおける雑談は、話し合いの参加者の関係性の構築に役立っている。将来にわたり同じ地域に関わり、立場を超えて協力していく可能性・必要性があるメンバー同士が、話し合いの本題（正談）に関係のない（あるいは知る必要もないとも言える）メンバーの自己開示を伴う話題で語り合うことで共感や理解が生まれ、それがメンバーシップの確立につながっているのではないだろうか。

　話し合いの基礎作り・場作りを担うのは、本題に関わる情報伝達を行う談話（正談）ではなく、「雑談」である。とりわけ、価値観もバックグランドも異なる者同士で行われるまちづくりの話し合いにおいて雑談は非常に重要な役割を担う。話し合いが活発に進み、参加メンバーが忌憚なく意見を出し合える活発で建設的な話し合いを行うためにも雑談は必要不可欠である。

　先行研究で指摘されているように（Coupland 2000 ほか）、雑談は対人関係を構築するという役割を担っていることが本章からも明らかである。そして、職場談話の雑談をめぐる研究で指摘されているように（Murata 2015）、情報伝達や授受といった言語の情報伝達面が重視される話し合い談話においても、対人関係の構築や維持といった機能を担う雑談は重要な役割を担う。産官学民といったセクターを超えた世代や価値観の異なるひとびとによって行われるまちづくりの話し合いは、雑談に支えられていると言っても過言ではない。

注

1　筆者は 2008 年度から継続してまちづくりの話し合いのフィールドワークを行っている。現在までに 20 名を超えるファシリテーターが進める話し合いを観察してきた。本章で分析対象としたまちづくりの話し合いは約 70 時間の録画（あるいは録音）データである。

2　ワークショップは、もともとは「仕事場」「工房」「作業場」など、共同で何かを作る場所を意味していた。しかし、最近は、問題解決やトレーニングの手法、学

びと創造の手法としてこの言葉が使われる事が多く、多彩な分野で活用されている。たとえば、中野(2001)は、ワークショップを5つの系(「まちづくり系」「アート系」「教育・学習系」「自然・環境系」「社会変革系」「精神世界系」)に分類している。本章で扱うワークショップは、この中の「まちづくり系」ワークショップである。

3　会話例のFTはファシリテーターである。また、会話例中の固有名詞はすべて仮名である。

4　詳細は村田(2015)を参照。

データ文字化記号

…/…\…	重なりを表す
［文字］	パラ言語的特徴
［文字］	会話を理解するのに必要な説明・コメント
（　）	聞き取り不明な箇所
(x.0)/+	x秒の沈黙／1秒未満の沈黙
？	上昇調のイントネーション
…	省略

参考文献

Angouri, Jo and Marra, Meredith. (2010) Corporate meetings as genre: a study of the role of the chair in corporate meeting talk. *Text & Talk* 30(6): pp. 615–636.

Bargiela-Chiappini, Francesca, and Sandra Harris. (1997) *Managing Language: The Discourse of Corporate Meetings*. Amsterdam: John Benjamins.

Boholm, Åsa. (2008) The public meeting as a theater of dissent: risk and hazard in land and environmental planning. *Journal of Risk Research* 11: pp. 119–140.

Chan, Angela. (2005) 'Openings and closings in business meetings in different culture.' Unpublished Ph.D Thesis, Victoria University of Wellington, New Zealand.

Coupland, Justine. (ed.) (2000) *Small Talk*. London: Longman.

FitzGerald, Helen. (2002) *How Different Are We?: Spoken Discourse in Intercultural Communication*. England: Multilingual Matters.

Holmes, Janet. (2000) Doing collegiality and keeping control at work: small talk in government departments. In *Small Talk*, edited by J. Coupland. London: Longman. pp. 32–61.

Holmes, Janet. (2006) *Gendered Talk at Work: Constructing Gender Identity through Workplace Discourse*. New York, Oxford: Blackwell.

Holmes, Janet and Meredith Marra. (2004) Relational practice in the workplace: women's talk or gendered discourse? *Language in Society* 33: pp. 377–398.

Holmes, Janet, Meredith Marra, and Bernadette Vine. (2011) *Leadership, Ethnicity, and Discourse*. Oxford: Oxford University Press.

Holmes, Janet and Stubbe, Maria. (2003) *Power and Politeness in the Workplace: A Sociolinguistic Analysis of Talk at Work*. London: Longman.

堀公俊(2004)『ファシリテーション入門』日本経済新聞出版社.

堀口順子(1991)「あいづち研究の現段階と課題」『日本語学』10(10): pp. 31–41. 明治書院.

今川晃・山口道昭・新川達郎(編)(2005)『地域力を高めるこれからの協働―ファシリテータ育成テキスト』第一法規.

石原武政・西村幸夫(編)(2010)『まちづくりを学ぶ―地域再生の見取り図』有斐閣.

Kita, Sotaro and Ide, Sachiko (2007). Nodding, aizuchi, and final particles in Japanese conversation: How conversation reflects the ideology of communication and social relationships. *Journal of Pragmatics* 39: pp. 1242–1254.

Lave Jean and Wenger, Etienne (1991). *Situated learning: Legitimate peripheral participation*. Cambridge: Cambridge University Press.

松田陽子(1988)「対話の日本語教育学―あいづちに関連して」『日本語学』7(13): pp. 59–66. 明治書院.

水谷信子(1988)「あいづち論」『日本語学』7(13): pp. 4–11. 明治書院.

Mullany, Louise. (2007) *Gendered Discourse in the Professional Workplace*. Hampshire: Palgrave Macmillan.

村田和代(2013)「まちづくり系ワークショップ・ファシリテーターに見られる言語的ふるまいの特徴とその効果―ビジネスミーティング司会者との比較を通して」『社会言語科学』16(1): pp. 49–64. 社会言語科学会.

村田和代(2014)「まちづくりへの市民参加と話し合い」『日本語学』33(11): pp. 32–43. 明治書院.

村田和代(2015)「地域公共人材に求められる話し合い能力育成プログラムについて」村田和代(編)『共生の言語学―持続可能な社会をめざして』pp. 93–113. ひつじ書房.

Murata, Kazuyo. (2015) *Relational Practice in Meeting Discourse in New Zealand and Japan*. Tokyo: Hituzi Shobo.

中野民夫(2001)『ワークショップ―新しい学びと創造の場』岩波書店.

Schwartzman, Helen. (1989) *The Meeting: Gatherings in Organizations and Communities*. New York: Plenum Press.

Tracy, Karen and Dimock, Aaron (2003) *Meetings: Discursive sites for building and fragmenting community.* In Kalbfleisch, Pamela J. (ed.), *Communication Yearbook* 28: pp. 127–165. Tousand Oaks, CA: Sage.

土山希美枝（2008）『市民と自治体の協働研修ハンドブック—地域が元気になるパートナーシップのために』公人の友社.

土山希美枝・村田和代・深尾昌峰（2011）『対話と議論で〈つなぎ・ひきだす〉ファシリテート能力育成ハンドブック』公人の友社.

Witteborn, Saskia and Sprain, Leah. (2010) Grouping processes in a public meeting from an ethnography of communication and cultural discourse analysis perspective. *International Journal of Public Participation* 3: pp. 14–35.

第 2 部

マルチモダリティと雑談

―○○しながらしゃべる―

鮨屋のサービス文化と雑談

平本　毅・山内　裕

要旨

　本章では、江戸前鮨屋（以下「鮨屋」）[1] における雑談を会話分析の立場から調べる。この分析を通じて以下の諸点が示される。第一に、鮨屋において雑談と仕事のトークが使い分けられている。第二に、この使い分けは、仕事の活動を組織する行為連鎖からトークを切り離すことによりなされる。第三に、雑談と調理や清掃といった手元の作業が並行して行われる状況下において、そのどちらに関与のリソースを重点的に割くかが、体系的に選択されている。第四に、この選択は、客をどんな客として扱うかということと結びついている可能性がある。

1.　サービスの価値と雑談

　鮨屋を題材にした志賀直哉の短編『小僧の神様』に、次のような下りがある。丁稚奉公をしている「小僧」が、仕事中に小耳に挟んだ旨い鮨屋の噂に興味をひかれて屋台を訪れる。鮨を手に取ると店主に「1つ六銭だよ」といわれるが、懐には四銭しかない。仕方なく小僧は手をひっこめ、何もいえずに踵を返して店を出て行く。それをみて店主は、残った他の客に「当今はすしも上がりましたからね。小僧さんにはなかなか食べきれませんよ」という。このエピソードでは、鮨屋の舞台に上がれない「小僧」と、その舞台で店主との雑談に興じることができる他の客との格差が描き出されている。

　このやり取りを本当に雑談と呼んでよいのかどうかは、おいおい考えていこう。我々がここで注意すべきことは、鮨を味わえなかった小僧の経験が、味覚や、金銭の問題として描かれるのみならず、その舞台に上がって店主や他の客と渡り合うことができなかった、コミュニケーションの問題としても

描かれているということである。

　もうひとつ、鮨屋における職人と客のコミュニケーションの重要性に触れた事例をみよう。筆者らは鮨屋の接客のやり取りをヴィデオカメラで収録しているが、データの中で客は時に「食事もおいしいけど、大将の話のテンポが面白い」「大将の話が面白くて、周りの人がひきこまれていく」等々といい、鮨屋の場を楽しんでいる様子をみせる。

　鮨屋において客は、鮨に舌鼓を打つのみならず場の雰囲気を味わい（宮原・藤阪 2012）、職人とのコミュニケーションを楽しんでいる。重要なことは、客が対価を払うものが、そうしたサービスの総体であろうということである。だから、提供される鮨や酒といったモノの価値のみを考えるのではなく、提供されるサービスの価値（cf. Vargo and Lusch 2004）を視野に収める時、鮨屋のサービス文化の一部としての雑談がどう行われているかを調べることには意義がある。本章では鮨屋の親方や板前と客のやり取りを会話分析することによって、サービスの一環としての雑談が紡ぎ出される様子をみたい。まずは、職場における雑談のはたらきにかんする議論を整理するところから始めよう。

2.　職場の雑談
2.1.　労働生産性にもたらす雑談の効果

　職場での雑談が労働の過程や結果に対してどのような影響を及ぼすかは、長年議論の的になってきた。労働生産性に対する職場の「人間関係」の効果に光を当てたことで知られるホーソン実験は 1924 年から 1932 年の間に行われたが、その一連の調査のうち、21,126 人に及ぶ労働者に対して行った面接調査では、聞き取りの仕方を試行錯誤していく中で、面接官と労働者の会話的なやり取りの中から話の糸口を探していく方法が採られるようになった。この聞き取りの成果は芳しいものではなかったが、雑談的やり取りにより自分の意見を口にできたこと自体が労働者の意欲を高め、調査は職場の「人間相互間の関係をやわらげる」（Mayo 1933＝1967: 96）のに役立ったという。

Holmes（2000: 57）は雑談が社会の車輪 social wheels の潤滑油になることを通じて仕事と密接にかかわると指摘している。サービスエンカウンター（サービス提供者と消費者の相互行為）においても、雑談はサービス提供者と消費者の関係を潤滑にするために用いられる（Beinstein 1975）。たとえば Surprenant and Solomon（1987）は、雑談が客の個別化を行う手段になりうると述べている。マクドナルド化（Ritzer 2004＝2008）の議論が典型的に示すように、現代社会における飲食サービスは、匿名化、均一化、効率化といった官僚制的諸特徴を有するが、そうした客が匿名かつ一般化されて扱われる状況下において、雑談は客に、店員と個人として向き合っている感触を与える。

2.2. 労働と雑談の管理

以上、雑談が労働生産性に及ぼす効果にかんする議論を駆け足でみてきたが、実際に人が労働に従事している現場で観察を行うと、この2つ（雑談―労働）をどう管理しているか、という疑問が生じてくる。とくに本章で扱うサービスエンカウンターの場合、接客という労働の中で店員が客と雑談を交わすのは簡単ではないだろう。

この点に踏み込む手がかりとなる概念を、社会学者 Erving Goffman が2つ提供してくれている。1つ目は役割距離 role distance（Goffman 1961＝1985）である。Goffman は役割距離を「個人とその個人が担っていると想定される役割との間の…「効果的に」（役割に対する個人の愛着の度合いをみせることに役立ったり、役割に抵抗することに役立ったりするような：筆者注）表現されている鋭い乖離」（Goffman 1961＝1985: 115）と定義している。たとえば、上司に嫌な仕事を命令された部下は、皮肉をいったり茶化したりすることによって、上司の命令に従う部下としての役割から距離をとる。手術に臨む外科医は、医療器具をわざと専門用語ではなく子どもっぽい呼称で呼ぶことによって、権威のある外科医としての役割から外れる。役割距離について重要なことは、それがその場の状況の拘束を離れて自由に振る舞うこととは異なるということである（ibid 132）。外科医が医療機器を子どもっぽ

い呼称で呼ぶ時、それは手術という場の雰囲気を和ませるために行っていることがわかるからこそ自然なものになるのであって、外科医は手術という活動がもたらす社会的拘束の下で、はじめて自然に役割距離を示すことができる。

2つ目の概念は、活動への関与 involvement の配分（Goffman 1963 = 1980）である。Goffman は人が活動に注意と関心といった認知的リソースを注ぐ仕方を主要 main 関与と副次的 side 関与に区別し、また当該の活動に社会的義務として関与すべきものであるか否かという観点から支配的 dominant 関与と従属的 subordinate 関与を区別した。たとえば仕事中にプライベートな携帯電話のメールをチェックするとき、その人の注意自体はメールに注がれている（主要関与）としても、他の人からみえないように行われるなどして、メールのチェックが本来は大っぴらに行うべきではないもの（従属的関与）であることが示されるだろう。

この2つの概念は、労働と雑談という2つの活動を相互行為の中でどう管理していくかという問題を考える際に役立つ。だが、このように興味深い観点を提供しながらも Goffman は、実際の相互行為のデータに基づいて、複数の活動がどう管理されているかを詳細に明らかにしたわけではなかった[2]。これに挑む会話分析研究が、近年増加している。いくつか、とくに雑談と作業との関係を分析したものの例をみていこう。Maynard and Hudak（2008）は、診察場面において、望んでいない処置を施されそうなときに患者がそれをごまかすために雑談を用いるなど、その場の制度的な作業への非従事を示す際に用いられることを明らかにしている。Toerien and Kitzinger（2007）は、美容師と客のやり取りのデータから、脱毛の施術と雑談という2つの活動への関与を美容師がどう管理しているかを調べて、この2つの活動を同時に進めることが難しい時には、施術が遅延されることなどを示した。また須永（2013）は、足湯マッサージのボランティア活動における施術の中で、マッサージを受ける者の語りが長引いた時に、施術者がマッサージの手順を逆行したり遅延させたりすることを観察している。これらの研究は、次のことを示している。第一に、職場において人びとは労働と雑談とを

使い分けている。第二に、この使い分けにより、一定の社会的なはたらきが
なされうる。第三に、とくに Toerien and Kitzinger と須永の研究が示すよう
に、使い分けにおいてこの2つの活動に優先順位を付けることが、社会的
なはたらきを行うこととかかわっている場合がある。このうち、1つ目の、
労働と雑談の区別について次に論じよう。

2.3. 雑談とは何か

　雑談が何を意味するかは非常に捉えにくい。Coupland (2000: 13) がいうよ
うに、雑談を談話の他の部分から区別可能な実体として厳密に定めようとす
ることは、むしろ雑談がもつ社会的なはたらきを捉えにくくしてしまう可能
性がある。それでも、雑談の研究が科学であるためには、何が雑談であって
何がそうでないかを、何らかの仕方で区別しなければならない。雑談とは何
かに定義を与えることは、疑いなく意義深いことだろう。けれども、本章で
依拠する会話分析は、これとは少し異なった仕方で研究を進める。会話分析
のベースになっている社会学のエスノメソドロジー Ethnomethodology を始
めた Harold Garfinkel と、会話分析の始祖である Harvey Sacks は、その唯一
の共著論文の中で、自分たちの目指す方向が、科学的に厳密な(合理的な)仕
方で対象に定義を与えるものとは異なるものであることを強調している
(Garfinkel and Sacks 1970)。人文・社会科学者が人の活動を「自殺」である
とか「雑談」であるとかいったふうに何らかの言葉(自然言語)を使って表す
とき、その言葉の意味が曖昧なものであっては分析できないから、「自殺」
はどのような形の死を指して「雑談」は何について話している状態で、とい
うように、その意味を定めようとする。この態度は、当然のことながら、日
常生活における人びとの言葉の用い方と異なっている。日常生活者は「自
殺」とは何か、「雑談」とは何かをいちいち決めなくともこれらの言葉を使
えるし、「自殺」や「雑談」を行うことができ、出来事を「自殺」や「雑
談」とみなすことができる。これは、日常生活者は科学者と比べて合理的で
ないから、ある程度意味が通じればそれで満足するというようなことではな
い。言葉の意味を厳密にしようとしないことは、むしろ日常生活者の言語の

使用に特徴的な態度であり、そうすることこそが、「自殺」について語ることや「雑談」すること等々の出来事を、彼／彼女らにとって秩序立った活動として成り立たせるのに貢献しているのである。日常生活者は、研究者がそれを定義する以前に、彼／彼女らにとって常識的に合理的な仕方で、「自殺」や「雑談」を語ったり行ったりするための方法をもっている。会話分析が発見したいものは、この方法である。すなわち、会話分析の立場から問題にすべきは、何かが「雑談」として捉えられるとすれば、それはいかにしてなのか、これに尽きる。

　雑談 Small talk という言葉は、もちろん「雑」でなかったり「Small」でなかったりという事態が存在しうる場所でしか使うことができない。たとえば幼稚園児が雑談しているという行為の記述は、不自然なものとして聞かれるだろう。何を食べたいとか、その日の天気であるとか、話の中身としてはべつに大人のそれと大差なかったとしても、仕事も主体的な勉学もしていない幼稚園児は雑談できない[3]。つまりこの概念は、比較を前提としている。だから、雑談が何であるかを調べたければ、雑談と他の種のトークが鋭く対比されうる場所をみるのがよいかもしれない。鮨屋のサービスはまさに、そのような場所のひとつである。まずは明らかに雑談ではありえないようなやり取りからみていくことにしよう。

3. 分析

3.1. データ

　本章で使用するデータは、2011 ～ 2013 年の間に四軒の鮨屋でとられた接客場面のビデオ録画データである。これらの鮨屋は夕食をとるのにだいたい 15,000 ～ 25,000 円程度かかるランクの店で、店内にメニューが置かれているのはこのうち一軒だけである。客の属性としては性別、年齢層の面で多様であるのみならず、鮨屋利用の経験の点でも、立ちの鮨屋に初めて入る客から鮨通までの幅をもった人々が参加した。データの書き起しには、会話分析で一般的に使用されるジェファーソンシステムを採用している（章末の付録

参照)。一部のデータの書き起こし(断片 7 と断片 8)には視線の記述が含まれている。視線は当該話者の発話行の上部に並置されており、文字列が視線の宛先、「‐」が視線の維持、「,」が視線移動を意味する。

3.2. 鮨屋で雑談を行うことはいかにして可能か

3.2.1. 仕事を行うやり取り

まずは、「雑談」とは呼べないであろう活動が、行為連鎖(Schegloff 2007)の形で組織されることをみたい。Merritt(1976)の先駆的な研究以降さまざまな分析が示してきたように、サービスエンカウンターにおける「注文」という活動は、「注文の伺い」「注文」「注文の受け取り」などの行為を配置し合う行為連鎖により組織される。

【断片 1】

```
01   親方   :   旦那は ::
02            (1.4)((客が顎に手を当てて考える))
03   客     :   マグロをじゃあ
04            (.)
05   親方   :   マグロをはい.
```

断片 1 では、親方と客とが端的に「注文の伺い」(01 行目)「注文」(03 行目)「注文の受け取り」(05 行目)の 3 つの行為を交わしていて、それ以外のことは行われていない。これが雑談とは異なるものであることは明白であろう。この明白さは、研究者にとってのものだけではなく、この場の参与者たちにとっても共有されるものである。彼らは、「注文の伺い」「注文」「注文の受け取り」という 3 つの発話から成る活動を行為連鎖の形で組織しているが、この連鎖中の発話は他の発話が行っている行為への理解を示す。まずは 01 行目で親方が、客を「旦那」と呼び問いかけている。これに対して客は、少し考えた(02 行目)後に「じゃあ」といいながら「マグロ」を頼む(03 行目)。こうしてシンプルに注文することにより客は、親方が自分に行った

80 第2部 マルチモダリティと雑談

ことが、単純な注文の伺いだったことを理解していることを示している。他方親方は、この注文を「マグロをはい」と伺う（05 行目）。親方はこのとき、注文を受け取る以外のことを行っていない。これはまた、客の行ったことが単純な注文だったことを理解したことを示すだろう。

　鮨屋では注文以外にも仕事上のやり取りが行われる。たとえば、提供されたネタや鮨一般にかんする知識を、親方や板前が客に教えることがある。

【断片 2】

01　客　　：　マグロって今(0.3)大きさってどのぐらいなんです

　　　　　　　((客がマグロの大きさを身振りで表す))

02　親方　：　え:::ろくじ<ゅっ>キロぐらいですかね.

　この断片 2 では、この時期のマグロの大きさを客が尋ね（01 行目）、親方が「60 キロぐらい」（02 行目）と答えている。このやり取りは、「質問―返答」の隣接ペア（Schegloff 2007）によって組織されている。

3.2.2.　雑談

　前項でみたような形で、「雑談でない」やり取りは、その場の人びとにとってそう理解可能な形で組織されていく。それらと、次の断片を比べてみよう。

【断片 3】

01　客　　：　よいしょhh

02　　　　　　(0.4)

03　親方　：　<よ>うこそ

04　　　　　　(0.5)

05　客　　：　(う:)す(h)　[ahuhuhu .hhhhh huhh .hhhh

06　親方　：　　　　　　　[¥(す)いませんねえ¥

07　　　　　　(2.1)

08	店員	：	はい((おしぼりを客に渡す))=
09	客	：	=> すいません <
10			(1.4)
11	板前	：	> まいど <.
12			(3.2)((客が頭を下げる))
13	板前	：	ええと, お飲物はどうしましょう
14	客	：	ビール
15			(1.8)
16	板前	：	生ビールで:
17			(0.4)
18	客	：	生ビール
19	板前	：	エビスビール(0.8)アウグス‐.hhh
20	客	：	エビス
21			(.)
22	板前	：	エビス(.)はい >(かしこまりまし)た <
23			(0.2)
24	板前	：	はい.エビスピン↑よ:::
25			(0.4)
26	店員	：	< は > い
27			(8.6)
28	板前 >	：	雨大丈夫でしたか？
29			(0.7)
30	客	：	いま降ってないですね.

　断片 3 の客は、何度かこの店に訪れている客である。入店した客に対し
板前が「まいど」(11 行目)といっていることからもそのことがわかる。「エ
ビス」ビール(20 行目)を頼む注文のやり取りが終わった(13–26 行目)後に、
板前が客に天候を尋ね、客が答えている(28–30 行目)。この天候にかんする
やり取りは、直感的に雑談の性質をもったものとして聞かれうるものだろ

う。なぜこれを雑談と聞きうるのか、その理由を考えてみたい。天候の話題に先行する注文のやり取りは、断片1と同様に注文という活動を組織するための行為連鎖の形をとっており、それ以外のものを含んでいない。この連鎖が閉じ（26行目）、8.6秒の間が空いた（27行目）後で、天候の話は始まる。つまり、天候のやり取りは、注文という活動を組織する行為連鎖から独立したものとして始まっている。また、この天候のやり取り自体は、これも隣接ペアにより組織されるものではあるけれども、鮨屋における仕事に関連する活動とかかわらない。そして、天候についての質問とそれへの返答は、我われが典型的に雑談として理解できるようなものである。

　ここから、次のようにいうことができるだろう。鮨屋において雑談を行う方法のひとつは、鮨屋の仕事に関連する活動を組織する行為連鎖から独立したものとして、常識的に雑談を構成しうるような内容の行為連鎖を配置するというものである。

　この事例において雑談が行われていることの参与者にとっての理解可能性が、トークの「話題」の側面だけから生み出されているわけではないことを強調しておこう。雑談はしばしば、何について話しているか（仕事の話か、知人についてか、天候についてか etc.）という「話題」に関連づけられて論じられる。これは間違ってはいないだろう。しかし、断片3の天候にかんするやり取りが雑談でありうるのは、天候という「話題」のゆえ（だけ）ではなく、それが先行する注文の連鎖から切り離されていることによる。次の断片4でも03行目で天候に言及されているが、これは明らかに雑談ではない。なお、これは客が入店して席についてすぐに行われたやり取りである。

【断片4】

01	親方	：	.hhh 早速ですが(0.5)[お飲] み物はどうしましょうか .=
02	客	：	[はい]
03	客 >	：	= あ ::::(.)< 蒸 > してるんで :n 生ビールで :
04	親方	：	> 生ビール行きまし [ょう <
05	客	：	[生でいいです [か¿

06	親方	:	[> そうですね <

　03行目で客は、「蒸してる」と天候状態に触れている。しかしながらここで客は、「生ビール」(03行目)を注文する理由を付与する(Yamauchi and Hiramoto 2014)にあたってその時の天候に言及しているだけであって、これは注文を行う行為連鎖の組織に適切な仕方で貢献している。したがって、話の内容に天候が含まれるか否かのみが雑談を決定づけるわけではない。もちろん、断片3の28–30行目においては天候が話題の中心になっていて、それと比べて断片4の03行目における天候への言及は周辺的なものであるから、単純な比較はできないだろう。だが、そもそも断片3で天候の話が中心的になっているのは、それが「質問―返答」の隣接ペアを形成しているからであり、断片4で周辺的になっているのは、天候への言及が注文という(隣接ペアにおいてベースとなる)行為に付随する役割を担っているからである。

　仕事を行う行為連鎖からの切り離しは、いくつかの形をとる。断片3では連鎖終了後に別の連鎖の形をとって雑談が開始されていたが、次の断片5では、注文を組織する行為連鎖の後方拡張(Schegloff 2007)の形をとって雑談が始まりながらも、実質的にはこれが先行する連鎖から切り離されている。

【断片5】

01	客1	:	カスゴって春の子って書くん [ですか
			((メニューの字を読んでいる))
02	親方	:	[< そ > うです.
03	客2	:	へ [::::::::::::::
04	客1	:	[↑あ :: わかった :::
05			(7.1)
06	客1	:	ピンクのやつ
07	客2	:	ん :::.

84　第2部　マルチモダリティと雑談

```
08              (4.1)
09  親方 > :   よく‐よくできました
10              (0.2)
11  客1   :   や[った：ありがとうございます
12  客2   :     [ha ha ha ha
13  客1   :   .hhh ほめられると伸びる[タイ[プなんで(h)
14  客2   :                      [aha  [ha ha
15  親方  :                             [ha ha ha ha
```

　この断片で注目すべきは、09行目の親方の「よくできました」という、一聴してユーモアを含んだものとわかる評価と、それに続く展開(10–15行目)である。客が何か理由をつけて注文した際にその適切性を認める場合など、鮨屋において親方や板前は時折客に評価的な発話を与える(Yamauchi and Hiramoto 2014)。この断片で、親方がそうした評価的な発話を発する機会は、典型的には02行目で「そうです」と答えた後や、03–04行目で客が情報を受け取った後の、行為連鎖の後方拡張としてであろう。Schegloff (2007: 123)がいうように、評価はしばしば、隣接ペアの後方拡張として行われる。だが、この断片では親方はそうしていない。親方は、「質問―返答―情報の受け取り」の行為連鎖(01–04行目)が閉じ、これに関連する客1と客2の間でのやり取り(06–07行目)が終わった後に、さらに4.1秒の間を空けて(08行目)、「よくできました」を発している。つまりここで親方は、評価を後方拡張として置くことが可能な行為連鎖が閉じた後に、この連鎖から切り離して、評価を発している。客がこの発話を、笑うべきものとして理解していることに注意しよう(12行目)。もちろん、「よくできました」という教師のような評価の仕方自体が、明らかにユーモアを含んだものとして構成されているけれども、ここで親方と客がこうしたユーモラスなやり取りを安全に行うことができるのは、評価が本来置かれるべき場所に置かれず、鮨屋の仕事を組織する行為連鎖から切り離されているからである。

　さらにこうした切り離しは、行為連鎖の内部においてもなされうる。次の

断片 6 では、白子を注文した客に対して、親方が白子の前に刺身を食べるかどうかきいている（01 行目）。この注文の伺いに対して客 2 が頷き（02 行目）、客 1 は「はい」（03 行目）と答えるが、この時点で具体的な品は伝えていない。これに対し親方は 19 行目で品を挙げるよう促すが、客は決めかね（22・24 行目）、しばらく迷う（24 行目以降、省略した 12 行分）。その様子をみた親方は、「なんか適当にお願いしますっていいたくなっちゃいません」（37 行目）と、客の立場に立って問いかける。

【断片 6】（（この断片の前に客 1 と客 2 は白子を注文した））
01　親方　：　その前になんか少し切ります？(0.3)°なんか°
02　　　　　　　(0.2)（（客 2 が頷く））
03　客 1　：　はい
　　　　　　　（（15 行分省略））
19　親方　：　なんか(0.2)お好みあったらいってください
20　客 2　：　は [い
21　親方　：　　 [どんどん(°お願いしま [す°)
22　客 1　：　　　　　　　　　　　　 [ああでも
23　　　　　　　(0.5)
24　客 2　：　°何にしよっかなあ°
　　　　　　　（（12 行分省略：客が迷っている））
37　親方＞：　なんか適当にお願いしますっていいたくなっちゃいません
38　客 2　：　eh[ehe[he　　　 [(て -)
39　客 1　：　　 [ha [haha
40　親方　：　　　　 [ha ha ha [ha
41　客 1　：　[で -]　 [ですよね]　　　　　　 [ですよ n]
42　親方　：　[そ]うす [ね , パタ]ーンとしましては [だいたい]
43　客 2　：　[huhh
44　親方　：　[.hh 白 [身と ,
45　客 1　：　　　 [huhu

注文の伺いという「連鎖を開始する行為」(Lerner 2003) は、当然のことながら、それへの応答として注文を適切なものとする。それゆえ、親方や板前の注文の伺いと客の注文の間に生じたことは、注文という行為に向けた手として理解されるものになる。たとえば24行目の客2の「何にしよっかなあ」は注文を迷っているものとして理解できるし、42行目以降の親方の「パターン」の例示は、注文を手助けするものとして理解できる。こう考えたときに、37行目の親方の「なんか適当にお願いしますっていいたくなっちゃいません」は、明らかにこれが発された時点では、注文を行う行為連鎖を先に進める手を構成していない。じっさい、38–40行目の笑いで明らかなように、客と親方はこれをジョークとして理解している[4]。

このように、仕事を遂行する行為連鎖の内部においても、その連鎖からの切り離しを利用した雑談的なやり取りは行われうる。この断片についても、「話題」の観点のみから雑談を見定めることが困難であることに注意しよう。「なんか適当にお願いしますっていいたくなっちゃいません」は、注文にかんする話題の一部をなしており、この発話で話題が変わったわけではない。「なんか適当にお願いしますっていいたくなっちゃいません」が雑談の一部でありうるのは、やはり注文という活動が行為連鎖の形をとって行われるものであるために、この発話がその活動からの脱線として聞きうるからである。Schegloff (1990) が指摘するように、一定の場の活動におけるトークの結束性は、話題よりも行為連鎖の単位で形作られるものでありうるのである。

3.2.3. 雑談と役割距離

ここまで、鮨屋の仕事を組織する行為連鎖からその発話の構成（ユーモアを含ませる等々）と位置（隣接ペアが閉じて間を空けてから後方拡張を開始する等々）の点で独立させることによって、発話により雑談を開始する仕方をみてきた。詳しく議論する紙幅の余裕はないが、これを先に紹介したGoffmanの「役割距離」概念と結びつけて論じることも可能だろう。「親方」や「客」といった役割は一定の活動（注文を伺う、注文する、注文を受け取る

etc.) と規範的に結びついている（c.f. Sacks 1972 = 1989）ので、その活動を組織する行為連鎖からトークを切り離すことは、役割から距離をとることとして捉えうる。加えて、Goffman が正しく指摘したように、役割距離をとることはその場の社会的状況から自由になることではない。ジョークをいうことや天気の話をすることが、その場の雰囲気を和ませたり客を楽しませたりするものであると理解されているからこそ、その鮨屋の場の拘束の下に、仕事を組織する行為連鎖からの切り離しを行うことができるのである。このプラクティスの記述は、具体的な相互行為の中でいかにして役割距離を示すのかという、Goffman が十分に光を当てていない問題へのアプローチとして考えることができよう。

　次の節では、雑談と関係をもちうる別の種の仕事に注目する。それは、調理や清掃、盛りつけといった手元で行う作業である。こちらの労働と雑談との関係は、関与配分概念と結びつけて捉えることができる。

3.3.　多重的な活動の中での雑談

　当然のことながら、親方や板前はほとんどいつでも調理や清掃、盛りつけ等々の作業に従事している。先述の Toerien and Kitzinger（2007）や須永（2013）の研究が示すように、作業と顧客とのトークの両立が困難な場合、単純にいって、サービス提供者はそのどちらを優先するのかという問題に直面することになる。これは、たんに認知的・物理的資源をどちらに割くかという問題ではない。サービス提供者はどちらか（Toerien and Kitzinger と須永の例では顧客とのトーク）の優先を体系的に行うことによって、何を気にかけて仕事をしているかを、顧客に示すことになるのである。

　鮨屋の場合、美容院や足湯マッサージの施術と比べて、作業と雑談の両立が困難な場面は少ない。親方や板前は通常、雑談しながら作業も進めることができる。ただしその場合でも、多重的な活動（Haddington, Keisanen, Mondada, and Nevile 2014）の状況下で関与の度合いを作業と雑談のどちらかに重点的に振り分けることによって、親方や板前は両者に優先順位を付けることができる。次の断片 7 をみてみよう。

【断片7】
((親方は握りをまな板に並べ、刷毛を手に取ってタレを塗り始める))
　　　　　　　手元------------------------
01　親方>：　あれどうなったの琵琶鱒は

①

02　　　　　　(0.3)
03　客　：　あ:もうね#え#
04　　　　　　(.)
　　　　　　　手元--------------------,,客----,手元-
05　親方：　いそ[がしすぎる(の)

②

06　客　：　　　　　[じぶんのさつえいが忙しくて

　まず述べておくべきことは、この断片の客がこの店の常連客であり、親方と顔馴染みだということである。客の飲食の間数十秒の沈黙が続いたところで、親方が口を開いてこの馴染み客に話しかける(01行目)。じつは親方は、これより前に馴染み客が来店した際に、客が「琵琶鱒」を持参して鮨ネタにする計画を二人で話していた。01行目の親方の問いかけはこのことに言及したものである。ここで開始されたやり取りが雑談であることは明らかであろう。親方や板前と常連客の雑談は、鮨屋でよくみられるものである。注目

鮨屋のサービス文化と雑談　89

したいのは、このやり取りを開始する際の親方による作業とトークの調整の仕方である。親方は客が飲食している間調理を行っており、鮨を握ってまな板の上に置くと、さっと布巾でまな板を拭い、続けて左手前方に手を伸ばして刷毛をとり、かがみ込んで鮨の上にタレを塗り始める(①)。親方が口を開くのは、ちょうどタレを塗り始めた瞬間である。質問の最中も、客が答え始めてからも親方は手元をみながら作業しており、視線の先が客に向かうのは、タレを塗る作業を終えて刷毛を元の位置に戻す機会においてである(②)。このとき客はまだ答えている途中である。

　タレを塗り始めると同時に質問を投げかけ、タレを塗り終えて次の作業に移る際にそのついでに客をみることによって、親方は、作業と雑談とを並行して管理する姿勢をみせたうえで、作業を優先している。

　他方次の断片8では、断片7と同じように親方から雑談を始めてはいるものの、雑談と作業への従事との調整という点で異なることが起きている。

【断片8】

　　　　　　　　手元 -------,, 客1------------------------, 手元
01　親方＞：　お住まい(0.2)どちらのほう(なん)ですか
　　　　　　　((作業しながら))

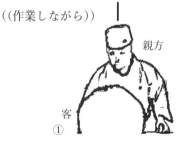

02　　　　　(0.4)

```
                     -, 客 1---------------------
03  客 1   :   千葉(0.3)千葉(.)船橋°ですね°
```

```
                     ---------------------, 手元
04  親方   :   あ,#そう[です]か:#=((頭を下げる))
05  客 1   :         [ええ]
06  客 2   :   =えええぇ.
```

　この断片では、客(客 1 と客 2 は夫婦である)がどこから来たかを親方が尋ねている(01 行目)。この雑談の仕方は、次の 2 つの点で断片 7 のそれと共通項をもつ。第一に、親方は作業を開始するのとほぼ同時に雑談を始めている。ここで親方は、おそらく右手指で山葵を刮げとる作業(カメラの配置上、親方が実際に指に何を取っているかはみえない)を始めると同時に客への質問を開始している(01 行目冒頭)。つまりこの断片でも、親方は雑談と作業を関連づけ、これらを並行して管理する姿勢をみせている。第二に、雑談の間手元の作業は淀みなく進行している。断片 8 で興味深いのは、疑問詞「どちら」を発する際に親方が客 1 に視線を向け(①)、この発話が終わると同時にまた手元に視線を戻している点である。さらに、客 1 が答え始めると親方はすぐに視線を客 1 に向ける(②)。親方が視線をまた手元に戻すのは、客の返答への受け取りを行う発話(04 行目)の末尾においてである。この視線移動は、親方が、雑談の間客に注意を注いでいることを示している。

　断片 7 と断片 8 の違いをまとめておこう。どちらの断片とも、親方が何らかの作業を開始すると同時に雑談も始めることにより、この 2 つを並行

して管理する姿勢をみせている。断片7では、作業の間は手元に視線を注ぐことにより、親方はこの2つのうち作業への関与を優先している。他方断片8では、親方は雑談（を構成する発話）の間客に視線を注ぎ、それにより雑談への関与を優先する姿勢をみせている。こうした、活動への多重的な関与における順序付けが、鮨屋においては体系的にみられる。鮨屋のサービス文化という観点から興味深いのは、この順序付けが、客がどういう客かということと関係をもつように思われることである。先述のように断片7の客は常連客であるが、他方断片8の二人はこの店が初めての客である。データからは常連客の場合断片7のように作業が優先される一方で、そうでない客の場合断片8のように雑談が優先される傾向が見出せた。この分布そのものより重要なのは、作業／雑談の優先が、常連客／そうでない客という客層の差と合理的に結びついているということである。すなわち、顔馴染みの客との雑談は作業に埋め込まれ、作業のついでに行われてよいものである一方で、初見の客など常連でない客との雑談は、それ自体に大きな注意を払って行われてよいものだろう。また、話の内容としても、断片7では親方と常連客のそれまでの関係から得られた知識（「釣り」）を使って話しかけることによって、親方は馴染み客と雑談することを行っており、断片8では客の基本情報（居住地）を尋ねることによって、親方は馴染みでない客と雑談することを行っている。このように、断片7と断片8ではそれぞれの客がたまたま常連客とそうでない客であったのではなく、そうした種の客であることと、親方が雑談を開始する仕方が、合理的に結びついている。

4. 結論

本章では、鮨屋というフィールドにおける雑談の行われ方を会話分析により検討した。まず我々は、注文や品の説明といった鮨屋の仕事にかんするやり取りが、行為連鎖の形をとって組織されるという観察を基準に、その行為連鎖から発話の構成と位置の点で切り離すことによって雑談が開始されうることを明らかにした。次に、そうして開始された雑談と、調理や清掃などの

92　第2部　マルチモダリティと雑談

手元の作業とが同時に行われる状況下において、そのどちらにとくに関与の
リソースを割くかが体系的に選択されることをみた。そして、この選択が、
客をどんな客として扱うか(cf. 平本・山内 印刷中)、具体的には常連客とし
て扱うかそうでないかを示す手だてになっている可能性を論じた。雑談が鮨
屋のサービスの一環であるとすれば、雑談を行う可能性と雑談の行われ方
が、体系的に組織されていなければならないだろう。本章で行った分析は、
その一端に迫るものである。

注

1　「江戸前鮨」は、江戸時代後期に江戸で生じた、魚介類をネタとする握り鮨を意
味する。

2　Goffman 社会学と会話分析の関係については平本(2015)をみよ。

3　この論点は、本章の元となる発表が行われたラウンドテーブルにおける出席者の
指摘に基づいている。なお出席者の間では、「雑談」という活動の主語を幼児に
求めることが適切かどうかについて見解が分かれた。もちろん、幼児が雑談する
こともあるだろう。たまたまその子が子役俳優か何かをやっていて、撮影の合間
に現場の人に幼稚園での出来事を話していたら、それは雑談といえるかもしれな
い。けれどもその場合、あくまでその事態はその子が「一般の人ではない」こと
や「ませている」ことの帰結である「例外」として理解されるのであって、「幼
稚園児」というカテゴリーに「雑談」という活動が自然に結びつかないこと自体
は変わらない。「幼稚園児でも雑談することがあるかもしれない」「話の内容は大
人のそれとたいして変わらないかもしれない」等々の疑いをもつことは、我われ
が幼稚園児というカテゴリーにどんな活動が合理的に結びつくかを常識的に知っ
ている、その事実から目を背けさせる「学問的な用心深さ(Sacks 1992: 81)」に起
因する態度である。

4　ただしこの親方のジョークは、42 行目以降で親方が差し出すことになる助け舟へ
のつなぎになっている。後で論じるように、鮨屋の雑談は仕事にかんするトーク
から完全に離れて、自由に何を話してもよいようなものにはならない。その意味
で、親方のジョークはこの場で注文を行うこととまったく無関係なものではな
い。次の二点に注意しよう。第一に、親方のジョークは、それが発された時点で
は助け舟へのつなぎではない。第二に、このジョークは、聞き手が笑うことを適

切なものにするという点で、注文を組織する行為連鎖とは別種の行為連鎖の一部
となっている。

付録　ジェファーソンシステムの記号一覧を以下に示す。

[	重複（言葉の重なり）の開始
]	重複（言葉の重なり）の終了
=	イコール記号で繋いだ部分が間際なく発されていることを表す。
(.)	コンマ一秒前後の短い沈黙を表す。
（数字）	沈黙を表す。括弧内の数字はコンマ一秒単位での沈黙の長さである。
:	直前の音の引き延ばし。その個数により相対的な引き延ばしの長さが表現される。
-	直前の音が中断されていることを表す。
.	直前の部分が下降調で発されていることを表す。
,	直前の部分が継続を示す抑揚で発されていることを表す。
?	直前の部分が強い上昇調で発されていることを表す。
¿	直前の部分が中程度の上昇調で発されていることを表す。
↑	直後の音が高い調子で発されていることを表す。
˚文字˚	囲まれた文字が相対的に弱い音調で発されていることを表す。
<u>文字</u>	下線を引いた文字が相対的に強い音調で発されていることを表す。
hh	h は呼気音を、h の個数はその相対的な長さを表す。
.hh	ドットに続く h は吸気音を、h の個数はその相対的な長さを表す。
文字(h)	文字が呼気音とともに発されていることを表す。
< 文字 >	囲まれた文字が相対的に遅く（ゆっくりと）発されていることを表す。
> 文字 <	囲まれた文字が相対的に速く発されていることを表す。
¥ 文字 ¥	囲まれた文字が笑みを含んだ調子で発されていることを表す。
# 文字 #	囲まれた文字がかすれ声で発されていることを表す。
（文字）	丸括弧内の文字の聞き取りに自信がもてない場合の表記。
（・）	丸括弧内の部分が聞き取れない場合の表記。点の多さが相対的な長さを表す。

参考文献

Beinstein, Judith. (1975) Small talk as social gesture. *Journal of Communication* 25: pp. 147–154.

Coupland, Justine. (2000) Introduction: Sociolinguistic perspectives on small talk. In Coupland, J. (ed.) *Small Talk*, pp. 1–25. Harlow: Longman.

Garfinkel, Harold and Harvey Sacks. (1970) On formal structures of practical actions. In McKinney, J. D. and Tiryakian, E. A. (eds.) *Theoretical Sociology*, pp. 337–366. New York: Appleton Century Crofts.

Goffman, Erving. (1961) *Encounters: Two studies in the sociology of interaction*. New York: The Bobbs-Merrill Company. (佐藤毅・折橋徹彦訳 (1985)『出会い―相互行為の社会学』誠信書房)

Goffman, Erving. (1963) *Behaviour in Public Places: Notes on the social organization of gatherings*. Glencoe: The Free Press. (丸木恵祐・本名信行訳 (1980)『集まりの構造―新しい日常行動論を求めて』誠信書房)

Haddington, Pentti, Keisanen, Tina, Mondada, Lorenza. and Nevile, Maurice. (eds.) (2014) *Multiactivity in Social Interaction: Beyond multitasking*. Amsterdam: John Benjamins.

平本毅 (2015)「会話分析の「トピック」としてのゴフマン社会学」『触発するゴフマン―やりとりの秩序の社会学』pp. 104–129. 新曜社.

平本毅・山内裕 (印刷中)「どんな店か、どんな客か：江戸前鮨屋の注文場面の会話分析」水川喜文・秋谷直矩・五十嵐素子編『ワークプレイス・スタディーズ―働くことのエスノメソドロジー』ハーヴェスト社.

Holmes, Janet. (2000) Doing collegiality and keeping control at work: Small talk in government departments. In Coupland, J. (ed.) *Small Talk*, pp. 32–61. Harlow: Longman.

Lerner, Gene. H. (2003) Selecting next speaker: The context-sensitive operation of a context-free organization. *Language in Society* 32(2): pp. 177–201.

Maynard, Douglas. W. and Hudak, Pamela. L. (2008) Small talk, high stakes: Interactional disattentiveness in the context of prosocial doctor-patient interaction. *Language in Society* 37(5): pp. 661–688.

Mayo, Elton. (1933) *The Human Problems of an Industrialized Civilization*. Mass: Harvard University Press. (村本栄一訳 (1967)『新訳産業文明における人間問題』日本能率協会)

Merritt, Marilyn. (1976) On questions following questions in service encounters. *Language in Society* 5(3): pp. 315–357.

宮原浩二郎・藤阪新吾 (2012)『社会美学への招待―感性による社会探究』ミネルヴァ書房.

Ritzer, George. (2004) *The McDonaldization of Society: Revised new century edition*, Pine Forge Press. (正岡寛司訳 (2008)『マクドナルド化した社会―果てしなき合理化のゆくえ 21 世紀新版』早稲田大学出版部)

Sacks, Harvey. (1972) An initial investigation of the usability of conversational data for doing sociology. In Sudnow, D. (ed.) *Studies in Social Interaction*, pp. 31–73. The Free Press.（北澤裕・西阪仰訳（1989）「会話データの利用法」『日常性の解剖学』pp. 93–173. マルジュ社.

Sacks, Harvey. (1992) *Lectures on Conversation Vol. 1*. Oxford: Blackwell.

Schegloff, Emanuel. A. (1990) On the organization of sequences as a source of "coherence" in talk-in-interaction. *Conversational Organization and its Development* 38: pp. 51–77.

Schegloff, Emanuel A. (2007) *Sequence Organization in Interaction: Volume 1: A primer in conversation analysis*. Cambridge: Cambridge University Press.

志賀直哉（2005）『小僧の神様・城の崎にて』新潮社.

須永将史（2013）「マッサージの手順が違反されるとき」西阪仰・早野薫・須永将史・黒嶋智美・岩田夏穂『共感の技法―福島県における足湯ボランティアの会話分析』pp. 29–48. 勁草書房.

Surprenant, Carol. and Solomon, Michael. (1987) Predictability and personalisation in the service encounter. *Journal of Marketing* 51: pp. 73–80.

Toerien, Merran. and Kitzinger, Celia. (2007) Emotional labour in action: Navigating multiple involvements in the beauty salon. *Sociology* 41(4): pp. 645–662.

Vargo, Stephen. L. and Lusch, Robert F. (2004) Evolving to a new dominant logic for marketing. *Journal of Marketing* 68(1): pp. 1–17.

Yamauchi, Yutaka. and Hiramoto, Takeshi. (2014) Negotiating Selves in Initial Service Encounters: Conversation Analysis of Sushi Restaurants. In Mochimaru, M, Ueda, K. and Takenaka, T. (eds.) *Serviceology for Services*. pp. 347–353. Springer Japan.

手話雑談におけることばと身体と
マルチアクティビティ

坊農真弓

要旨

　本章では、たこ焼きを囲んだ4人の手話話者の手話雑談を研究対象とし、手話雑談中の「話す」「食べる」「作る」という3つの活動が関係するありさまを観察する。たこ焼きを囲んだ手話雑談を収録したいと思ったのは、すべて手で行う行為がどのように組織化されているのかを知りたいという単純な動機によるものであった。たこ焼き中の手話雑談のマルチモーダル分析の結果、私が当初予想していた仮説はすべて覆された。実際にデータに触れてみて、音声会話の考え方に縛られた私の想像量の限界を身をもって知ることとなった。音声会話においても手話会話においても、雑談は私たちの日常を支える大切なものである。

1.　はじめに―「ぼそぼそ会話」 ＝ 雑談の威力

　筆者は、「雑談とは話し合いの主たる目的やゴールやアジェンダがあらかじめ決められていない会話である」と考える。以降、「雑談」という場合、この意味合いで用いる。雑談の反対側にはビジネスミーティングのような目的やゴールやアジェンダがあらかじめ決められている会話があると考えられる。

　先日盲ろうの東大教授福島智氏にインタビューさせていただく機会を得た。その際、各領域のキーパーソン[1]が情報保障についてどのようなスタンスを取るべきかについて質問したところ、雑談に関する興味深いやりとりがあったので紹介したい。

日常的に通訳を入れてもらうように訴えるという活動が大切なのです。また通訳は授業や会議の大事な場面だけを訳すのではなく、休み時間などのカジュアルな情報も訳すことが大切です。その理由は、人事などの大事な話の多くは、会議途中の休憩時間に決まったりすることがあるからです。それと、例えばエレベーターで乗りあわせた時の数秒とか10秒間くらいのちょっとした雑談で、案外と重要なことが動いていったりしますよね。　　　　　　　　　　　　　　　　　　　　　（福島・坊農 2015）

　破線を付した箇所は、インタビュー原稿を編集する中で、福島氏によって補足的に挿入された。この文章を挿入する際、福島氏から私に次のようなコメントがメールで送られた。

　これはもし字数があればいれていただければうれしい、という程度のものです。ただ、この件はすごく痛感していることです。おそらく私以外のほとんどの盲ろう者や多くのろう者は、こういうちょっとした「ぼそぼそ会話」とでもいうものの通訳を受けていないと思いますので。
　　　　　　　　（2015.3.6 福島氏から坊農へ送られたメールの一部）

　目的やゴールやアジェンダがあらかじめ決められている会話に対して、この「ぼそぼそ会話」は雑談と呼ぶべきものの 1 つの典型例であろう。私はこのやりとりから「ぼそぼそ会話」が持つ威力を実感し、また手話に限らない言語通訳場面における雑談通訳の重要性がどの程度認識されているのだろうと気がかりになった。「エレベーターに乗りあわせた時の数秒とか 10 秒間くらいのちょっとした雑談で」ものごとは動く。私たちの日常はこうしたちょっとした雑談で回っている部分が大きい。
　本章は、雑談とそれ以外の会話の違いを比較するものではない。むしろ、雑談におけることばと身体の組織化の過程を観察することにより、雑談の構造について議論したい。

2. 手の言語、視覚言語、対話型言語から想像する誤解

　会話中、人は「話す」という活動と同時に他の活動を進めることができる。例えば、話しながら「食べる」といったように、2つ以上の活動を同時に進めることができるのである。これは何も雑談に限ったことではない。ビジネスミーティングなどでも手元の水を飲みながら、会議に参加するといったことがあるだろう。これは近年、「マルチアクティビティ」(Haddington et al. 2014)と呼ばれ、言語使用に関わる活動と言語使用と直接関わらない活動とが同時に起きる場面の相互行為分析が盛んになっている。また、日本国内でも食事をしながら会話する際に、「食事を摂る」「会話をする」という、ともに口を必要とする2つの活動がどのように生起するのかについて、順番交替の観点から「いつ食べるのか」「いつ話すのか」の時間的構造の分析が行われている(東山ほか 2012, Den and Kowaki 2012)

　本章では、たこ焼きを囲んだ4人の手話話者の手話雑談を研究対象とし、手話雑談中の「話す」「食べる」「作る」という3つの活動が関係するありさまを観察する。この手話雑談における「話す」「食べる」「作る」という活動はすべて手で行われる。たこ焼きを囲んだ手話雑談を収録したいと思ったのは、すべて手で行う行為がどのように組織化されているのかを知りたいという単純な動機によるものであった。音声雑談に日常的に接している私にとっては、たこ焼きを囲んだ手話雑談がどのように進められているのかは謎だらけである。手話雑談のデータに触れる前、私は、

- 手話は「手の言語」なので、手が関わる活動は一度に1つしかできない
- 手話は「視覚言語」なので、手を見ているときは他の活動は停止する
- 手話は「対話型言語」なので、二人一組のペアで会話が進行される

　という予想を持っていた。しかし、実際にデータに触れてみて、音声会話の考え方に縛られた私の想像力の限界を身をもって知ることとなった。

　特に3点目の「対話型言語」という側面について、ここで説明を加えて

おこう。手話が対話型言語であるということは、神田ほか（2006）によって指摘された。手話は相手に見られて初めて相手に手話表現が受け取られる環境が整い、やりとりが成立する。ろう者と電車に乗ったり、飲みに行ったりするとよく分かるのだが、彼らには「話したい相手の向かいに座る」という慣習がある。向かいの方が相手の手話が正面から見える、相手の注意を獲得しやすいという理由があるのではないかと推測される。ここでいう「対話型」とは、物理的な意味で身体と身体が向かい合っているさまを指す側面がある。

3. 音声雑談におけるマルチモダリティ

　本章では手話雑談を扱うが、まず音声雑談事例を挙げて議論の焦点を明確にしたい。

　断片1は、大学研究室のメンバーを招いたたこ焼きパーティで観察された雑談である（2008年収録）。夕方から夜にかけて2～3時間程度開催されたものであるが、本節ではこのデータから、会話の分裂に関わる30秒間のやりとりを抜き出して議論する。

図1　音声雑談の座席位置（ビデオ映像からの描画）

図1において左手前に着席する黒い半袖Tシャツの女性（仮名：オオノ）はこのパーティのホストである。この座席がキッチンに最も近く、途中何度か中座して材料や飲み物の準備をしている。会話への参加の頻度から反時計周りに紹介すると、オオノの向かいに座るメガネの男性（仮名：タバタ）はオオノが所属する大学研究室の先輩である。タバタの右隣に座るボーダー柄のトップスの女性（仮名：ヒムラ）はオオノとタバタが所属する研究室の教授秘書である。ヒムラの右隣に座るボーダー柄のTシャツとメガネの男性（仮名：ソウヤ）は同じく研究室の院生である。窓際で立っている男性はソウヤと同じく研究室の院生だが、本収録のためのビデオテープ交換をしており、ターゲットとする30秒間のやりとりには参加していない。たこ焼きは今まさに焼いている最中だが、ひっくり返すといった作業は終わっており、竹ぐしでつつくといった作業は観察されない。それぞれに手元の飲み物を飲むなどして焼き上がりを待っている段階である。

転記資料（トランスクリプト）を理解するために、この会話の背景を少し説明しておいたほうがいいだろう。オオノはアメリカに半年ずつ2回合計1年間留学しており、1回目の半年が終わって日本に一時帰国した際、このパーティは開かれた。また当時、オオノは留学に行く前に結婚しているが、単身留学を選択し、その間夫は日本で生活をしていた。

断片1は、オオノが「夫とは毎日スカイプでやりとりしていた」と説明したことを受けて、タバタが「スカイプってテレビ電話やったん？（01行目）」と質問している場面である。

断片1（音声雑談、音声トランスクリプト）[2]

```
01  タバタ：    え，＞スカイプってテレビ電話やったん？＜(.)あの：：：＝
02              ＝こえだけじゃなくて
03              (0.2)
04  オオノ：    はい
05              (0.2)
06  タバタ：    °お[お：：：°
07  オオノ：       [(そ)こに(.)あとでみても[らっ]＝
08  タバタ：                              [huh]
```

09	オオノ：	＝［たら (0.8)
10	（ヒムラ）：	［（ふ：：：ん） (0.2/0.8)
11	オオノ：	見せます (.) ［で (0.3)　　　　］
12	タバタ：	［°うぅ：：ん°］＝
13	オオノ：	＝毎晩彼が帰ってきて 11 時半とかぐらい，［から］つないで↑：↓＝
14	タバタ：	［うん］
15	オオノ：	＝あたしが向こう朝 6 時＝＞あたし＜朝型で彼よ＝
16	オオノ：	＝［る型なんで　　　　］［ちょうどよくて：
17	タバタ：	［あ，そうだよね.］［ちょうどよかったね (0.3) ほんとだ
18		(0.3)
19	オオノ：	9 時か：ん (.) 違いだけど
20		(0.9)
21	オオノ：	逆から数えたら
22	ソウヤ：	［（　　　）
23	オオノ：	［(.)16 ？

　ここで問題にしたいのはヒムラの参与枠組み（participation framework）（Goffman 1981）の上での役割である。断片 1 の音声トランスクリプトを見ると、ヒムラは 10 行目に「ふ：：：ん」とかすかに応答しているだけである。しかもこの応答は 09 行目のオオノの発話に完全に重なっており、音声的にヒムラであるかどうかも不明瞭である。これだけみると、ヒムラはオオノの語りに積極的に耳を傾けているようには見えない。

　では、このデータをマルチモーダルトランスクリプト[3] を用いて観察してみよう。

断片 1（音声雑談、マルチモーダルトランスクリプト）

01	タバタ：	え，＞スカイプってテレビ電話やったん？＜(.) あの：：：＝
02		＝こ#えだけじゃなくて
	ヒムラ	#オオノを見る
03		(0.2)
04	オオノ：	はい
05		(-*-＝0.2)
	オオノ	*パソコンルームを指差す
06	タバタ：	#°お［お：：：°］
	ヒムラ	#オオノの指差しを追ってパソコンルームを見る---cont.

07	オオノ：	[(そ)こに(.)あとでみても[らっ]=

```
07 オオノ：    [(そ)こに(.)あとでみても[らっ]=
08 タバタ：                      [huh]
09 オオノ：  =[たら(0.8)
10 (ヒムラ)：  [(ふ#：：ん)(0.2/0.8)
   ヒムラ     ---/#視線を手元に落とし，チューハイの缶を開けようとする
11 オオノ：  見せます(.)[で(0.3)      ]
12 タバタ：            [°うぅ：：ん°]=
13 オオノ：  =毎晩彼が帰ってきて#11時半とかぐらい，[か#ら]つないで↑：↓=
   ヒムラ                    #視線を上げ，オオノを見る---cont.
   ヒムラ                              #二度うなずく
14 タバタ：                              [うん ]
15 オオノ：  =あたし#が向こう#朝6時=>あたし<朝型で彼よ=
   ヒムラ     -------/#視線を手元へ---cont.
   ヒムラ            #チューハイをグラスに注ぐ---cont.
16 オオノ：  =[る型なんで      ][ちょうどよくて：
17 タバタ：   [あ，そうだよね.][ちょうどよかったね(0.3)ほんとだ
18         (0.3)
19 オオノ：  9時か：ん(.)違いだけど
20         (0.9)
21 オオノ：  逆から#数＋えたら
   ヒムラ     -----/#チューハイをグラスに注ぎ終わってグラスに反対の手を添える
   ソウヤ            ＋携帯の向きを変える
22 ソウヤ：  [(    )
23 オオノ：  [(.)＋#16？
   ソウヤ     ＋携帯をヒムラに差し出す
   ヒムラ     -------/#視線を上げ，差し出されたソウヤの携帯を見る
```

　マルチモーダルトランスクリプトの発話に添えられた身体動作の行を見ると、ヒムラの積極的な会話への参与姿勢が見て取れる。01–02行目におけるタバタのオオノに対する質問の末尾で、ヒムラはオオノに視線を向けている。この現象は、ヒムラがタバタの発話デザインから次話者がオオノになると理解し、オオノが話し始める前にオオノに視線を向けるふるまいである（榎本・伝2011）。ヒムラは発話を発しているわけではないが、この場で起きている主たるやり取り、すなわち質問には返答が継続するという行為の隣接性を察知し、傍参与者（side participant）としてふるまうことを選択してい

る。また 05 行目でオオノがパソコンルームを指差した際、ヒムラはオオノの指差しを追ってパソコンルームを見ている。また 10 行目で一旦視線を手元に落としてチューハイの缶を開けようとするが、11 行目でオオノが「で」と言ったことを語りの開始として認識し、即座に視線をあげてオオノを再び見る。このことにより、オオノの語りの聞き手は、タバタは受け手 (addressee) でヒムラは傍参与者という参与度合いの違いはあるが、タバタのみならず、ヒムラも含んでいるように印象付けられる。

　以上のように、音声会話では、音声を発しない参与者が会話における三人目の立場で目の前で繰り広げられる対話を傍観するという参与の形があり得る。すなわち、話しながら、聞きながら、缶を開けながら、コップに注ぎながら[4]、その場にいるというマルチアクティビティが可能なのである。

　2 節で挙げた手話雑談に対する私の予想を音声雑談に当てはめてみると次のようになる。

- 音声は「口の言語」なので、手が関わる活動は一度にいくつもできる[5]
- 音声は「聴覚言語」なので、聞きながら他の活動ができる
- 音声は「多人数型言語」なので、聞こえる範囲の複数人で会話が進行される

4.　手話雑談におけるマルチモダリティとマルチアクティビティ

　では本題の手話雑談の議論に入ろう。

　断片 2 は、研究協力者（聴者で CODA [6]）の自宅にろうの女性 4 人を招いたたこ焼きパーティで観察された手話雑談である（2012 年撮影）。お昼に 2 〜 3 時間程度開催されたものであるが、本節ではカメラを回し始めて 1 時間 5 分程度すぎた部分を抜き出して観察する。

　図 2 において左に着席する女性（仮名：タサキ）はこのパーティのホスト（研究協力者）の母である。この座席がキッチンに最も近く、途中何度かキッチンで材料や飲み物の準備をしている娘に話しかけている。会話への参加の

手話雑談におけることばと身体とマルチアクティビティ 105

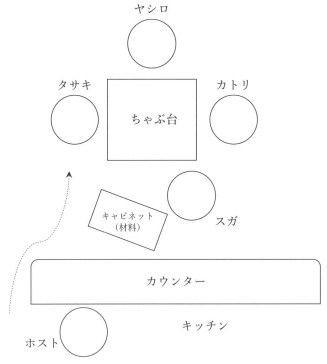

図2　手話雑談の座席位置

　頻度から時計周りに紹介すると、タサキの左隣に座る女性(仮名：ヤシロ)はホストの友人である。ヤシロの左隣に座る女性(仮名：カトリ)もホストの友人である。カトリの左隣に座る女性(仮名：スガ)もヤシロ、カトリと同様ホストの友人である。2008年に収録した音声雑談と対比する目的で比較的似た環境でデータの収録をしたのだが、結果的にホストに関係する3人がホストの母と初めて会う会話となった。すなわち、ホストが自分の友人3人を母に紹介し、自分はホストとしてキッチンで料理の準備をしているといった場面である。また音声雑談が長方形のテーブルを使っているのに対し、手話雑談は正方形のちゃぶ台を使っているなど、身体配置的にも異なる点がある。たこ焼きは今まさに焼いている最中で、カトリとスガがひっくり返す作業を担当しており、竹ぐしでたこ焼きを回転させるなどしている。それに対

106 第2部 マルチモダリティと雑談

し、タサキとヤシロは二人で話している。

　これから分析する断片2と断片3では、カトリが、断片1のヒムラが担っていたような参与役割を担っている。すなわち、カトリはタサキとヤシロのやり取りを傍で見ている「傍参与者」としてふるまっている。

　断片2ではタサキとヤシロが二人で「韓国の人が長生きなのは肉を食べているから？」という話題についてやりとりしている。

断片2（手話雑談、マルチモーダルトランスクリプト）

01　タサキ：　ねえ／質問／韓国／長い／元気（生きる）に［く／PT2（ヤシロ）］
　　　　　　　ねえ，韓国の人が長生きなのは肉を食べているから？
　　　カトリ：　(cont.)cooking--->>
02　ヤシロ：　　　　　　　　　　　　　　　　　　　［同じ同じ／　　　］＝
　　　　　　　＝PT2（タサキ）／同じ同じ／
　　　　　　　そうそう．そうよ．
　　　カトリ：　(cont.)cooking-------------->>
03　タサキ：　PT2（ヤシロ）／韓国（左空間）／鍋（CL）／＝
　　　カトリ：　(cont.)cooking-------------------------------/
04　　　　　＝肉を［焼く（CL）／好き／PT：左空間（韓国）／好き／PT：左空間（韓国）］
　　　カトリ：　rest--/
　　　　　　　韓国の人はこんな鍋でお肉焼いて食べるもんね．
05　ヤシロ：　　　　［食べる／PT1／同じ／食べる／PT1／同じ／　　　　　　　］＝
　　　　　　　うんうん．私も食べるよ．
06　ヤシロ：　＝PT2（タサキ［＋Host]）／
　　　　　　　あなたたち親子も？
　　　カトリ：　~~cooking------------------------------------>>
07　タサキ：　　　　　　　［PT1／食べる／PT1／食べる
　　　　　　　　　　　食べる食べる
08　ヤシロ：　PT2［（タサキ）／健康／健（言い止め）／良い／
　　　　　　　いいね．健康でいなくちゃね．
　　　カトリ：　(cont.)cooking------------------------------>>
09　タサキ：　　　　［食べる／食べる／…（繰り返し）…／［食べる／食べる］
　　　　　　　　　　　食べる食べる…
　　　カトリ：　　　(cont.)cooking-------------------------///rest (signing)-----------------
　　　カトリ-gaze：　(cont.)looks-down------------------------------~~looks-at-ヤシロ>>
10　カトリ：　　　　　　　　　　　　　　　　　［（微笑）**PT2**（ヤシロ）＋同じ／＝

| 11 | | ＝同じ | ／**PT2**(ヤシロ)／同じ／元気／**PT2**(ヤシロ) |
| | | | *そうそう，あなた元気だよね.* |

カトリ：　　　（cont.）（signing）----------------------------------~~cooking>>
カトリ-gaze：　（cont.）~looks-down--->>

　手話は重複がとても多いため、トランスクリプトとして整理するとどの発話が時間的に前に発せられたのかが掴みにくい。以下は、発せられた順に発話を並べたものである。

断片 2(発話の連鎖関係)

01	**タサキ：**	ねえ，韓国の人が長生きなのは肉を食べているから？
02	**ヤシロ：**	そうそう．そうよ.
03–04	**タサキ：**	韓国の人はこんな鍋でお肉焼いて食べるもんね.
05–06	**ヤシロ：**	うんうん．私も食べるよ．あなたたち親子も？
07	**タサキ：**	食べる食べる.
08	**ヤシロ：**	いいね．健康でいなくちゃね.
09	**タサキ：**	食べる食べる…
11	**カトリ：**	そうそう、あなた元気だよね.

　ここで注目したいのはカトリのふるまいである。冒頭から 08 行目のヤシロの発話終了まで、もしくは 09 行目のタサキの発話の末尾部分まで、カトリは完全に手元のたこ焼きを見ている[7]。断片 2 の前からカトリはずっとたこ焼きを焼いているのだ。この手元に落とされた視線と熱心にたこ焼きを焼くというふるまいから、カトリがこれまでのヤシロとタサキの会話を傍観しているとは思えない。しかしながら驚くべきことに、カトリは 09 行目の末で微笑みを浮かべながら視線を自分の右隣のヤシロに向け「そうそう、あなた元気だよね」と 08 行目のヤシロの発話内容に関連した発話をする。

　カトリの視線が下を向いているというビデオから観察可能なふるまいからは、カトリがそれまで傍参与者の立場を有していたとは到底思えない。この観察から、ろう者の周辺視野の広さと、たこ焼きを焼く行為と会話に参与する行為を同時に達成するろう者の方法にただただ驚くばかりである。

　余談になるが、これに関連した私の経験をここで紹介したい。十数年前に

私が所属していた地元の手話サークルでは、サークル活動後にメンバーがお茶に行く習慣があった。そこで私は手話で話すことに必死になり過ぎてしまい、お茶が冷めてしまうことが度々あった。あまりにそういうことが続くので、私はろう者がどのようにおしゃべりしてどのように話すのかを観察したことがある。ろう者は手話でしゃべりつつ手元のお茶を冷ますことなく飲み干していた。ろう者に直接聞いて見ると、「聴者はいつもお茶を冷めさせてしまうよね。ろう者だけおしゃべりもお茶も楽しんで申し訳ない」という返事が返ってきた。断片 2 は、その当時の私の疑問を思い出させるものであった。ろう者の周辺視野の広さとその場で起こっていることを会話資源として巧みに拾っていく様はビデオのみから観察することは難しいかもしれない。

次に観察する断片 3 も、断片 2 と同様タサキとヤシロが二人で話している場面である。

断片 3（手話雑談、マルチモーダルトランスクリプト）

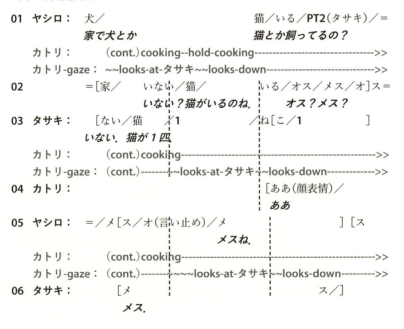

手話雑談におけることばと身体とマルチアクティビティ 109

01行目でヤシロがタサキに「家で犬とか猫とか飼ってるの?」と質問する。これ以前の文脈で二人は犬に肉をやる話をしていた。よって、03行目でタサキは「(犬は)いない」と前置きした上で、「猫が1匹いる」と返事をする。断片2に比べ、断片3は発話の連鎖関係が複雑である。断片2同様、早く発話が始められた発話を先に書くルールでトランスクリプトを作ると以下のようになる。

断片3(発話の連鎖関係)

01–02	ヤシロ：	家で犬とか猫とか飼ってるの？
03	タサキ：	いない.
02	ヤシロ：	いない？
03	タサキ：	猫が1匹.
04	カトリ：	ああ.
02/05	ヤシロ：	猫がいるのね. オス？メス？
06	タサキ：	メス.
05	ヤシロ：	メスね.
07	カトリ：	ああ.
08		(0.8)
09	ヤシロ：	育てて何年目？

110 第2部　マルチモダリティと雑談

10–11　**タサキ**：　13だと思う．おばあちゃん．
12　**カトリ**：　あら，長生き．
(行番号を01–02と連続した番号をハイフォンで結んでいる場合は手話表現が繋がっている(ラッチング)を示す．一方で02/05と非連続の番号をスラッシュでつないでいる部分も間に対話相手の発話が挟まれてはいるが自身の手話表現が繋がっていることを示す．)

　冒頭部分から01–02行目の次に03行目が来て，さらにもう一度02行目が来ている．この部分を例に手話会話の重複について説明したい．01行目の「家で犬とか猫とか飼ってるの？」の質問は，02行目冒頭まで続いている．この質問内の手話単語は次の順番で産出されている．「犬／猫／いる／PT2(タサキ)／家」．「／家／」とほぼ同時にタサキの「／ない／」(03行目)という応答が発せられる．それを受け，ヤシロは「／いない／」(02行目)と発話する．図3を見てもらいたい．図3は01行目から07行目までの3人のやりとりについて時間的関係を図示したものである．質問の標識(PT2)が現れた時点でタサキは応答し，ヤシロは続けてフォローアップとしてタサキの応答を繰り返す．これほどまでに手話会話は重複する．そのため，音声会話に「一時に一人が話す」ルールや，「順番」の概念すら，手話会話に適用できるかを考える必要がある．

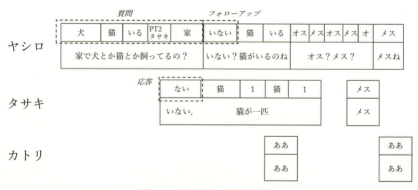

図3　手話産出の時間的関係

では、分析に入ろう。ここでもカトリのふるまいに着目したい。断片2と比べるとカトリの視線の向け先は頻繁に変更されている。断片2で観察したように、たとえカトリがたこ焼きを焼くことに集中して視線を手元に落としていたとしても、右隣に座っているヤシロの手話は読み取れている可能性がある。断片3におけるカトリの視線のふるまいの変化は主に向かいに座るタサキの手話を見るために行われていると考えられる。

01行目のヤシロの質問の冒頭部分で、カトリは質問を受けているタサキを一瞥し、質問が終わらない間にまた視線をたこ焼きに戻す。その後03行目でタサキが「猫が一匹」と答える箇所で、カトリは視線をタサキに向け、「1」と「1」の前後に表される「猫」の一部分を見る。その結果、03行目と重複する04行目でカトリは「ああ」と顔表情で理解を示すと同時に視線をたこ焼きに戻す。

次に02行目の末尾ではヤシロが「オス？メス？」という質問を続ける。06行目でタサキは「メス」だと返事をする。この際、カトリはタサキの「メス」の手話表現のストローク部分である「小指をたてる動作」をちらりと確認し、また07行目で「ああ」と顔表情で理解を示すと同時に視線をたこ焼きに戻す。

さらにヤシロは09行目で「育てて何年目？」という質問を続ける。10行目でタサキは09行目のヤシロによる質問に重複する形で「13（歳）」（10行目）と答える。この際、カトリはちょうどタサキに視線を向けており、「13」をいう情報を受け取っている。その直後、カトリは12行目で「あら、長生き」と評価発話を行うが、それと同時に視線は手元のたこ焼きに戻される。

断片3の観察から、カトリは右隣のヤシロの手話を周辺視野で得つつ、正面のタサキの手話を、会話連鎖上重要な情報が語られると予想されるタイミングでちらりと視線を向けて捉え、顔表情で理解を示したり、評価発話を続けたりしていることが分かる。

断片2と断片3を観察するまでは、ろう者がここまで会話連鎖に敏感なふるまいをしているとは思っても見なかった。目の前のたこ焼きはちょうど片面焼けてきており、まさにいまがひっくり返すタイミングである。すなわ

ち、カトリはいままさにピークを迎えているたこ焼き作りに主として関与するとともに、目の前で起こっている手話会話に「目を」傾けているのである（Goffman 1963）。こういった能力はろう者特有のものであり、雑談におけるマルチアクティビティを成立させるために必要不可欠であることが分かる。

5.　おわりに

2節で私の予想を披露した。分析で得られた結果は次の考え方を導くものである。私の予想はすべて覆された。

- 　手話は「手の言語」だが、手が関わる活動は一度にいくつもできる
- 　手話は「視覚言語」だが、手を見ながら他の活動ができる
- 　手話は「対話型言語」だが、見える範囲の複数人で会話が進行される

断片2と断片3の観察から、手が関わる「話す」「食べる」「作る」という3つの活動のうち、「話す」と「作る」の2つの活動が共起する様子をみた。また手話を産出する相手の手を見ながら、視線を向けることが必要とされる他の活動（例：たこ焼きを作る）を進めることができる様子をみた。さらに手話会話は1対1の対話に閉じず、多人数インタラクションとして形成される様子をみた。

手話雑談を観察するためにトランスクリプトの作成を試みたが、非常に困難な作業であった。本章で試みた手話のマルチモーダルトランスクリプションはまだ完成形ではない。読者と問題を共有するには、さらなる工夫が必要である。手話には独自の書記法がない。手話を日本語で記述することにより、読者は翻訳データの分析を筆者の導きのもとに進めることになる。ここで問題になるのは、日本語に翻訳されたデータを見る読者は、日本語の感覚を持ったままデータに対峙してしまうことであろう。今回分析対象とした現象が、手話表現を取り囲む別の活動（たこ焼き）や視線の動きに着目する必要

があるため、手話の記述を日本語で行った。しかしながら私の研究室の別の研究プロジェクトでは、手話表現の動作特徴をジェスチャーフェーズやジェスチャー単位（Kendon 2004）の考え方に基づき、日本語に頼らず詳細に記述するものがある（菊地・坊農 2013）。データから明らかにしたい内容に即して、手話会話データの詳細度を決定していく必要があるだろう。

　はじめにで示したように雑談、すなわち「ぼそぼそ会話」は、我々の日常のいろいろな場所で威力を発揮している。雑談そのものの構造を明らかにすることは、我々の認知的・社会的ふるまいの根源的理解につながるだろう。本章で示した現象は、その1つのケースにすぎない。今後もこういった観察を続け、雑談の威力を解き明かしたいと考えている。

謝辞

　本章の一部は科学研究費助成事業（学術研究助成基金助成金）若手研究 A「手話相互行為分析のための言語記述手法の提案」（代表：坊農真弓）（H26–H28）によって支援された。データ撮影、日本語翻訳、アノテーションに関わってくださったすべての方に感謝する。

注

1　聴覚や視覚、もしくはその両方に障害を持ちながら、学界や社会的実践の場で活躍する当事者。

2　音声トランスクリプト内では、会話の見易さのために人名表記をカタカナにする。次に紹介するマルチモーダルトランスクリプト内では、音声発話と共起する身体のふるまいをグレーで表記する。この表記手法は Mondada（2012）等を参考にした。

3　このマルチモーダルトランスクリプトの書き起こし手法については付録を参照。

4　この場合、会話に参加する、缶を開けてコップに注ぐという2つの活動が同時並行的に起こっている。Goffman（1963）はこういった現象を人間の関与配分の問題として考え、主要関与（main involvement）と副次的関与（side involvement）という概念を提案している。このデータでヒムラがオオノに視線を向けて会話への参与を示している場合は会話が主要関与になっており、その後コップに注ぐという認知負荷が高い行為に移行する中で会話への関与が薄れ、主要関与がコップに注ぐという行為に変更しているように解釈できる。その結果ヒムラは、21行目で

チューハイをコップに注ぎ終えた時点で左隣にいたソウヤに話しかけられ、オオノとタバタとの会話から完全に離脱する。本データは、会話の分裂 (Schisming) (Egbert 1997) と会話の関与と身体動作を説明するため、筆者がこれまで講義や講演で用いてきたものである。本章では、会話の分裂には焦点を当てず、会話の三人目の立場であるヒムラのふるまいを手話雑談と比較するために取り上げる。

5 　口が関わる活動 (食べるとしゃべる) は一度にいくつもできない可能性がある。マルチアクティビティの概念を正面から扱っているわけではないが、食事と会話の共起関係を分析した研究がある (東山他 2012; Den and Kowaki 2012)

6 　Children of Deaf Adults の略称。親がろうの聴者を指す。

7 　断片 2 と断片 3 のトランスクリプト内の縦破線はカトリの視線が切り替わったタイミングを示している。同時にどういう手話が表されていたかを示すために記載した。

8 　この無音区間の書き起こし手法は、Goodwin (1981) を参考にした。

9 　この身体動作の書き起こし手法は、Mondada (2012) を参考にした。

付録
音声会話の書き起こし手法：

(.)	0.1 秒以下のわずかな間
(-----＝0.5)	0.5 秒の間 [8]
(---------＋＝1.0)	1.0 秒の間
?	上昇イントネーション
.	下降イントネーション
:	音声の引き延ばし
.hh	吸気音
＞＜	話速が早い
＜＞	話速が遅い
¥あ¥	笑い声が含まれる
あ	音声的に強調されている
あ-あ-あ	音声が引き延ばされ、つながっているように発せられる
[	重複発話開始
]	重複発話終了

身体動作の書き起こし手法 [9]：

#	ヒムラの身体動作開始位置	（会話参与者ごとに記号を定める）
＋	ソウヤの身体動作開始位置	

例：

06 タバタ： #°お［お：：：°

　　ヒムラ 　#オオノの指差しを追ってパソコンルームを見る---cont.

手話会話の書き起こし手法：

グロス	手話単語。スラッシュで区切って表現。
日本語訳	例えば手話に動詞が現れない場合、補って日本語として成立するように記載(例では「食べる」の動詞が補われている)。
PT1	一人称指示の機能を持つ指差し。
PT2	二人称指示の機能を持つ指差し(その場の誰を指しているのかを括弧書きで明記する(例：PT2(ヤシロ))。
(CL)	CL 表現もしくは CL を含む表現。近年では描写的サイン(Depicting Signs)と呼ばれる傾向にある。
(cont.)	これ以前から開始されている。
-----≫	これ以後も継続されている。
［　］	重複はラベル行に記載する。ラベルの途中にこの記号をおいているが、そもそも日本語で記述されているため、手話として精密な位置を示しているわけではない。重複終了時も必ず記述する。漢字であらわすことによって重複を示せない場合は意図的にひらがな表記する(例：に［く］)

例：

01 タサキ： 　ねえ／質問／韓国／長い／元気(生きる)／に［く／**PT2**(ヤシロ)］

　　　　　　 ねえ，韓国の人が長生きなのは肉を食べてるから？

　　カトリ： 　(cont.)cooking--≫

02 ヤシロ： 　　　　　　　　　　　　　　　 ［同じ同じ／　　　 ］=

　　　　　　 =**PT2**(タサキ)／同じ同じ／

　　　　　　 そうそう，そうよ.

　　カトリ： 　(cont.)cooking-------------≫

視線の書き起こし手法：

視線を記述する目的で、手話単語のグロスとグロスの間に空間が開く場合がある。秒数などが記載されていない限り、これらのラベルは分離されているわけではなく接続されている(例：犬／猫)。

~~	準備：ある場所に固定されていた視線が動いて次の場所に向けられる動き
looks-at-	ストローク：視線がある場所に固定されている状態

例：

01 ヤシロ： 犬／　　　　　　　　　　猫／いる／**PT2**(タサキ)／＝
　　　　　　家で犬とか　　　　　　　　猫とか飼ってるの？
　　カトリ：　　(cont.)cooking--hold-cooking------------------------------->>
　　カトリ-gaze：　~~looks-at-タサキ~~looks-down------------------------------->>

参考文献

Den, Yasuharu., and Kowaki, Tomoko. (2012) Annotation and preliminary analysis of eating activity in multi-party table talk. In Proceedings of the 8th Workshop on Multimodal Corpora: How should multimodal corpora deal with the situation?, pp. 30–33. Istanbul, Turkey.

Egbert, Maria. (1997) Schisming: The collaborative transformation from a single conversation to multiple conversations. *Research and Social Interaction* 30 (1): pp. 1–51.

榎本美香・伝康晴 (2011)「話し手の視線の向け先は次話者になるか」『社会言語科学』14: pp. 97–109.

福島智・坊農真弓 (2015)「盲ろう者がみる世界―情報のインフラからコミュニケーションのインフラへ」『情報処理』56(2): pp. 550–554.

Goffman, Erving. (1963) *Behavior in Public Places: Notes on the Social Organization of Gatherings*. Glencoe: The Free Press. (E・ゴッフマン著・丸木恵祐・本名信行訳 (1980)『集まりの構造―新しい日常行動論を求めて』誠信書房)

Goffman, Erving. (1981). *Forms of Talk*. University of Pennsylvania Press.

Goodwin, Charles. (1981). *Conversational Organization: Interaction Between Speakers and Hearers*. Academic Press.

神田和幸・平山望武・木村勉 (2006)「対話型言語としての手話の言語構造的特徴」『人工知能学会言語・音声理解と対話処理研究会(SIG-SLUD)』47: pp. 71–74.

Kendon, Adam (2004) *Gesture: Visible action as utterance*. Cambridge, U.K: Cambridge University Press.

菊地浩平・坊農真弓 (2013)「相互行為における手話発話を記述するためのアノテーション・文字化手法の提案」『手話学研究』22: pp. 37–61.

Haddington, Pentti., Keisanen, Tiina., Mondada, Lorenza. and Maurice, Nevile. (eds.) (2014) Multiactivity in Social Interaction: Beyond multitasking. John Benjamins Publishing Company.

Mondada, Lorenza. (2012) Garden lessons: embodied action and joint attention in extended sequences; Nasu, H.; Waksler, F.C. (eds.) *Interaction and Everyday Life: Phenomenological and Ethnomethodological Essays in Honor of George Psathas*, pp. 293–311.

Lexington Books.

東山英治・伝康晴・小脇知子（2012）「食事と会話はいかにして両立されるか」『人工知能学会言語・音声理解と対話処理研究会(SIG–SLUD)』65: pp. 49–54.

アフリカ狩猟採集民グイのよもやま話
言語人類学の視点から

菅原和孝

要旨

　雑談とは達成目標をもたないインフォーマルな会話である。南部アフリカ狩猟採集民グイの定住地におけるよもやま話の一事例を分析する。参与者数は5人(女2人+男3人)である。大まかに9つのトピックが区別されたが、本章では2〜7番目だけを検討する。分析から導かれる論点は、チーム編成、物語の長い投射、ゴシップへの熱中、発話を理解する内的な直覚力、同時発話の縺れあいによって達成される相互理解、民族集団間の差異化、直接話法の二重埋めこみ、男性中心的イデオロギーなど多岐にわたる。もっとも重要なことは、何らかの偶発性を触媒にしてトピックは予測不可能な形で推移するということである。偶発と発散こそ雑談のもたらす愉悦の核心である。

1.　狩猟採集社会における雑談─視点と方法

1.1　日常会話での雑談

　本章は、言語人類学の視野から雑談の特性を究明する。基本的な理論は社会学の会話分析という分野から取り入れている。会話分析に深い影響を与えたグライスの「協調の原理」は「会話とは何らかのゴールをめざす活動である」ことを前提にしている (Grice 1975)。〈協調〉とは、ゴール実現に寄与するよう参与者が発話を組織することである。これに対して「雑談」は明確な目的なしに即興でなされるやりとりとみなされる。だが、「午後の講義が始まるまで時間をつぶす」といった緩やかな方向づけもゴールの一種とみなすならば、直感との齟齬は回避される。つまり、局所的な文脈に応じた社交関係の調整にまで会話のゴールを拡張するならば、雑談もまた「協調の原

120　第2部　マルチモダリティと雑談

理」が通用するような日常会話の一タイプとして位置づけることができる。

　この前提に立って、雑談を以下のように定義する。1) インフォーマルな言語的やりとり。2) それ自体は外的な達成目標をもたない。3) ターンの配分・持続やトピックの管理は、既定のプログラムに従うわけではなく、特定の参与者に管理の権限が委ねられているわけでもない。4) トピックは、複数の参与者間の交渉を通じて、予測不可能な形で連続的に推移する。

1.2　グイ・ブッシュマンの社会と日常会話の分析

　近年まで狩猟採集で生計を立ててきた南部アフリカの先住民をブッシュマンと総称する。その言語は牛牧畜民コエコエと共にコイサン諸語に属し、非コエ語とコエ語の二系統に分かれる (Barnard 1992)。対象集団グイは、近縁なガナと共にコエ語系統に属し、ボツワナの中央カラハリ動物保護区内で暮らしてきた (田中 1971, Silberbauer 1981)。1979 年から遠隔地開発計画が施行され、保護区の西の境界に近いカデに定住村が作られた (田中 1994)。1997 年には「再定住計画」が実施に移され、区内の全住民がその外側に作られた村へ移住させられた。人々は政府が配給する救荒食糧に依存し、建設・道路工事への雇い上げを通じて現金経済への依存を強めている (丸山 2010)。私は、1987 年から 1992 年まで 3 次にわたって日常会話の収録と分析を行った (菅原 1998a, b)。本章の資料は 1989 年に収録した日常会話の一場面である。

　過去の遊動生活では離合集散が頻繁で、成員の一定しない居住集団(キャンプ)がつくられた。グイとガナはしばしば同一キャンプに住み、通婚も珍しくないが、言語境界は明瞭に維持されている。ガナのほうがバントゥ系農牧民カラハリ族(テベ tébè)との接触が深かったので、上位集団とみなされがちである。グイとガナはクアという包括名で呼ばれる。テベは 19 世紀ごろ、ヤギ放牧と粗放農業という生業手段を携えて中央カラハリに移入しクアと親分— 子分 関係を結び、後者を種々の労役に利用した(大崎 1996)。

　ブッシュマン社会には明確な性的分業があり、男はもっぱら狩猟に励み女は採集に携わる。肉を獲得する男の力能は男性の強さへの賛仰を育むが、日

常的には男女の関わりはほぼ対等である。グイ／ガナの社会の顕著な特質は
ザークと呼ばれる婚外性関係のネットワークが広範に張りめぐらされている
ことであり（菅原 2002）、男女双方がこの関係を積極的に追求する。

1.3　グイ語についての基本的事項

コイサン諸語は頻繁にクリック吸入音を用いるが、グイ語の場合は、4 種
のクリック（|：歯音,!：歯茎音,ǂ：硬口蓋音,‖：側音）と 13 種の伴奏的特徴（g,
無表記, ʰ, h, ŋ, ʔ, ', q', qχ', χ, qʰ, q, ɢ）が結合し、52 種類のクリック子音を産出
する。また語根の 90％以上を占める 2 音節語根には 6 種の声調が区別され
る（Nakagawa 1996, 中川 2004）。

コエ語系統の統辞の基本構造は主語＋目的語＋述語なので、逐語和訳はほ
ぼ理解可能な日本語の文になる。グイ語の大きな特徴は緻密な人称代名詞で
ある。それは、話者の包含／排除、聞き手の包含／排除、メンバー数（単数
／双数／複数）、性（男性／女性）の 4 次元で構成される。一人称単数が性を
弁別しないことを除けば、完備したパラダイムをなす（中川 1993）。

グイ語では、東北弁の「雪っ子」のように、「子」（|oā）という語が名詞 N
の後につき指小辞の役割を果たす。形容詞的に訳せば「小さい N」である。
エゴ（親族名称の準拠点となる任意の「自己」）の父母の年下のキョウダイは
エゴの「小さい父」「小さい母」と呼ばれるので、日本語の「小父」「小母」
と類似する。これと相互的に、「小父」「小母」にあたる人は、甥／姪のこと
を「子」という語で指示する（Ōno 1996）。

認識人類学の色彩理論によれば、地球上の多様な言語集団は数の異なる色
彩語彙をもっているが、語のレパートリーはある種の「進化系列」に配列す
ることができる（D'Andrade 1995）。グイ語は黒（ŋǂuu）、白（!ʔuu）、赤／茶
（ŋ|ùà）、青／緑（tsχ'āē）、黄（ɟamǂúbī）、灰／薄茶（!ʔam）という 6 つの色彩語
をもつが、黄を意味するギャムウビは小さな陸ガメ（ギャム）の卵巣（ウビ）の
ことである。このように事物の名前で色を表す語は基本色彩語とは認められ
ない。よって、グイ語の基本色彩語の数は 5 つである。

2. よもやま話の概観―参与者・背景知・トピック

2.1 参与者と背景知

　1987年から1989年にかけて私が住んだキャンプPはカデ定住地のはずれにあり、100mほど距離をおいて近い親族が住むキャンプSがあった。PとSを併せた全人口は子ども・幼児も含めれば80人強で、15世帯に分かれるが、うち2世帯は母子で構成されていた（図1）。

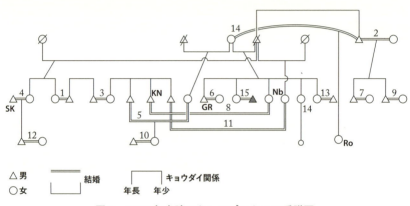

図1　1989年当時のキャンプPとSの系譜図

アラビア数字の1〜15は世帯番号を示す。キャンプPは世帯1、3、4、5、8、10、12、15を含み、キャンプSは世帯2、6、7、9、11、13、14を含む。グレー三角の男はこのキャンプの住人ではない。つまり、世帯15の妻は夫と別居している。また世帯14の世帯主は世帯2の夫の第二夫人であり、亡夫とのあいだにできた4女と同居している。この4女は父親の定かでない娘をもつ。

　分析する会話の収録日時は1989年8月23日8時45分からの996秒（約17分間）である。録音開始時の参与者は、世帯4のシエクエ（SK 55歳）と世帯8のケナーマシ（KN 43歳）＝ノーバ（Nb 35歳）夫妻である。推定年齢は1989年当時のものである。KNは酒に溺れることが目立つが、この場面では、野生植物の球根をすりおろし、その汁を古いヤギ皮にこすりつけてなめしていた。収録開始後1分14秒後に世帯6のゴレ（GR 44歳）が参入した。さらに、7分13秒後にはネローハ（Ro 14歳）がやってきた。

以下の会話の背景をなす事項をまとめておく。男たちは、現金収入を得るために、動物の皮を原材料にして狩猟袋や敷物などを作り、それを町から訪れる民芸品買いあげ NGO に売却する。カデの中心部にはジーゼル・エンジンで水を汲みあげる井戸があり、女たちはポリタンやバケツをもって数日おきに水汲みに行く。グイ／ガナは以前の遊動生活においても犬を猟に使っていたが、定住化以降、犬の個体数は増加傾向にある（池谷 1996）。

2.2　大まかなトピック

会話のトピックの要をなすのは、カデの南東約 100km にあるトメロという土地である。ここから多くの人々がカデを訪れ長期滞在している。世帯 1 と 4 の妻たちは姉妹だが、その上にもう一人姉がいた。彼女は騎馬猟の達人であるガナのギュベと結婚し子どもを 3 人生んだが、私の調査開始より前に病死した。ギュベはトメロ出身のザイと再婚したが、彼女は最近ザイエシ（別名ビェーシ）という男と駆け落ちした。SK の末娘エイコイもトメロ出身のズブーと最近結婚した。ズブーの兄カオは、ザイの妹ブローホと結婚している。ブローホもまたこの会話の前日、ザイエシに誘われトメロに旅立った。

以上を前提としてトピックを大まかにまとめる。ⅰ）昔の暮らしと今の暮らし［ここで GR 登場］、ⅱ）敷物の皮から狩猟袋を作る、ⅲ）Nb が犬に吠えつかれた、ⅳ）ポリタンがよくなくなる、ⅴ）［Ro の登場］ザイの帰還と妹ブローホの出奔、ⅵ）カオも旅立った、ⅶ）オワーバという女のザークに関わる葛藤、ⅷ）ザイの母の引っ越しとズブーの母の感想、ⅸ）昨今の夫婦関係。紙数の制約から、ⅷ）（拙著で分析済み：菅原 1998a）とⅸ）の分析は省略する。次節では、トピック推移の過程で、どのような相互行為が進行したのかを、会話のセグメント（断章）に即して分析する。

3.　よもやま話の継起構造

以下の分析ではターンの継起に顕著な特徴が見られた部分を抜き出す。会

話分析の標準書式が要求する行番号を省略し、添え数字で本文と対応させる。同一話者が長く語りを継続させる部分は、抄訳を二重アングル《 》で括る。

3.1　チーム・選好構造・仲間性

　まず上記のⅱ)「敷物の皮…」というトピックの終末に注目する。KN はヤギ皮をなめして狩猟袋を作ろうとしている。【断章1】までの Nb の発話連鎖：《よそのキャンプを訪れたら、古ぼけた敷物が放置されていた。持ち主の老女が「狩猟袋を１つ作れるよ」と言ってそれをくれたので、夫に渡した。》

【断章1】「あんたは下手だから」

Nb：　あんた、ケナーマシは、ものを作るのが {あんたは下手だからねえ}[1]

SK：　　　　　　　　　　　　　　　　　　{彼の狩猟袋、彼のは良い}

Nb：　昔、人がコムの母〔異父姉〕と結婚したとき、夫は敷物を上手に作って出した。とても大きな狩猟袋も {出して彼女にあげた}[2]

SK：　　　　　　　　　　　　　　　{ンー、大きなのを　}(+++)

Nb：　でも、ものを作ることをあんたは億劫がるから、彼女の所から私はあんたのものを拾って持ってくるのよ[3]

SK　　アハーッ〔感嘆を表す間投詞〕《以下【断章2】へ続く》

　日常会話への参与者はしばしば異なるチームの一員としてふるまう(Goodwin 1981)。チーム内メンバーは特定の情報を共有し、やりとりの作法に関わる黙契(作業合意)に従う(ゴッフマン 1974)。夫婦はもっとも典型的なチームである。2.1 でふれたように、定住化以降 KN は酒を求めて方々のキャンプを渡り歩いている。夫の怠惰に妻が不平をこぼし夫はばつが悪そうに黙りこむというパターンはこの「夫婦チーム」にお決まりの「言語ゲーム」(ウィトゲンシュタイン 1976)として定着している。

　①Nb の発言「あんたは下手だから」にオーバーラップして SK が KN へ

の肯定的評価を表明することは、モアマンがタイ農村で報告したあたかも「ピンポイント爆撃」するかのような単発的な同時発話の事例と構造的に類似している（Moerman 1988）。しかも、SK の発話は会話分析の理論である「選好構造」が予想するところと一致する。先行話者の発話が後続話者の発話形式を強く制限するとき、2 つのターンは「隣接対」をなす。〈評価〉という言語行為に時間的に隣接する「対の第 2 部分」（2ndPP）には〈同意〉／〈不同意〉という 2 つの選択肢があるが、社会的に選好されるのは〈同意〉である。だが、「対の第 1 部分」（1stPP）が〈自己卑下〉ならば、《相手をけなすことを回避する》という制限が働くので、2ndPP では〈不同意〉が選好される（Pomerantz 1984）。わたしは「仲間性の投網」という考え方によって選好構造理論を批判した。{話者 = Nb、聞き手 = SK、言及対象 = KN} という三項関係において、聞き手は {話者、言及対象} のペアにもっとも強い仲間性を投網するので、言及対象に関わる話者のネガティブな評価を「上方修正」した値に協調姿勢を接続することによって自分の発話（2ndPP）を組織するのである（菅原 2002）。

②Nb の異父姉は KN の異父兄 TS と結婚している（世帯 5）。TS は卓越した弓矢猟の名手であり人望が篤い。TS と夫 KN を比較することが、KN に打撃を与えることを Nb は知っている。TS は姉「コムの母」と結婚するとき、その父母にたくさんの婚資（立派な敷物や大きな狩猟袋）を払った。SK は協調的な同時発話[1]によってその狩猟袋が大きかったことを追認している。

③Nb は追い討ちをかけるように夫が「ものを作ることを億劫がる」という身も蓋もない批判をする。①では夫の「顔」を立てることを志向していた SK も、ここに至ると、曖昧な感嘆詞を発するしかなかっただろう。

3.2　偶発性を契機とする長い投射

以下は【断章 1】に連続する長いシークエンスである。

【断章2】「吠えて、吠えて、吠えた」

KN： 水はどこにある？　おれは手を洗いたいもんだ[4]

Nb： そこでとっくに水溜まりになってるわ。私はそれを汲んできたのに、
　　　犬たちがそれを台無しにしたわ。(-)あれまあ、ビー〔歳の離れた
　　　妹：世帯13〕たち〔男女二人：若夫婦〕の犬〔雌〕ときたら！[5]　本
　　　当に彼女〔犬〕は私を警戒した。私を警戒し、あそこの遠くに寝そ
　　　べって、そして→

→　　 ｛私を見た。私は遠くを通ったのに　　　　　｝

SK： ｛あの--あの--出産したやつ〔雌〕か？[6]　　｝

Nb： そうよ。で。遠くに｛遠くにいた　　　　　　　　　　　　｝

SK：　　　　　　　　　　｛かれらは、彼女は良いと言ってたがなあ｝[7]

Nb： いいえ、遠くにいれば、そんなことをあんたたちは言えるのよ。
　　　子どもたち〔雄〕｛が(-)私に向かって　　　｝泣いたのよ。

KN：　　　　　　　　　｛犬は--犬は--人々を殺す｝[8]

Nb： 私が通り過ぎたときに。そのときおまえ〔女〕は思ったんでしょう。
　　　私が子ども〔男〕を捕まえると彼〔仔犬〕が言っていると思った。
　　　で、どうやら寝そべって私を見ているようだったから、私はずっと遠
　　　くのほうにいたのに、彼女は、彼女は、彼女は、吠えないで警戒し
　　　て、私に、で、で、で、で、走ってきて、で、で、で、で、立ちどま
　　　って、踏んばって止まって、で、で、で、で、怒りだした、そして
　　　吠えて、吠えて、吠えた[9]

SK： ハイッ！〔驚きを表す間投詞〕

Nb： 雄たちも皆いっせいに駆けつけて、で、で、で、で、かれらは、かれらは
　　　｛集まった、私の周りに｝

SK： ｛あ--あの--あいつら--｝茶色い雄犬には、おれは気をつけている[10]

Nb： 私はかれらをシッシッと、私はかれらをシッシッと、私はかれらを
　　　シッシッと、｛私はかれらをシッシッと、私はかれらを｝シッシッと
　　　追った

SK：　　　　　　｛シッシッ！　シッシッ！　　　　　　　　　｝[11]《以下略》

④「手を洗いたい」と言って水を要求する KN の発語内行為は、妻 Nb の〈批判〉に対する〈弁明〉として働いている（オースティン 1979）。怠け者と詰る妻に対して「こんなに手を汚して働いている」とアピールしているのかもしれない。この KN の発話が契機となって、Nb の長い語りを誘発した。

⑤ Nb の発話連鎖には飛躍がある。彼女が汲んできた水の入ったポリタンはこのキャンプの犬たちによって押し倒され、水は全部こぼれていた。だが、彼女は水を汲みに行こうとしたときにキャンプ S の犬たちに吠えつかれたことへ連想を走らせた。Nb には歳の離れた妹ビーがいる。ビーたち若夫婦が飼っている犬たちが何かとトラブルを引きおこしているのである。

⑥ SK は〈質問〉という優先的に相手の応答を要求する発話（Sacks et al. 1974）を、同時発話によって実行している。同時発話の最中でも自分のことばは聞かれているはずだという期待がグイの相互行為のハビトゥスに深く浸透しているのである（Sugawara 2012）。実際、Nb は即座に肯定の応答を返している。

⑦ SK は Nb の報告と矛盾するキャンプ S の住人たちの見解を引用し疑義を呈する。すかさず Nb は反駁する。Nb が犬にまつわる経験を語り出すことによって、「夫婦チーム」対「他チーム」間の交渉という参与構造は影をひそめる。⑧ KN は、「人々が犬に悩まされる」という一般論の言表によって語り手に賛同することへと相互行為の立ち位置を切り換えた（Goffman 1981）。

⑨ Nb の長い発話ターンでは、グイ語に特有な韻律構造によって、一種の音楽性が醸し出されている。「で、で、で、で、」は "yá, yá, yá, yá" という連接辞の反復であり、「吠えて、吠えて、吠えた」は "buu yá buu yá buu" である。

⑩他の参与者が提起したトピックに自らの発話を転轍するさまざまな方策がある。ここで SK はいわば「接線的」な応答をしている。同時発話しながら、Nb に吠えついた雌犬とは別の「茶色い雄犬」を自分は警戒していると言う。Nb はそれに応答せず語りを続行する。ここでも、反復による音楽的効果が際立つ。"cirē yá ʔànā kàìté"（私は・で〔連接〕・かれら［男女複数］

に・シッシッと言う）という文が5回も繰り返されている。SKの「接線的応答」をNbの語りから関心を逸らす立ち位置変更とみなす必要はない。彼は⑥で「出産した雌犬」を同定したときと同様、キャンプSの犬たちについてもっている知識を開示することによって、Nbの体験のリアリティを補強しているといえる。

⑪「シッシッ」（カイテ！）という語の見事なユニゾンこそ、相互行為の偶発性を如実に示す。SKは、この場に近づいてきた現実の犬を追い払おうとしているのである。このような「無意味な」斉唱が参与者自身にとって共有体験（一体感）として知覚されるのかどうかは分析者にはわからない。

このシークエンス全体を理解するうえでもっとも核心的な意味をもつ概念が〈投射〉である。会話分析の根幹をなすのは「順番どりシステム」の理論である。順番（ターン）とは同一話者の音声の連続といった外的な基準で定義することはできず、その構成ユニットは「可能な完結の投射」である（Sacks et al.1974）。KNの「水をくれ」という要求に対するNbの応答は「水はない」という拒絶であった。だが、彼女は、その水を汲むために彼女がくぐり抜けた労苦を語るという長い完結可能性の投射を行ったのである。【断章2】の長い語りでさえも、真の完結に至るには不充分だった。いくつかのターン交替のあと、彼女は、なぜ住人が出払っている隣のキャンプに行くことを思い立ったかという遡及的な説明を始めたのである。《私は昨日粥を煮て子どもたちに食べさせた。そのとき2箇のポリタンに水を汲んであったが、それがなくなったらどうしようと思った。それで、この空になった大きいポリタンとあちらのキャンプにある小さいのを取って、もう一度水汲みに行こうと思い立ち、隣のキャンプへ行ったら、ああなった。》この説明にSKが相づちをうったことによってやっとNbの物語は終わった。そのあと生じた約3秒の沈黙はこのトピックに一区切りがついたことを如実に示している。

3.3　ゴシップの推移

3.3.1　出奔した女

Roが登場してから、このよもやま話はがらりと方向性を変える。もっぱ

ら Ro が主導役を果たすことによって、大きく分ければ3種類のゴシップが次々と語られる。トピックiv)「ポリタンがよくなくなる」から1番目のゴシップはごく自然に導かれた。以下で言及されるホークワは GR の妻である。

【断章3】「ブローホは立ち去った」
《Ro 鼻歌まじりでこの場にやってくる》
Nb： ポリタンっ子を人々は持って行ってしまう。あれま、ポリタンっ子を
　　　あんたたちは {私のを取ってなくなり、私は(……)}
Ro：　　　　　　　　　　{ホークワたちのポリタンっ子2つよ} ポリタンっ子
KN： だれたちのだって？
Nb： ホークワたちの、あの {なくして、なくなったやつ}
SK：　　　　　　　　　　　{ああ、なくしたやつ　　　　}
Ro： うん
SK： いろんなものが {なくなってしまう}
Ro：　　　　　　　　{どこで？　　　　　}
Nb： あの子、あの--もう1人の子が取った。ザイの子の {年上のほう　　　　}
Ro：　　　　　　　　　　　　　　　　　　　　　　　{ナカリシーラ？}
Nb： そうよ(-)そして「もう1人のツァ-」が2つを持って行き、遠くに置
　　　いて火を熾した①。(++)《Ro 歌をうたっている》
Nb： 彼女は母が逃げて行ったってしゃべったそうよ(++)《Ro うたう》
Nb： {ビェーシとね}
GR： {(…………)　} どこへ逃げたって？
Ro： {ザイはいるわよ！}②
KN： {(……)ザイは　　} いる。おれは {あそこで(……)ありゃ？　}
Nb：　　　　　　　　　　　　　　{ザイじゃないわ。えーと…} ＝
Ro： ＝ブローホのことを {いましゃべってるのよ}
Nb：　　　　　　　　　{小さい母よ　　　　　} {ザイの妹　　　　　}③
Ro：　　　　　　　　　　　　　　　　　　{そうよ、ブローホが}

立ち去ったのよ(+)《以下の【断章4】に続く》

①「ザイの子の年上のほう」つまりナカリシーラがポリタンを借りにきたが、そのまま紛失しまった。さらに「もう1人のツァー」が別のポリタン2つを持って行き、どこか遠くのほうで焚き火を熾したが、これらのポリタンも行方不明になった。略称「ツァー」で指示される子どもはGRの長女(約9歳)ツァートアホのことだが、「もう1人のツァー」がだれかは不明である。②はいったん保留し③に注目する。「ザイの子」と呼ばれるナカリシーラはザイの実の子ではなく、彼女の妹ブローホの子である。ここには1.3で述べたグイの類別的親族名称が関与している。ナカリシーラという娘は①の前ではNbによって「ザイの類別的な子」として指示された。だが、①の直後では、《母ブローホがその姉の愛人ザイエシ(別名ビェーシ)に誘われて出奔した》ことをこの子がだれかにしゃべったことが報告されている。② Roはザイエシと何ヶ月か前に駆け落ちしたギュベの妻ザイが最近また定住地に帰ってきていることを得意げに皆に知らせた。このニュースはKNも知っていた。彼は「あそこで」彼女を見かけたと言おうとしたが、自分が続けていた作業のなかで何か不都合が起こり、「ありゃ?」(kàē)と「反応叫び」(Goffman 1981)を発したのである。以下は【断章3】に連続する部分である。

【断章4】

SK： どこへ ｛行ったんだ？　　　｝

Ro： 　　　　｛あのね、ビールを｝｛ね、ほら｝

KN： 　　　　　　　　　　　　｛夫は昨日｝ ＝

Nb： ＝あそこに、そこに入ってすわって、それから夫は昨日私とすれ違ったけど、何か独りでしゃべってたわ

SK： ビェーシの ｛やつが(……)｝

Ro： 　　　　　｛あのビールの｝ 長い瓶を、ザイエシは ｛それを　　｝ →

KN： 　　　　　　　　　　　　　　　　　　　　　　　　　｛取った？｝

Ro： →かれら〔男女 2 人〕は昨日ビールをたくさん飲んだそうよ。彼が
　　　ビールをそのとき買ったそうよ。かれら〔男女 2 人〕はビールを 1
　　　本だけ出して、彼にやって　{（……）立ち去った（……）　　}

Nb：　　　　　　　　　　　　　　{彼はそれで昨日酔ってたわけよ}

SK：《笑》

Nb： かれら〔男女 2 人〕は {食器を［車に］入れたそうよ} →

SK：　　　　　　　　　{なんと！アハハハハ《笑》　}

Nb： それで［別の］{食器は人にあげて、そうして} あのブローホの→

SK：　　　　　{なんとそんなことを！　　}

Nb： →家っ子の前で、そうしてノーコの父とダオコの父が言った、「おま
　　　え、ガムの父よ、おまえが行って彼らがいったい何を言ってるのかを
　　　{聞け}

SK： {聞け}

Nb： そしてあの男はせかせかと彼は {急ぎ足で行った}

KN：　　　　　　　　　　　　　{そこを　　　　} かれら〔男女 2 人〕
　　　は--ここをかれらは {ここを　　} 通り過ぎて行ったんじゃないか？

Nb：　　　　　　　{彼は行った}

Nb： (-)かれらはものを［車に］積んで行った＝

Ro： ＝それでね、あそこのローフォに、人に金を配るローフォに行ってか
　　　ら、女は行ったのよ、昨日。

Nb： ケナーマシよ！《後略》

　発話の順を追って説明する。ブローホの夫カオは昨日酒場に入りびたって
いた。そのあと酔って何か独り言を言いながら歩いている彼と Nb はすれ
違った。Ro の情報によれば、妻ブローホはザイエシと一緒にこの酒場に来
てしこたまビールを飲んだばかりか、ザイエシはビール 1 本をカオに奢っ
てやった。そしてかれら 2 人がヒッチハイクした車をブローホの家の前に
つけさせて食器類を車に積みこみ、余った食器はその場にいた人にあげた。
このニュースは隣のキャンプ S に住む Nb の母の再婚相手「ノーコの父」

132　第2部　マルチモダリティと雑談

（ノーコは第一夫人とのあいだに生まれた末娘で、Ro の腹ちがいの姉にあたる）や彼の息子の妻ダオコの父（彼はガナで定住地随一のヤギ所有者である）の耳に入った[2]。この当時、彼らのもとをトメロ出身の「ガムの父」（本名ツァレ）という老人が足繁く訪ねてきていた。彼ら2人はツァレをせき立てて様子を聞きに行かせた。Nb はこの老人が日ごろ猫背でせかせか歩くさまを叙述に取りこんでいる。そのあとの KN の発話はこの会話の継起構造を理解するうえできわめて重要である。この発話文では時制標識が欠落しているが、「今朝このキャンプの近くを通って行ったのはかれらではなかったか？」と KN は尋ねているのである。だが、Ro が得た情報によれば、かれらは人々に雇い上げ賃金が払われる遠隔地開発局の事務所（ローフォは英語のルーフ〔屋根〕の訛り）に昨日立ち寄ってからすぐさま出発した。これを聞いた Nb は保留していた夫 KN の疑問への応答を実行した（最終行）。すなわち「ケナーマシよ！（夫への呼びかけ）あんたはかれらが今朝このキャンプのそばを通ったって言うけど、それは間違いよ」と伝えているのである。なぜここで Nb が夫の名を呼んだのか、私には皆目わからなかったが、この会話場にいなかった調査助手は録音の再生を聞いただけで即座に理解した。調査者が現地語にどれほど精通しても、会話のなかに刻一刻と現成する錯綜したサンス（意味＝感覚＝方向づけ）[3] を人々が感得する内的な直覚力と調査者の外的な理解とのあいだに横たわる懸隔を埋めることは途方もなく困難である。

3.3.2　民族境界の照射・同時発話内の認知・識別限界

　トピックの区分でいうと vi)「カオとその弟ズブウの動静」が、【断章 5】のあとに続くが、この前半は大幅に省略する。要するに、カオは自分もトメロに帰る気になったが、弟のズブウにはカデに残るよう告げたのである。以下にトピック vi) が終了にさしかかった部分だけを示す。

【断章 5】返されなかった鋏

KN：　彼はあいつを持ってきたか？　鋏を①

Nb： 「彼はあいつを持ってきたか？」彼は逃げて行っちまった[2]

Ro： あ--あそこ、{ほら、あそこで}

Nb：　　　　　　　　{彼女は何もかも}昨日彼女は忘れて行った[3]

Ro： {ほら、あそこで、私は--}私はあの娘を見なかった

Nb： {(…………)　　　　　　　}

GR： その鋏で何をするつもりだったんだ？[4]

Nb： 彼は昨日あんたたち〔男女複数〕の娘［の髪］をかれら〔男女2人〕
は剃ったそうよ[5]

Ro： ザイエシのめとった女たちが{鋏をクアから借りるなんてね}[6]

SK：　　　　　　　　　　　　{それで--それで--　　　}あんた
たちのを取ったのか？

Nb： 私のを取った、{あの小さい感じの、}{うん、それはね青いのよ}[7]

Ro：　　　　　　　{そう、小さいやつよ}{青い鋏よ、　　　ええ}そ
いつはグリーンよ(+)《以下略》

　カオとブローホ夫妻は以前ノーバから鋏を借りた。①ケナーマシは、トメ
ロへ去ったカオがそれを返したのか気にしている。②ノーバは夫の問いをそ
のまま復唱している。これは明らかな反語表現であり「返すわけないで
しょ」という含みをもつ。③カオの妻ブローホが昨日あわただしく立ち去っ
たとき何もかも忘れたから、当然、鋏を返すのも忘れたと彼女は匂わす。④
鋏の用途に関するGRの質問へのNbの返答⑤は代名詞の用法が不可解であ
る。カオ＝ブローホ夫婦の子どもの髪を散髪したのなら「かれら〔男女2
人〕の娘」となるべきだが、「あんたたち」という通性複数二人称を使って
いる。

　⑥Roの発話は、民族カテゴリーについて考えるうえで重要である。ザイ
エシはクアよりもずっと裕福なテベである。そのテベがめとった女たちが貧
しいクアから鋏を借りてしかもそれを返さないことの不条理にRoは嘆息を
洩らしている。このような何気ない発話においてさえ、クアとテベを差異化
する「カテゴリー化装置」(Sacks 1986)が起動しているのである。

⑦ Nb と Ro の長い同時発話では、2人のあいだで即時になされる相手の発話への理解が精妙にもつれあっている。Nb が「小さい感じの」と言い出したとき Ro は Nb が言いたいことを瞬時に予想し、「そう」と肯定し、「小さい」をユニゾンしている。それを Nb は「うん」と肯定する。同時に Ro は「青い鋏」という知識を付加し、瞬時に聞き取った Nb は「青い」を復唱し、Ro はそれを即座に追認した。さらに Ro は「グリーン」(*kùriŋɪ*) という訛った英語の形容詞をつけ加えた。これは興味ぶかい修飾化 (qualification) である。1.3 で示したようにグイ語では青と緑はともにツァエという語で表される。Ro は色彩に関わるグイ語の識別限界に気づいていたからこそ、外来語を動員して鋏の色をより正確に表現しようとしたのである。

3.3.3 直接話法の埋めこみ・イデオロギー・登場人物の同定

大まかに区分されたトピック vi)「カオとその弟ズブウの動静」とトピック vii)「オワーバの葛藤」とのあいだには、この会話場を取り巻く環境に生じた偶発的事象に起因する断絶がある。Nb の下から二番目の女の子(2歳)が付近の砂の上にしゃがみこんで大便をしたので、Nb はこのあたりで遊んでいる年上の子どもたちに「彼女の肛門を拭いて!」と何度も呼びかけたのである。結局、この子の肛門が清潔にされたのかどうかは不明である。トピック vii)の中核は Ro の独演によって成り立っているので、その要約を示す。

《あの人〔オワーバという女〕は怒って泣いたそうよ。恋しがって言ったそうよ。「リッペヤは私を欺さないで。彼は私をめとったなどと言って。メーケビが前に私をめとった。けれど、メーケビはきっとリッペヤを嫉妬する。彼はきっとメーケビに話すだろう。『この女はすべての人の女だ。神霊(ガマ)が彼女たちを造ったのだから。』そんなことを言うなら、どうしてリッペヤは最近私を避けるのか。私たち〔男女2人〕はきょう〔つい最近の意〕出会ったというのに。」女の赤ちゃんを寝かせつけながらこう言った。》

Ro の芝居がかった独演には独特な修辞的方策が見られる。〈直接話法の二重埋めこみ〉である。Ro が耳にしたオワーバの発話は「　」内に示されて

いる。オワーバが想定した、現在の恋人リッペヤが彼女の前夫メーケビに言うであろうことばが『　』で括られている。もうひとつ注意すべきは、女の視点からグイの男性中心的なイデオロギーが語られているということである。神霊（ガマ）とは造物主であると同時に、悪霊として病や災厄を引きおこす両義的な超越者である（菅原 2012）。「あいつみたいな淫乱女は悪霊が造った」と女の恋人が言うはずだと仮定されているのである。このあと会話は、オワーバという女を同定するという課題をめぐって進行する。

【断章6】「背の高い女」

Nb：　だれが？　だ--だれが昨日？

Ro：　メーケビの［妻］よ、オワーバが昨日［言ったのよ］

Nb：　オワーバ？

SK：　うん

Nb：　オワーバ？　なるほど！

Ro：　ほらメーケビがめとった女の人が言ったのよ

Nb：　ああそう

Ro：　あの背の高い女の人よ

Nb：　前にカオホ〔SK の次男カオトアホの略称〕に話しかけていた人だわ

SK：　うん

Nb：　えーと女たちが {すわって、すわって}

SK：　　　　　　　　　　 {大きくて背の高い女}

Ro：　そうよ

Nb：　ほらあんたたち〔女2人〕が小さい赤ちゃんを {背負っていたとき}

SK：　　　　　　　　　　　　　　　　 {あれ、どこで　 }

　　　おれはいったい彼女を？

Nb：　ずっと前によ

Ro：　飲む {所でしょ}

SK：　　 {飲む所　} でおれは {彼女を見た　　 }

Ro：　　　　　　　　　　　　 {ええ　　　　　 }

Nb：　　　　　　　　　　　{あら、男の子を} もう 1 人産んだ女の人
　　　じゃない？
Ro：　女の赤ちゃんを彼女は産んだわ
SK：　女の {赤ちゃん　　　}
Nb：　　　{えーと、あら} 男の子をもう 1 人、前に産んだって言ってたわ
Ro：　それは別の人でしょ
Nb：　そんな！　えーと、あんたたち〔女 2 人〕が彼ら〔2 人〕をおぶ--お
　　　ぶっていたとき、「どれがあなたの子？」って訊かれたわ 《後略》

　ここで私たちの民俗概念である「ゴシップ」について反省をくわえる。日常生活で私たちをもっとも熱中させるのは、会話への参与者たちすべての共通の知人に関わる噂話である。とくにホットなトピックになるのがその知人の性生活／性関係に関わる物語である。ここで記述したゴシップにもそれがあてはまる。だが、近年のグイの社会生活を彩る特異な条件がある。それこそは大きな村における定住生活である。20 世紀後半の狩猟採集民研究の礎をなした論文集の序論でリーとドゥヴォアは狩猟採集社会のマジックナンバーについて論じている。狩猟採集民としてのエゴが共時的に共住する可能性がある人数は約 50 人であり、生涯を通じて関わりをもつ他者の累積数は約 500 人だというのである (Lee & DeVore 1968)。だが、カデ定住地には、南東のトメロや北東のギョムをはじめとする他地域から、多くの人々が流入してきていた。かれらのなかにはコイサン語とかけ離れたツワナ語を話すテベまでもが含まれている。耳に入ってくる噂話の登場人物を会話者のだれかが知らないという事態が生じる。このとき会話者たちは登場人物 X を同定することへ促される。自分が具体的な場面で出会った「あの人」が X だったのだという納得によって X を「顔の見える知人」へと変換しようとするのである。

4. 雑談、発散と偶発の愉悦―討論

まず、本章で例証した、会話分析とも語用論とも異なる言語人類学的な分析の特徴をまとめよう。異文化において日常会話の一断片を理解することは、民族誌的な知識の詳細を芋蔓式にたぐり寄せることによってはじめて可能になる。逆に、その一断片を隅々まで了解することによって、新しい民族誌的な知識がもたらされることが珍しくない。私は、日常会話の分析によって、食物規制や狂気といった底知れぬ領域に目を啓かされた（菅原 1998a）。その意味で、日常会話を分析することと民族誌記述を深めることとは、互いが互いを制作する循環の関係に置かれているのである。

つぎに本章の分析では大ざっぱに把握した会話のトピックについて検討しなおそう。串田秀也の一連の論攷は、「何かについての話」というトピックの素朴な定義から訣別し、その推移を徹底的にターンの継起構造のなかに据えて捉えようとした点で画期的なものであった（串田 1994, 1997）。だが、トピックの意味論的な把握を完全に消去することは、厚みある民族誌記述とは両立しがたい。私は、トピック・フレームの拘束力（それは文化によってさまざまだ）を想定したうえで、ある参与者が自己中心的な連関性を追求することが、先行するフレームを新しいフレームに転換させると論じた（菅原 1997）。グイの日常会話の大きな部分を占める〈出来事の再現〉という言語活動を手がかりにして、トピック境界を同定する別の方法を提案する。ゴシップとは再現される出来事の典型である。ある発話「u」に後続する発話連鎖がなんらかの出来事を叙述するとき、その主要な〈登場者〉として、「u」より以前には言及されなかった存在者（人・動物・物）が（しばしば反復して）言及されるならば、「u」を境界にして新しいトピックが始まったと判定することができる。「水はどこにある……」という KN の発話を境目にして「犬」への言及が爆発的に増加したことによって、私たちは「人に吠えつく性悪な犬たち」を主要登場者とするトピックを直感しえたのである。

雑談あるいはよもやま話というテーマを本章の発見に沿って論じなおしてみよう。分析から明らかなように、雑談という出来事の全体を理解しようと

138 第2部 マルチモダリティと雑談

するかぎりにおいて単一の理論枠を設定することは不可能である。会話における チーム編成、物語の長い投射、ゴシップへの熱中、発話を理解する内的な直覚力、同時発話の縺れあいのさなかに達成される相互理解、民族集団間の差異化、母語に内在する識別限界を外来語によって修飾化すること、長い語りにおける直接話法の二重埋めこみ、男性中心的イデオロギー、等々、取り上げた論点は無節操なまでに拡散した。だが、それは、分析者に周到な構想力が欠如していたためではない(と思いたい)。この発散的性質こそが雑談を日常会話の独特な一圏域としているのである。

　なかでも強調しなければならないことは、ある発話や四囲の環境から押し寄せる事柄(たとえば幼児の脱糞)が、トピックの変換を偶発的に促すということである。トピックの予測不可能な推移を経験することこそ、雑談に漲るささやかな愉悦の核である。同時に、物語に熱中する語り手がある語やフレーズを反復することから音楽的効果が醸し出されることは、グイ語会話だけに限られる現象ではないだろう。私たちが会話分析者の目で漱石の『明暗』を読むときもっとも衝撃を受けるのは、延子が夫の親族たちとの会話の場に臨む前にその展開をシミュレートし、自分が主導権を取るべくあれこれ策略をめぐらすという描写である。延子こそは、相互行為から偶発性を排除することによって他者を操作しようとする「草の根権力」の申し子である。

　前述した雑談に特有な愉悦や音楽性が「美学」の名に値するかどうかは、私にはわからない。だが、少なくとも、雑談の発散と偶発に全面的に身を委ねるかぎりにおいて、〈社交する身体〉は互いに対等であり、プチ権力の呪縛から一瞬にせよ離脱しているのである[4]。

注

1　同時発話はグイの日常会話分析のもっとも重要な主題である。それは文脈的な特性に応じて、協調的／対立的／並行的という3つのタイプに分類される(菅原 1998b, Sugawara 2012)。

2　グイにはテクノニミー(子の名Xを織りこんで親を「Xの父／母」と呼ぶこと)の

慣習があるが、ふつうテクノニムに使われる子の名は性別／生死の別にかかわりなく、その個人が初めてもった長子の名である。ここで長子以外の子の名が使われているのは異例である。「ノーコの父」はふつう「クアシ（青年期に病死した長男）の父」と呼ばれている。

3　メルロ＝ポンティ（1974）は仏語の *sens* が「意味」「感覚」「方向づけ」という 3 通りの語義をもつことに繰り返し注目している。

4　この部分はフーコー（1986）の権力論から示唆を受けている。

転写記号

転写記号は以下のとおりである。

--：言いよどみ／言い直し

{　}：同時発話

(-)約 0.5 秒の沈黙

(+)：約 1 秒の沈黙

＝：ターンが隙間なく連続する

(……)：聞き取れない部分

〔　〕：著者の補足説明

《　》：発話以外のふるまいや編集に関わる注釈

参考文献

オースティン，ジョン　坂本百大訳（1979）『言語と行為』大修館書店.

Barnard, Alan（1992）*Hunters and Herders of Southern Africa: A comparative ethnography of the Khoisan peoples.* Cambridge: Cambridge University Press.

D'Andrade, Roy（1995）*The Development of Cognitive Anthropology.* Cambridge: Cambridge University Press.

フーコー，ミシェル　渡辺守章訳（1986）『性の歴史 I ―知への意志』新潮社

ゴッフマン，アーヴィング　石黒毅（1974）『行為と演技―日常生活における自己呈示』誠信書房

Goffman, Erving（1981）*Forms of Talk.* Philadelphia: University of Pennsylvania Press.

Goodwin, Charles（1981）*Conversational Organization: Interaction between speakers and hearers.* New York: Academic Press.

Grice, Paul H. (1975) Logic and Conversation. In P. Cole and J. L. Morgan（eds.）*Syntax and Semantics（Speech Acts Vol. 3）*, pp. 41–58. New York: Academic Press.

池谷和信（1996）「生業狩猟から商業狩猟へ―狩猟採集民ブッシュマンの文化変容」田中二郎他編『続自然社会の人類学』pp. 21–49．アカデミア出版会.

串田秀也（1994）「会話におけるトピック推移の装置系」『現代社会理論研究』4: pp. 119–138.

串田秀也（1997）「会話のトピックはいかにつくられていくか」谷泰編『コミュニケーションの自然誌』pp. 173–212. 新曜社

Lee, Richard B. and Irven DeVore (1968) Problems in the Study of Hunters and Gatherers. R. B. Lee and I. DeVore (eds.), *Man the Hunter*, pp. 3–20. Chicago: Aldine.

丸山淳子（2010）『変化を生きぬくブッシュマン―開発政策と先住民運動のはざまで』世界思想社

メルロ＝ポンティ, モーリス　竹内芳郎・木田元・宮本忠雄訳（1974）『知覚の現象学2』みすず書房

Moerman, Michael (1988) *Talking Culture: Ethnography and conversation analysis*. Philadelphia: University of Pennsylvania Press.

中川裕（1993）「グイ語調査初期報告」『アジア・アフリカ文法研究』22: pp. 55–92.

Nakagawa, Hiroshi (1996) An outline of |Gui phonology. *African Study Monographs, Supplementary Issu*e 22: pp. 101–124.

中川裕（2004）「グイ語の正書法改訂案」『東京外国語大学論集』67: pp. 125–130.

Ōno, Hitom (1996) An ethnosemantic analysis of |Gui relationship terminology. *African Study Monographs, Supplementary Issue* 22: pp 125–143.

大崎雅一（1996）「歴史的観点から見た |Gwi と ||Gana ブッシュマンの現状―セントラル・カラハリの事例より」『民族学研究』61(2): pp. 263–276.

Pomerantz, Anita (1984) Agreeing and disagreeing with assessments: Some features of preferred/dispreferred turn shapes. In J. M. Atkinson and J. Heritage (eds.) *Structure of Social Action: Studies in conversation analysis*, pp. 57–101. Cambridge: Cambridge University Press.

Sacks, Harvey (1986) On the analyzability of stories by children. In J. J. Gumperz and D. Hymes (eds.) *Directions in Sociolinguistics*, pp. 325–345. Oxford: Blackwell.

Sacks, Harvey, Emanuelle A. Scegloff and Gail Jeferson (1974) A simplest systematics for the organization of turn-taking system for communication. *Language* 50: pp. 696–735.

Silberbauer, George B. (1981) *Hunter and Habitat in the Central Kalahari Desert*. Cambridge: Cambridge University Press.

菅原和孝（1997）「会話における連関性の分岐―民族誌と相互行為論のはざまで」谷泰編『コミュニケーションの自然誌』pp. 213–246. 新曜社

菅原和孝（1998a）『語る身体の民族誌―ブッシュマンの生活世界I』京都大学学術出版会

菅原和孝(1998b)『会話の人類学―ブッシュマンの生活世界 2』京都大学学術出版会
菅原和孝(2002)『感情の猿＝人』弘文堂
菅原和孝(2012)「動物と人間の接触領域における不可視の作用主―狩猟採集民グイの
　　　談話分析から」『Contact Zone コンタクト・ゾーン』5: pp. 19–61.
Sugawara, Kazuyoshi (2012) Interactive significance of simultaneous discourse or overlap in
　　　everyday conversations among |Gui former foragers. *Journal of Pragmatics* 44: pp.
　　　577–618.
田中二郎(1971)『ブッシュマン―生態人類学的研究』思索社
田中二郎(1994)『最後の狩猟採集民―歴史の流れとブッシュマン』どうぶつ社
ウィトゲンシュタイン,ルードウィッヒ　藤本隆志訳(1976)『哲学探究』大修館書店.

第 3 部

関係性構築のための雑談

―親しさと繋がりをつくる―

評価の対立による対人関係の構築
友人同士の雑談の分析

筒井佐代

要旨

　本章では、友人同士の雑談において映画や小説などの作品に対する評価が対立している事例、特に、相手と異なると見込まれる評価を表明することによってあえて対立を引き起こしている事例を取り上げる。雑談という対人関係の構築に関わる会話において、評価の対立は良好な関係を損ないかねない行為であるが、会話参加者が対立しても話題を変えず、明示的に対立すると同時に和やかさに志向するという相反する性質を合わせもったやりとりを行い、対立の時間を長引かせずに合意形成することで、対立を和やかな雑談の一部として扱い、雑談を続けていく過程を見る。また、評価の対立から合意に至るまでの一連の相互行為が雑談における遊びとして捉えられることを指摘する。

1.　はじめに

　本章では、雑談における評価の対立の事例を取り上げ、対立という対人関係に支障を来す恐れのあるやりとりが行われる方法を観察することによって、雑談の一環として行われる対立のやりとりが会話参加者の対人関係の構築にどのように関わるのかについて考察する。

　雑談は、言語の交感的な機能（Malinowski 1927）に象徴されるように、対人関係の構築に重要な役割を果たす会話であると言われる。雑談の中で対立が起こると、対立の仕方によっては良好な関係が損なわれる恐れがあるため、会話参加者は様々な言語的・非言語的・パラ言語的手段を用いて対立を緩和しようとする（大津 2001, 木山 2005 など）。しかし一方で、軽い批判やからかいは親しい関係の確認となり（Nakayama 2008）、また対立を遊びとし

て行うことによって親密な関係を構築する（大津 2004）こともあるなど、対立には対人関係を良好にすることに関わる側面も認められる。このことは、雑談における対立が対人関係にとって肯定的あるいは否定的な影響を与えると一義的に決まっているわけではないということを物語っており、会話参加者の関係や雑談の場、話題、対立の焦点等、対立の状況によってその対人関係への影響も異なると考えられる。

　本章で扱う事例は、友人同士の雑談での映画・小説等の作品に関する話題において、相手と異なると見込まれる評価を表明することによって対立が生じるという状況である。これは、予期せず起こってしまう対立とは異なり、あえて対立を引き起こそうとする行為であるように見える。和やかな雑談において対立を引き起こすと、良好な対人関係が損なわれる恐れがあるが、なぜこのような発話がなされ、対立のやりとりが行われるのだろうか。本章では、対立を生じさせながらも雑談を和やかに続けていく過程を分析することによって、対立と良好な対人関係構築との関わりについて考察する。

2.　交渉の相互行為における対人関係の構築

　まず本章での「雑談」について定義しておく。本章では、雑談を「特定の達成するべき課題があらかじめ決まっていない状況において、あるいは課題があってもそれを行っていない時間において、相手と共に時を過ごす活動として行う会話」（筒井 2012）とする。これは会話の場面や会話参加者の関係、時間の長さなどに関わらず、相手との時間を会話をすることで過ごす活動のことであり、何らかの決定や結論に至ることを目的とはしていない状況での会話である。雑談は必ずしも友好的で和やかである必要はないが、せっかくの時間を共に過ごす活動であることから、気まずい雰囲気を作り出すことは好まれない傾向があると言える。

　このような雑談という会話において、相手と異なると見込まれる評価を表明して対立を引き起こすことには、どのような意義があり、会話参加者の対人関係構築にどのような影響を与えるのだろうか。この問題を考えるにあた

り、北村（1996）と菅原（1998）の交渉の会話の研究を参考にしたい。北村では、北ケニアの牧畜民トゥルカナの物をくれと要求する交渉が、菅原ではボツワナに住む狩猟採集民グイの物を借りる交渉が扱われているが、いずれの事例も、合意できるかどうかがわからない状態での純粋な交渉ではなく、合意できる、あるいはできないことがあらかじめわかっている交渉をあえて仕掛けている点で、本章で見る事例と共通する性質を有している。北村の事例では、「要求された以上物は与えられるべきだ」という前提に立った交渉であるため、与えるか与えないかではなく、その場で与えるかそれを先延ばしするかについて、要求と拒否が繰り返される。この交渉では、要求によってあえて作り出される競合的な状況から合意形成に至る交渉の推移全体のなりゆきがすなわち当事者相互の「関係」の生成であり、交渉とはそのような関係の生成の経験を生きることなのだと、北村は主張している。また菅原の事例では、相手が拒むとわかっている法外な要求を突きつけ、要求は当然拒絶されるものの、そこで交渉を終了せず要求と拒絶の応酬が続けられる。この交渉の会話は、わざわざよそのキャンプから出向いてきたという、せっかくの出会いを長引かせることの必要性から生み出されており、しかもその交渉は「遊戯」として行われている。菅原は、このような交渉こそが相手と自分との「許し合った関係」を照らすのであると結論づけている。

　これらの事例はいずれも到達点の決まった交渉であるからこそ、そこへ至るまでの交渉の過程を楽しむことができ、その過程の有り様がすなわち関係の生成や確認となるのであろう。ひるがえって、本章での事例について言えば、北村や菅原の事例のように到達点があらかじめ決まっているとは言い難く、評価が対立した後双方の評価を交渉し合って合意に至るというようなやりとりも見られない。しかし、本章のデータではいずれも、会話参加者は対立を引き起こした後も話題を変えずに雑談を続け、評価の対象をずらして合意形成を行い、さらに雑談を続けていた。このことを北村と菅原の研究を敷衍して考えれば、会話参加者は、共にある時間を雑談をして過ごすことを前提として、対立を引き起こし、対立前のような和やかな雑談へ回帰することを到達点として合意形成へ向かっていくと言えるのではないだろうか。

148　第 3 部　関係性構築のための雑談

　このような考えに基づき、以下の分析では、対立が生じてから和やかな雑
談へとたどり着く過程に注目し、その過程がどのような点において会話参加
者の関係の構築や確認となると言えるのかについて論じる。

3.　データと分析方法

　本章で用いるデータは、近畿地方または関東地方在住の 20 代から 40 代
の友人同士 2 名から 4 名の雑談 10 会話の録音データ計約 530 分と、電話会
話コーパス[1]からの友人同士の雑談 2 会話の録音データ計約 60 分、および
それぞれの文字化資料である。

　これらのデータの中から、本章では、映画や小説などの作品に対する評価
の対立、特に、相手の評価的立場がそれまでの会話の内容からある程度予測
できる状況において、あえて相手と異なる評価を述べることによって評価の
対立が開始されている部分を抽出し、分析に用いた[2]。

　本章で言う評価の対立とは、一方の会話参加者が第一評価を表明した後、
相手がそれと異なる第二評価を表明するという評価発話の隣接対（Pomer-
antz 1984）を指す。ただし、第二評価は評価を明示的に述べる発話であると
は限らず、第二評価の根拠説明や評価対象に関する情報提供など、評価以外
の発話によって間接的に行われる場合もある。また、第一評価と第二評価の
間に沈黙が生じたり、第二評価の話者が、同意に消極的であることを示すあ
いづちによって評価発話を遅らせ、非選好応答（Pomerantz 1984）を示唆する
にとどまる場合もある。

　分析にあたっては、会話分析の手法をとり、評価の対立の発話連鎖とそこ
で用いられる言語形式、評価の対立以前と以後の話題の推移、および評価の
対立以前と以後の相互行為のタイプという 3 つの観点から分析を行う。ま
ず、評価の対立が生じてからその評価対象に関する評価が終了するまでのや
りとりの発話連鎖を分析し、そこでの言語形式に注目することで、雑談にお
ける相互行為としての評価の対立の方法を見る。その上で、そのやりとりが
どのような話題の中で生じ、どのような話題へと引き継がれていくのかとい

う話題の流れを分析する。雑談は話題がなければ続けることのできない会話であり、次から次へと話題を出して雑談を続けることがすなわち「持続する関係性としてのコミュニケーション」(串田1997)である。したがって、対立が生じた際にその話題をどのように続け、あるいは終了するのかが、雑談を続ける上での重要な課題となる。さらに、その雑談で行われる様々な相互行為の連なりの中で、評価の対立がどのような相互行為に続いて行われ、その後どのような相互行為へ移っていくのかという相互行為の連続の観点からの分析を行う。雑談では、評価以外にも経験語りや情報交換、問題解決等、様々な種類の相互行為が行われる。そのような相互行為の連続としての雑談において、評価の対立が相互行為の連続の中でどのように扱われるのかを分析することで、会話参加者にとっての評価の対立の位置づけを考察する。

4. 評価の対立が生じる雑談の分析

　本節では、雑談の状況も対立の仕方も異なる2つの事例を取り上げる。4.1は、評価の相互行為が主として行われている雑談において真剣な評価の対立が生じる事例であり、4.2は、会話参加者双方の経験語りが行われている中で、遊びのような評価の対立が生じる事例である。

　この2つの事例に共通に見られる対立の特徴については5節で論じる。

4.1　評価が主たる相互行為として行われてきた雑談で生じた評価の対立

　1つ目の事例は、会話参加者が映画『ブリジット・ジョーンズの日記2』を観た後に喫茶店で食事をしながら行っている雑談である。この映画を話題として、映画や主演のコリン・ファースへの評価、映画に関する疑問点の解決、映画に関する情報のやりとりといった相互行為が行われており、中でもコリン・ファースへの評価では、双方が様々な観点からの肯定的評価を述べ、同意し合って1つの評価を構築するというやりとりが繰り返し行われている。

150　第3部　関係性構築のための雑談

4.1.1　真剣な対立

　まず、評価の対立が生じるところから評価のやりとりが終了するまでの部分の発話の連鎖に注目し、対立のやりとりの特徴を見る。（1–1）の冒頭では、このデータの録音開始時から何度も行われている、主演のコリン・ファースに関する評価や情報提供のやりとりが見られる。Ａの「コリン・ファースの夢見たいわ」（1行目）という願望の表明や、Ｂの「イタリアに住んでいるのか」（4行目）というコリン・ファースに関する情報の確認により、会話参加者共にコリン・ファースへの興味や肯定的評価を示し、コリン・ファースが好きであるという立場を表明し合っている。

　ところがＡは突然、「でもやっぱりあの ::::::::,」「『ラブ・アクチュアリー』の方が好きかも .」（10–12行目）と、これまでの肯定的評価に反する評価を述べて、「『ブリジット・ジョーンズの日記2』より『ラブ・アクチュアリー』（コリン・ファースの出ている別の映画）の方が好きだ」という映画の好みの話題を開始する。これまでのＡの映画に対する評価的立場と矛盾するこの第一評価に対し、Ｂはすぐに第二評価を述べず、「あっそう :.」「う ::: ん .」という同意に消極的であることを示すあいづちや沈黙で不同意[3]を積み重ねていく。Ａが「現実感があるやん」（19行目）と自分の評価の根拠説明を行って説得しようとすると、Ｂは「私はコリン・ファースはああいうきちっとしたできる男のイメージがあるから」（21–23行目）と自分の評価の根拠をＡとの共有知識に基づいて主張し、抵抗する。これに対してＡはそれ以上反論せず、Ｂの根拠説明への理解を示して、自分が開始した対立のやりとりを終了へと方向付け、Ｂもそれを受け入れてやりとりは終了する。

（1–1）（映画『ブリジット・ジョーンズの日記2』を観た後、主演のコリン・ファースの良さについて話している。Ｂが「コリン・ファースの夢を見そうだ」と言った後。）

01A:　　　コリン・ファースの夢見たい [わ :.

02B:　　　　　　　　　　　　　　　 [う :ん .まっ人のものやけどね .

03　　　（0.6）

04B:　　イタリアに住んではるんでしたっけ.

05　　　（0.8）

06A:　　えっ住んでんのまだ.

07　　　（0.6）

08B:　　さあ :.（（コップを置く音））

09　　　（1.6）

10A:　→でもやっぱりあの :::::::,

11　　　（1.3）

12A:　→『ラブ・アクチュアリー』の方が好きかも.

13　　　（0.8）

14B:　　あっそう :.

15A:　　うん.

16　　　（1.7）

17B:　　う ::: ん.

18　　　（1.2）

19A:　　現実感があるやん.

20　　　（1.8）

21B:　　や : あたしは（.）あ : たしは ::::, コリン・ファースは :[ああゆ =

22A:　　　　　　　　　　　　　　　　　　　　[うん.

23B:　　= う :: きちっとした :, できる男のイメージがある [から :,

24A:　　　　　　　　　　　　　　　　　　　　　　　　[あ :::::.

25B:　　うん.

26　　　（1.6）

　ここでの評価の対立の発話連鎖は、Ａの第一評価（10–12行目）とＢの不同意（13、14、16、17行目）、Ａの根拠説明（19行目）に対するＢの根拠説明（＝第二評価の暗示）（21–23行目）と、双方とも自分の評価と根拠説明を開示することで、正面から対立する形となっているのが特徴である。このような対立は、相手との立場の違いを明示的に示す言語形式の使用によっても実現

されている。Aは、第一評価（10行目）において、逆接の「でも」で不一致を明示的に表し、「やっぱり」で自分の評価を主張し、Bが第二評価を行わないのを見て取ると「やん」（＝じゃない）を用いた根拠説明（19行目）で相手の共通認識を喚起（蓮沼 1995b）して理解を促し説得しようとする。すると、Bは「や」（＝いや）という相手の前提への抵抗を示す形式（串田・林 2015）で根拠説明（21–23行目）を開始し、「あたしは」の繰り返しによる相手との対比や、発話末の「から」による絶対的な「認識上の権威」（横森 2012）の表示という方法によって、Aとの立場の違いを明確にする。これらの言語形式により、Aが開始した評価のやりとりは、お互いの見解の違いを主張し合う真剣な対立として行われ、双方とも説得されないままにやりとりを終えている。

　ただし、ここでは対立することで対人関係を損なわないよう配慮を示す表現も用いられている[4]。このやりとりを開始したAの第一評価（10–12行目）は、「あの :::::::」という音の引き伸ばしでためらいを表し、評価を述べる前に 1.3 秒の間をおき、「かも」で自分の評価を弱めており、Bとの対立が見込まれる評価を述べることへの配慮が示されている。またBの根拠説明（21–23行目）でも音の引き伸ばしや節ごとのポーズが用いられて、流暢さが低められている。これらの表現により、真剣な対立が険悪な雰囲気になることは避けられている。

4.1.2　共有経験に対する評価の一致

　Aが開始した評価の対立の後、Aは話題を移してさらに評価のやりとりを続ける。(1–2) は (1–1) とは対照的に、双方の笑いが多く生じている。この笑いのきっかけは、27行目のAの唐突な笑いと、それに続く「エ(h)クスキュー(h)ズミー(h)」という映画の一場面の台詞の再現である。この台詞は、35行目以降のやりとりからわかるように、二人がこの日観た映画からのものであり、「ああいうきちっとしたできる男」（21–23行目）というBのコリン・ファースへの評価を具体的に示す例として出され、笑いながら発話されることで、おもしろい場面であるという評価の表明となっている。

Bはこれを受けて「アイムカミングサー」(29行目)と同じ場面の別の台詞を笑いながら言うことによって、Aと同じ評価的立場であることを示しており、さっきまでの対立の構図から一転して合意が形成されている。それを基盤として、両者は「『サー』ちゃうわ」(29行目)「ちがう」「なんで『サー』やねん」(30–31行目)と、二人で観た映画の場面を正しく再現する作業を行い、「もう一回(英語字幕で)観ないといけない」(35–38行目)ことやその場面が「おもしろかった」(40–49行目)こと、Bがその場面で「笑っていた」(42–47行目)ことを言い合うことで、この日共に観た映画への評価の一致を確認し合って、この話題を終えている。

(1–2)

27A: hahaha.h hhh「エ(h)クスキュー(h)ズミー(h)」[゜hhhhhhh゜

28B: 　　　　　　　　　　　　　　　　　　　　[hhhhhhh=

29B: =[「アイムカミングサー」.=「サー」ちゃうわ][hhhhhhhhhhhh

30A: 　[゜h h h h h h h h h h h h h h h゜][.hh ち(h)が(h)う =

31A: =゜hhhhh゜.hh なんで「サー」やねん [hhhh゜h h h h h h h h h h h

32　　h h h h゜　　　.hh]hhhh

33B: 　　　　　　　　　　　　　　　[ほ(h)ん(h)ま(h)や(h).=¥ それ

34　　ヤバイよね ¥hhh]

35B: ＞あそこはちょっと DVD でもっかい観なあかん[ところ <hhhhh

36A: 　　　　　　　　　　　　　　　　　　[＞ もっかい観なあかんと

37　　こやね <.

38B: ＞英語字幕で観なあかんところやねあれは <.

39　　(2.5)

40B: hh((物を置く音))あれはおもしろかった .=[一番おもしろい ::‐

41A: 　　　　　　　　　　　　　　　　　[あれはおもしろかった .

42　　= 一番笑ってたもん .

43B: hhhhh[hhhhh .hh

44A: 　　　[¥ お‐しばらく終わってもまだ笑ってた(h)も(h)ん h[hhhh

45B: [¥おも

46   しろかったもんあれは¥.=

47A: =¥笑いすぎやと思って[hhhhhhhhhh .hh

48B: [hhhhhhhh

49B: ¥おもしろかったわ¥.

50   (1.8)

51B: うまいこと言うたな：と思[って.

52A: [う：ん.

　ここでは、お互いの発話の繰り返しとオーバーラップを多用して、二人で
1つの評価を構築するという方法が取られている。これにより、両者は映画
に対する理解が同じ（'congruent understanding' Goodwin and Goodwin 1987）
であり同じ評価的立場にあることを示し合っている。また、笑いや笑いなが
らの発話が連続的に生じることで、友好的で和やかな雰囲気が生み出されて
いる。評価の一致に至ってこの話題は終了し、この後はまったく異なる話題
（化粧に関すること）へと移っていく。

4.1.3　話題「コリン・ファース」での評価の相互行為における対立の位置づけ

　このような劇的とも言えるやりとりの変化をもたらした話題の移行と相互
行為のタイプに注目してみたい。(1–1) から (1–2) への話題の移行は、「『ブ
リジット・ジョーンズの日記2』と『ラブ・アクチュアリー』のどちらが好
きか」から「『ブリジット・ジョーンズの日記2』でおもしろかった場面」
への移行であり、いずれも (1–1) より前に話されていた「コリン・ファー
ス」に関する話題の一環として捉えることができる。すなわち、全く違う話
題へと移ったのではなく、「コリン・ファース」という同じクラスに属する
話題（Sacks 1992, 串田 1997）への移行であり、大枠では同じ話題を続けてい
ると言える。対立が生じてもなおその話題を変えずに続けるということは、
この話題で会話をしてきたことを肯定し、その中で生じた対立のやりとりも
適切なものとして扱っていることの表れであると見ることができる。また、

相互行為のタイプを見ると、大枠の話題が変わらないことに伴い、対立後も評価のやりとりが続けられている。映画に対する評価を主とした雑談において、さらに評価を続けることによって、評価の対立も評価の相互行為の適切な一部として扱われることとなっていると言える。

この対立を含む一連の雑談には、対人関係の構築においてどのような意味があるのだろうか。この事例の対立では、会話参加者は沈黙による会話の停滞や緊張した状態を笑いで緩和したり途中で打ち切ったりするといった解決法を取らず、明示的な対立のやりとりを真剣に行っている。このことから、会話参加者がお互いの映画に対する評価を知ることを重視していると理解できる。映画鑑賞の経験を共有しようとする雑談において、相手と異なる評価を明示的に述べることは、映画に対する多角的な視点を提供し、映画への理解を深め、お互いの違いを認識し合うことで相互理解につながる行為として行われうる。さらに、緊張感のある対立のやりとりを行うことは、それが可能な関係であることの確認となっていると言えるだろう。

4.2　経験語りをしていた雑談において生じた評価の対立

2つ目の事例は、読書経験を語る中で生じた評価の対立である。この事例は電話会話であることから、話題はこの電話録音の目的に始まり、目的がわからないまま何かをさせられること、心理学テストを受けた経験や嘘発見器の話、そして犯罪者への心理学実験をモチーフにした江戸川乱歩の小説を読んだ経験談へと展開していく。この雑談は、前節の事例のような、共にした経験の共有を目的とする雑談とは異なり、会話参加者それぞれが独自の経験を語るという相互行為が連続して行われている。

4.2.1　遊びのような対立

まず、評価の話題が開始されて対立が生じてから次の話題に移る前までの部分を見る。(2–1) より前の部分では、Mが「江戸川乱歩の大人向けの小説を読んだら面白かった」という経験を語り、Yが感想を求めると「おどろおどろしい感じ」だったが「横溝正史の(小説)よりはましかもしれない」とい

う評価を述べている。それに続けて M は、「二人は師弟関係だったのか」(1行目) という疑問を提示して「江戸川乱歩と横溝正史の関係」という話題を開始するが、Y がその疑問に答えられないのを受け、「(師弟関係) なのかなとか思った」(8行目) と、映画[5] を観た時の経験を語る形へと発話のデザインを変えてこの話題を締めくくっている。これらの経験語りにおいて、M は江戸川乱歩や横溝正史に対する興味や肯定的な評価を示している。

これに対して、Y は 11 行目で自分には M と同種の経験がないと言うことで、M の経験談の第二の物語(Sacks 1992) として位置づけ、Y の読書経験の話題を開始する。この自己開示は、直前の話題で M の求める情報を提供できなかったことへの言い訳として聞こえる形で、M との立場の違いを示している。その上で、Y は経験がないことの理由説明として「.hhhh¥ちょっっとね (.) ああいうのはあんまり好きじゃないんだよね¥」(14–15 行目) と、M との対立が見込まれる評価を述べて、評価のやりとりを開始する。

この Y の第一評価に対して M が笑いで反応すると、Y はこれを不同意として扱い、「怖いじゃんだって」(17 行目) と自分の評価の根拠説明を行って M を説得しようとする。それに対して M は、「怖くはなかったよ」(18–19行目) と Y の根拠説明を否定し、江戸川乱歩や横溝正史の小説への肯定的評価を暗示して Y と対立する。Y は「怖いっていうか気持ち悪いっていうかさ」(20–21 行目) と、M に否定された根拠を修正して再度説得を試みるが、M はそれに対して反応を示すことなく、次の話題に移ることでこの対立のやりとりを終了する。

(2–1)(M が江戸川乱歩の大人向けの小説を読んで面白かったという話をし、江戸川乱歩は横溝正史よりはおどろおどろしくなかったと言った後)

01M:　　映画観たときも横溝正史出てたけどなんかあれ師↑弟↑関係だったの

02　　　　かね¿

03　　　　(0.7)

04Y:　　あそうかねえ.

05M:　　ん:.

06	(0.2)

06   (0.2)

07Y: .hhh[h

08M: [なのかな :[とか思った .]

09Y: [↓ん↓ : ↓ :]:.

10   (1.2)

11Y: まあ (.) 僕はあんまりあのへんのもの読んだことないからさ :.

12   (.)

13M: あ本当 .[ふ : ん .]

14Y: →   [う : ん .].hhhh¥ ちょっっとね (.) ああいうのはあんまり好

15   きじゃないんだよね ¥.=

16M: =ə ↑ hahaha[haha[ha

17Y: [.hh [怖いじゃんだっ [て :::.]

18M: [.hh]゜や゜こ↑わくはな [か

19   っ た よ :.   ]

20Y: [怖い

21   って゜ ˃いう˂ ゜か気] 持ち悪いっていうか [さ :.]

　ここでの評価の対立の発話連鎖は、Y の第一評価（14–15 行目）に対する
M の笑い（16 行目）、Y の根拠説明（17 行目）に対する M の不同意（＝第二評
価の暗示）（18–19 行目）と、Y だけが自身の評価や根拠説明を開示してい
る。重要なことは、この非対称性が、発話連鎖としてだけでなく、相互行為
のずれとして実現されていることである。すなわち、Y は第一評価の根拠説
明「怖いじゃんだって」を恒常的評価を述べる評価の相互行為として行って
いるのに対し、M はそれに対する不同意を「怖くはなかったよ」と、タ形
を用いて経験を語る相互行為として行っているのである。Y は、「怖い」と
いう感情形容詞を用いた内的経験評価（早野 2012）を自分の第一評価の根拠
として述べて、自分が独立に持つ経験に基づいた評価であることを主張する
が、それに対立する M は、タ形を用いて、江戸川乱歩の小説を読んだとい
う特定の経験に基づく評価として提示することで、同じ経験に基づく評価で

あっても、自分の方がより具体性のある事実に基づいた的確な評価ができるという優位性を主張して、この対立のやりとりを終えようとする[6]。

このやりとりは、相互行為としてかみ合っていないものの、評価を明示的に述べる言語形式で対立が明白に示されている。Yは「好きじゃないんだよね」(14–15行目)という断定的な表現でやりとりを開始し、「じゃん」(=じゃない)による根拠説明(17行目)で共通認識を喚起し(蓮沼 1995b)、さらに「だって」でその主張を正当化(蓮沼 1995a)してMを説得しようとする。それに対するMは、18行目から「や」(=いや)でYの前提への抵抗を示し(串田・林 2015)、Yの「怖い」の否定形を用い、「よ」によって認識的優位性を示して(Hayano 2013)、Yの評価への不同意を明示的に表明している。それを受けたYの根拠説明のやり直しでは、よりMに受け入れられやすい評価を探りつつも、「さ:」(21行目)でMの不同意を阻止しようとする姿勢(Morita 2005)を示している。さらに、これらの発話はラッチングやオーバーラップのタイミングで発話されることにより、不同意が選好発話として行われ(Kotthoff 1993)、真剣な言い合いのように形作られている。

ただし、このやりとりを開始したYは、笑いを含んだ声で発話し、「あんまり」による評価の格下げや、長めの吸気と「ちょっっとね」によるためらいの表示で、対人関係への配慮を示し、和やかさを保とうとしている。これを受けたMの笑いによる不同意や、タ形を用いた経験語りでYの主張の矛先をかわすという方法も、あくまで和やかな雑談を続けているのだという姿勢を示そうとしていると理解できる。さらに両者は終始明るい調子の声で発話しており、これらの方法によって、この対立はふざけた言い合いのような様相を呈し、遊びとしての対立とも言えるようなやりとりとなっている。

4.2.2 共通の経験による共感の表示から評価の一致へ

Yが開始した対立のやりとりの後、Mはその対立を打ち切って自分の「ちっちゃいとき」の読書経験を語り始めることで、この雑談を続けていく。(2–2)のMの語りは、Yとの対立から一転して、自分もYと同じ評価的立場にあることを主張しようとしている。Mは、「あ::」(22行目)と、Y

評価の対立による対人関係の構築　159

の話から思い出したこととして関連づけて「ちっちゃいとき読んだ」（22–23
行目）経験を語り始め、「怖い」と言っていたYと共通の経験（串田 2006）と
して「すごい怖かった」（25 行目）経験を語ることでYへの共感を示そうと
する。Mは「なんか:もうなんか:.hhh「こわ:い」とか思って,」（27 行目）
と、経験時の評価を感情を込めて述べ、「でやめちゃったけど.」（30 行目）
と、「怖いから読まない」というYと同じ立場であったことを述べて経験の
語りを終える。ここで注目すべき特徴は、Mが何を読んだのかなど経験の
詳細をまったく語らず、「怖かった」ことだけを言ってYへの共感を示そう
としていることである。

(2–2)
22M:　　　　　　　　　　　　　　　[あ::] ちっ↑ちゃいとき > あた <
23　　し読んだの<u>よ</u>:なんか:.
24Y:　ん:.
25M:　そのときはすごい怖かったけどね.
26Y:　↓ん [:.
27M:　　 [なんか:もうなんか:.hhh「こわ:い」((息混じり)) とか思って,
28　　(0.2)
29Y:　なるほ [どね:.　　　]
30M:　　　　 [でやめちゃっ] たけど.
31Y:　う::[ん.

　ただし、このMの語りに対してYから同調するような行為は行われてい
ない。Mの「そのときはすごい怖かったけどね.」（25 行目）という評価発話
は、対比のハや「けどね」によって、現在怖いと言っているYとは異なる立
場にあると言っているようにも聞こえる。そのためか、YはMの経験談を
「なるほどね:.」（29 行目）「う::ん.」（31 行目）と受け入れるに留まっている。
　すると、Mは、突然話題を江戸川乱歩からアガサ・クリスティーへと移
し、「アガサ・クリスティーは怖くない」（32–33 行目）という恒常的評価を述

べて、「怖い／怖くない」小説の話題で雑談を続けようとする。これまで経験語りを続けてきた M は、この発話で初めて評価の相互行為を開始する。

(2–3)での M の「.hh ↑そ↑の↑点アガサ・クリスティーとか読んでもあんま(h)しこ(h)わ(h)くないんだよね .」(32–33 行目)という評価発話は、「よね」で Y との認識的対等性を主張して(Hayano 2013)同意を求め、Y と同じ評価を共有しようとしている。この電話会話ではこれまでアガサ・クリスティーは話題にされておらず、M の話題転換は唐突に感じられるが、Y はこの機を逃さず「> ↑全↑然こわくないよね¿<」(34 行目)とオーバーラップしながら評価を格上げしつつ、M と同様「よね」を用いて同意し、両者は合意形成に至る。これを基盤とし、Y はさらに「.hh> あ↑れ↑も↑あ↑ん↑ま↑り↑怖くなさそうじゃない」(37 行目)と、「怖くない」作家の話へと移っていく。

(2–3)

```
32M:     [.hh ↑そ↑の↑点アガサ・クリスティーとか読んでもあんま(h)し
33     こ(h)わ(h)くないん [だよね.     ]
34Y:              [> ↑全↑然こ ] わくないよね¿<
35M: ね.=
36Y: =うん.
37     .hh> あ↑れ↑も↑あ↑ん↑ま↑り↑怖くなさそうじゃないあの <最近のあの
38     有名な,.hh あの::: は - あれなんだっけ:,
39     (0.2)
40Y: よく映画んなる人.
41     (.)
42M: 誰¿
```

(後略：スティーブン・キングの話)

ただし、この評価の一致は、(2–2)と同様、アガサ・クリスティーの何を読んだのか、どう怖くないのかという詳細に言及しないからこそ可能となっ

ている点が重要である。

4.2.3 話題「小説」での評価の相互行為における対立の位置づけ

　この事例における話題の移行と相互行為のタイプについて確認する。
(2–1) の前半での「江戸川乱歩と横溝正史の関係」という話題が「M の江戸
川乱歩の映画を観た経験」として終了した後、Y は「自分の読書経験のな
さ」を話題にし、その理由として「江戸川乱歩や横溝正史などの小説への評
価」を述べる。しかし、M は「自分が江戸川乱歩などの小説を読んだ時の
経験」の話題で対応し、二人の話題には一時ずれが生じる。その後は、両者
共に (2–2) の「M の小さい頃の読書経験」から (2–3) の「アガサ・クリス
ティーの小説への評価」へと移っていく。この一連の話題の移行は、大枠で
は「小説」という同じクラスに属する話題への移行であり、対立の後もその
大枠を変えないまま雑談が続けられている。その中で行われていた相互行為
のタイプは経験語りと評価であるが、経験語りが行われてきた雑談において
開始された評価の対立は、Y の評価と M の経験語りというずれを伴いなが
らも、停滞することなく遊戯的に行われ、その後評価の一致に到達すること
で、経験に基づく評価の相互行為の適切な一部として扱われていると言え
る[7]。

　この対立を含む一連の雑談には、読書経験や作品への評価を披露し合うこ
とで相互理解を深めるという対人関係上の意義が見い出せる。それ以上に、
M はあくまでも経験語りを続けることで Y の主張をかわした上で、Y への
共感を示す経験を語り、Y は M の同意要求に対して間髪を入れず同意を行
うことで合意を形成するというように、双方が相手と同調しようとする姿勢
を取っている。このような配慮によって協働で対立を和やかな雑談に着地さ
せていく過程は、良好な対人関係の生成そのものであると言えるだろう。

5.　雑談としての評価の対立の方法

　以上、評価の対立が生じている 2 つの雑談の事例を見てきた。この 2 つ

の事例の共通点として指摘できることは、対立が生じた後もそれまでの話題の大枠を変えないこと、および対立が生じる前の相互行為のタイプを利用して対立後も雑談を続けていることである。これは、対立前からの和やかな雑談の流れを変えずに雑談を続けているという形を取る方法であると言える。串田 (1997) では、会話のトピックの適切な生起においては、会話参加者たちの「ひと続きの現在」という時間共有感覚と、「誰と誰がどのような参与の構図の中にいるのか」という空間共有感覚、すなわち共在感覚 (木村1996) が関わっていることが論じられているが、本章の事例での話題と相互行為の連続も、話題を変えないことによる時間共有感覚と、同じ参与の構図を維持するという空間共有感覚によるものと見ることも可能であろう。

　とはいえ、対立のやりとり自体は、やはり緊張感や居心地の悪さを感じさせかねないものではある。この点に関して、本章の事例での対立に見られた特徴は、対人関係配慮の方法を用いることに加えて、対立のやりとりを長引かせないということである。1つ目の事例では、一方の評価と根拠説明に対して相手の根拠説明が述べられたところで、2つ目の事例では、一方の評価と根拠説明に対する相手の不同意がなされ、それを受けて根拠説明の修正がなされたところで、対立のやりとりを終了し、評価の一致を見ないまま次の話題へと移行していた。このことから、日本語の雑談においては、お互いの評価が異なることが明らかになれば、それ以上その評価の違いの詳細を追求せず、その評価の一致をも求めないという方法があるのだと考えられる。自分の評価を相手に伝えることは相互理解につながる点で重要ではあるが、雑談を通して良好な対人関係を構築しようと思えば、違いを追求して対立を深め会話が停滞するといった事態を避けることが望ましい。そこで、違いがあるとわかった時点で対立のやりとりを終了し、話題をずらして次の評価のやりとりの機会をできるだけ早く作り合意形成を行うという方法を用いて、雑談を和やかに続けていくことを優先しているのだと考えられる。

　最後に、菅原 (1998) で指摘されていた、やりとりの遊戯性について考えておきたい。1つ目の事例の対立は笑いがなく緊張感に満ちていたが、『ブリジット・ジョーンズの日記2』の良さを述べてきたAが突然『ラブ・ア

クチュアリー』の方が好きだと言い出すことでBに対する挑戦を仕掛け、それをBがどう退けるかという課題が生まれており、対立を生じさせること自体が和やかな雑談における遊びの一種と捉えられる。この対立は、真剣に行われたことで結果的にその後の笑い合う時間を引き立たせることになり、その落差によって本気の遊びとして位置づけられたと見ることもできる。

　また、2つ目の事例の対立は笑いながらの言い合いという遊びの様相を呈していたが、それ以上に、YもMも何が怖いのか怖くないのかについて言及しないまま合意に至るという曖昧さに、遊戯性が現れている。この曖昧さは、電話という相手とまさにつながっている時間において、いかに雑談を途切れさせずに合意するかという遊びの方法として機能していたと言える。

　これらの対立は、会話参加者に遊びとして認識されているとは限らないが、会話参加者が共にある時間を彩る相互行為であり、その彩りこそが遊びとして行われる雑談の醍醐味であり、対人関係の色合いに大きく影響するのだろうと思われるのである。

注

1　TalkBank の CallFriend という電話会話コーパス (MacWhinney 2007) からのデータである。

2　作品への評価を扱うのは、それが作品世界の表す価値観への評価であり、評価者の価値観が反映されやすいため、対立した場合に相手への見方が変わるなど、対人関係に否定的な影響を与える可能性があると考えたからである。

3　本章では、高井 (2009) を参考に、「不同意」を「同意の発話が期待される箇所における同意の発話の不在」とする。

4　対立を明示することと対立に配慮することという、相反する方向性の表現の使用については、椙本 (2004) で指摘されている「目的達成」と「対人関係配慮」という 2 つの指向性に関わる方策と同種のものであると考えられる。

5　おそらくこの二人を扱った映画『RAMPO』だと思われる。

6　Heritage (2002) では、評価発話において過去時制を用いることで、特定の経験に基づく評価であることを示し、一般的な知識しか持たない相手に対して経験があ

ることの優位性を主張することになることが指摘されている。
7　経験語りが出来事の描写とそれに対する評価から成る（Labov 1972）ことを考えれ
　　ば、経験語りと評価は密接に関わる相互行為であると言える。

データの転記に用いた記号の一覧

[	複数の参与者の発する音声の重なりの開始。
]	音声の重なりの終了。
=	イコール記号でつないだ部分が途切れなく発されていることを表す。
(数字)	沈黙の長さを表す。数字は 0.1 秒単位。
(.)	0.2 秒以下の短い沈黙。
言葉:	直前の音の引き延ばし。コロンの数は引き延ばしの相対的な長さに対応している。
言-	直前の語が中断されていることを表す。
hh	呼気音を表し、h の数はその音の相対的な長さに対応している。
.h	吸気音を表し、h の数はその音の相対的な長さに対応している。
言(h)	言葉が呼気音とともに発されていることを表す。
¥　¥	発話が笑い声でなされていることを表す。
言葉	下線部分が相対的に強い音で発されていることを表す。
° °	° で囲まれた部分が相対的に小さい音で発されていることを表す。
.	直前の部分が下降調で発されていることを表す。
,	直前の部分が継続を示す抑揚で発されていることを表す。
?	直前の部分が上昇調で発されていることを表す。
¿	直前の部分が少し上昇していることを表す。
↓ ↑	直前の部分より相対的に音が極端に高い（↑）、あるいは低い（↓）ことを表す。
> <	囲まれた部分が相対的に速く発されていることを表す。
< >	囲まれた部分が相対的に遅く発されていることを表す。
(( ))	発言の要約や、その他の注記。

参考文献

Goodwin, Charles and Goodwin, Marjorie H. (1987) Concurrent operations on talk: notes on the interactive organization of assessments. *IPRA Papers in Pragmatics* 1.1: pp. 1–52.

蓮沼昭子 (1995a)「談話接続語『だって』について」『姫路獨協大学外国語学部紀要』(8): pp. 265–281. 姫路獨協大学外国語学部.

蓮沼昭子（1995b）「対話における確認行為『だろう』『じゃないか』『よね』の確認用法」仁田義雄編『複文の研究（下）』pp. 389–419．くろしお出版．

早野薫（2012）「評価の仕方と認識的態度」『社会言語科学会第 30 回大会発表論文集』pp. 194–195．社会言語科学会．

Hayano, Kaoru.（2013）*Territories of Knowledge in Japanese Conversation*. Unpublished doctorial dissertation. Radboud University Nijmegen, the Netherlands.

Heritage, John.（2002）*Oh*-prefaced responses to assessments: A Method of modifying agreement/disagreement. In Cecilia E. Ford, Barbara A. Fox and Sandra A. Thompson.（eds.）*The Language of Turn and Sequence*, pp. 196–224. Oxford: Oxford University Press.

北村光二（1996）「身体的コミュニケーションにおける『共同の現在』の経験―トゥルカナの『交渉』的コミュニケーション」菅原和孝・野村雅一編『叢書・身体と文化第 2 巻 コミュニケーションとしての身体』pp. 288–314．大修館書店．

木村大治（1996）「ボンガンドにおける共在感覚」菅原和孝・野村雅一編『叢書・身体と文化第 2 巻 コミュニケーションとしての身体』pp. 316–344．大修館書店．

木山幸子（2005）「日本語の雑談における不同意―ポライトネスの観点から」『日本研究教育年報』9: pp. 27–48．東京外国語大学日本課程．

Kotthoff, Helga.（1993）Disagreement and concession in disputes: On the context sensitivity of preference structures. *Language in Society* 22: pp. 193–216.

串田秀也（1997）「会話のトピックはいかに作られていくか」谷泰編『コミュニケーションの自然誌』pp. 173–212．新曜社．

串田秀也（2006）『相互行為秩序と会話分析―「話し手」と「共-成員性」をめぐる参加の組織化』世界思想社．

串田秀也・林誠（2015）「WH 質問への抵抗―感動詞『いや』の相互行為上の働き」友定賢治編『感動詞の言語学』pp. 169–211．ひつじ書房．

Labov, William.（1972）The transformation of experience in narrative syntax. *Language in the Inner City: Studies in the Black English Vernacular*, pp. 183–259. Philadelphia: University of Pennsylvania press.

MacWhinney, Brian.（2007）Opening up video databases to collaborative commentary. *Video Research in the Learning Sciences*, eds. by R. Goldman, R. Pea, B. Barron and S. Derry, pp. 537–546. Mahwah, NJ: Lawrence Erlbaum Associates.

Malinowski, Bronislaw.（1927）The problem of meaning in primitive languages. In C. K. Ogden and I. A. Richards.（eds.）*The Meaning of Meaning: 2nd edition revised*, pp. 296–336. London: Routledge and Kegan Paul.

Morita, Emi.（2005）*Negotiation of Contingent Talk: The Japanese Interactional Particles Ne*

166　第3部　関係性構築のための雑談

and Sa. Amsterdam: John Benjamins.

Nakayama, Akiko.（2008）*The Communication of Closeness in Japanese.* Tokyo: Kuroshio Publishers.

大津友美（2001）「雑談における共感作りのためのコミュニケーション行動―不一致を表明する際の緩和表現について」『言語と文化』（2）: pp. 211–222.　名古屋大学大学院国際言語文化研究科.

大津友美（2004）「親しい友人同士の会話におけるポジティブ・ポライトネス―『遊び』としての対立行動に注目して」『社会言語科学』6（2）: pp. 44–53.　社会言語科学会.

Pomerantz, Anita.（1984）Agreeing and disagreeing with assessments: Some features of preferred/dispreferred turn shapes. In J. Maxwell Atkinson and John Heritage.（eds.）*Structure of Social Action*, pp. 57–101. Cambridge: Cambridge University Press.

Sacks, Harvey.（1992）*Lectures on Conversation: volumes I & II*, Gail Jefferson.（ed.）Cambridge: Blackwell Publishers.

菅原和孝（1998）『会話の人類学』京都大学学術出版会.

椙本総子（2004）「提案に対する反対の伝え方―親しい友人同士の会話データをもとにして」『日本語学』23（10）: pp. 22–33.　明治書院.

高井美穂（2009）「問題解決の連鎖における解決志向の不同意と対立志向の不同意」『日本語・日本文化研究』（19）: pp. 165–178.　大阪大学大学院言語文化研究科言語社会専攻海外連携特別コース.

筒井佐代（2012）『雑談の構造分析』くろしお出版.

横森大輔（2012）「カラ節単独発話の相互行為上の働き」『社会言語科学会第29回大会発表論文集』pp. 150–154.　社会言語科学会.

留学生との雑談

第二言語話者との会話における非対称性の克服を目指して

大津友美

要旨

　本章では、日本語を第一言語として話す者（L1 話者）と第二言語として話す者（L2 話者）との間の友人同士の雑談を分析する。L2 話者の日本語や日本事情に関する知識が十分でない場合、L1 話者は相手が知らないと予想される語があったときなど、相手の知識の有無を確認しながら会話を進めていく。しかし、そうすることで、会話参加者間に「教える側と習う側」といったカテゴリー対が表面化し、対等な関係で楽しくおしゃべりをしていた友人同士が非対称的な関係性に再編されてしまう恐れがある。本章では、そのような非対称的な関係性が立ち現れることを避けながらも、L1 話者がどう相手の知識の有無を確認し、友人同士の雑談を続けているかということについて論じたい。

1.　はじめに

　雑談は、具体的な目標を達成することを目的とするのではなく、むしろ相手との人間関係を構築、維持するために行う会話である。雑談には、商談やインタビューのように話すことを通して何かを決定しなければならない、結論を出さなければならないといった明確な目標はない。それよりもむしろ、相手とのコミュニケーションの経路を開き、おしゃべりをすることそのものが目的となっているような会話である。雑談は、名前も知らない者同士、友人同士など、どのような関係の者同士でも起こる。また、友人同士がお茶を飲みながらおしゃべりするときのように、雑談をするためにわざわざ会う約束をして、長時間にわたって行なわれることもあれば、商談などの最中に、ふと、短い雑談が差し挟まれることもある。このように、一言に雑談と言っ

ても、さまざまなものが含まれる。その中で、本章が分析の対象とするのは、日本語を第一言語として話す者（以下、L1話者）と第二言語として話す者（以下、L2話者）との間で行なわれた友人同士の雑談である。友人同士で一緒に時間を過ごすために、時間を割き、行われたおしゃべりである。

　会話参加者の一方がL2話者で、日本語で文を作ったり、適当な語を選んだりすることにまだ困難がある場合、L1話者同士の会話の場合とは異なり、相手の話が理解できず、会話進行が難しくなってしまう場合がある。また、L2話者が短期留学生である場合など滞日期間が短いときには、日本事情に関する知識が十分ではなく、L1話者から発せられることばは聞き取れるものの、話は通じないという問題が起こる可能性もある。

　そのような事態を避けるために、L1話者は、会話相手であるL2話者が知らないかもしれないと予想される語があった場合などに、相手のその語に関する知識の有無を確認しながら会話を進めていくことがある。また、話を先に進めるまえに、L2話者にそれまでの自分の話が正しく伝わっているかどうかを確認しようとすることがある。その際、「（日本語の語）って分かる？」「（日本語の語）知ってる？」や「（今までの話が）分かる？」といった質問形式を用いて、明示的に相手の理解や知識の有無を問うやり方がある。このようなやり方をすることで、L1話者は本題に入る前に、そのキーワードの意味や背景の説明が必要かどうか、もう一度それまでの話の内容を説明する必要があるかどうかなどを知ることができ、誤解を避けたり、相手が何のことか理解していない状態で一人で話し続けてしまうような事態を防いだりすることができる。

　しかし、その一方で、このような質問形式を友人同士の雑談で用いることには、ある種の危うさもある。会話参加者たちを友人同士ではなく、その語を「教える側」と「習う側」、その語をよく知っている「日本人」と知らない「外国人」といった関係性に変えてしまう恐れがあるからである。Sacks (1972a, 1972b)によると、人が自分を「何者か」と考えた時に当てはまるアイデンティティ・カテゴリーは初めから決まっているものではなく、私たちは相互行為の中でさまざまなカテゴリーの担い手でありうる[1]。例えば筆者

の場合は、「女性」「日本人」「教員」などが当てはまる。しかし、その中でどのカテゴリーを自分に適用するかは、その場面に参加する相手とのやりとりの中で局所的に決められていく。会話参加者が自分と相手を「日本人と外国人」として位置付けるのか、「友人同士」として位置付けるのかは、相互行為の中で互いに表示し、受け入れ、確認しあいながら決められていく。「（日本語の語）知ってる？」や「（今までの話が）分かる？」といった質問形式を用いることで、会話参加者間にその語を「教える側」と「習う側」、その語をよく知っている「日本人」と知らない「外国人」といったカテゴリー対が表面化してしまうかもしれない。そうすると、それまで対等な関係で、楽しくおしゃべりをする「友人同士」であった会話参加者たちが非対称的な関係性に再編されてしまうことになる。

　杉原（2010）は、日本人、外国人を問わず、地域社会の人が集まってさまざまな問題について話し合う「相互学習型活動」に注目し、日本人による「〜って分かりますか」という質問を含む質問応答連鎖を分析した。その結果、外国人がそのことばを知っているというシグナルを送っているにもかかわらず、日本人がそれを無視してことばの意味の説明を続けていたこと、そうすることによって日本人が話し合いのイニシアチブを取ると同時に双方の非対称的な関係性が相互行為の中に構築されるのが観察されたとのことである。

　それでは、友人同士の雑談の場合はどうか。「〜（って）分かる？」や「〜知ってる？」といった質問形式はどのように用いられているのだろうか。もし、「教える側と習う側」、「日本人と外国人」などのようなカテゴリー対を表面化させず、あくまで「友人同士」であることを表示しつつ、相互理解を損ねずに会話を進めていくとしたら、それはどのような方法で行われるのだろうか。本章では、非対称的な関係性が立ち現れることを避けながらも、L1話者がどのようにL2話者の日本語や日本事情に関する知識の有無や話を理解できているかを確認し、説明が必要であるかどうかの判断をしながら、「友人同士の雑談」を続けているかということについて論じたい。

2. L2 話者の参加する雑談

具体的な目標を持たず、おしゃべりすることそのものが目的となっている雑談においては、それぞれの会話参加者の役割も特に決まっておらず、比較的自由に発言することができる。話される内容も様々で、話題を変えたいときに誰でも自由に変えられることが多い。L2 話者にとって、そのような役割の固定していない雑談は、語学教室内では得られない学習の機会となると言われている（Markee 2000 など）。第二言語学習者とその目標言語の母語話者や上級学習者などとの会話において、Long（1996）は、コミュニケーションがなんらかの原因でうまくいかなかった場合に、互いに理解し合おうとして行われる意味交渉（negotiation of meaning）が第二言語の習得を促進すると述べているが、学習者自らが積極的に会話構築に参加する雑談は、そのような意味交渉に限らず、豊かな第二言語学習の場となる（Kasper 2004）。

教室でのやりとりは、典型的には、「教師による開始発話（Initiation）、学習者による応答（Response）、それに対する教師の補足（Follow-up）」という形で進められる（Coulthard 1985）。そうすることで、教師主導で効率よく学習が進められるという利点もあるが、雑談のように L2 話者が話したいと思うことを話したいときにターンを取り、自分で会話を構築することを教室内でも経験できるようにするには、教師の側に工夫が要る[2]。言語形式の正確さではなく、意味や流暢さに焦点をしぼった教室活動をすることで、雑談に近づけることはできるが、それでも、話題に制限があったり、教師が活動の枠付けを行ったりすることが多い[3]。それで、雑談のときのように L2 話者が話したい時に発言したり、会話を開始させたり、終了させたりする機会はどうしても限られてしまう。

上述のとおり、第二言語学習にとっては、教室でのやりとりだけでなく、雑談も大切な会話のひとつである。そのため、教室やその他さまざまな状況で行われる相互行為の研究が重要であるのと同様に、L2 話者の参加する雑談の実態を明らかにする必要がある。

日本語を第二言語として話す話者の参加する雑談をデータとする研究に

は、(1)L1 話者または L2 話者によるある特定の会話行動や発話行為に焦点を当てた研究と(2)「母語話者と非母語話者」や「母語話者と日本語学習者」などのカテゴリーや、会話参加者と会話での使用言語との関わりという観点から、会話の特徴づけをする研究がある。これらの研究は「雑談」の特徴を明らかにすることに主眼が置かれた研究ではなく、L2 話者を含む「会話」の特徴を明らかにすることを目的として行われたものである。しかし、今後 L2 話者の雑談を研究する上で、これらの研究の結果には参考にできることが多い。

　まず、(1)に分類される研究にはさまざまなものがあるが、中でも、L1 話者の質問(情報要求)に焦点を当てたものが多い。例えば、佐々木(1998)によると、L1 話者は、会話相手も L1 話者であるときに比べ、会話相手が L2 話者であるときには、情報要求発話が増加することを指摘している。話題開始部で行われる質問に着目した中井(2003)でも、会話相手が L2 話者であるときには、L2 話者が会話に参加しやすいように、L1 話者の質問発話の形式、量、内容のすべてが変わることが報告されている。さらに、話題展開のし方についても L1 話者同士の場合と L2 話者を含む会話では異なるパターンが見られる。L1 話者同士の会話では、会話開始直後の自己紹介で互いの所属や経歴といった情報が一通り交換された後、再度それらが話題として取り上げられるという展開のし方をするのに対し、L2 話者を含む会話では、互いの基本情報の交換が会話全体に散在するとのことである(樋口 1997)。話題開始部と終了部で用いられる言語要素を分析した中井(2004)によると、L2 話者は次の話題に唐突に入ったり、スムーズに話題が開始・終了できなかったりといった問題もあるとのことである。他にも、L1 話者のスピーチスタイルの使い分けも、会話相手が L1 話者か L2 話者かによって変化することが分かっている(伊集院 2004)。以上の研究は、実験的に L1 話者と L2 話者の初対面状況を作り、そこで行われた自由な会話(雑談)を分析するという方法を取っている。そのような方法で収集した雑談は実際の雑談とは異なる可能性があるため、今後は実際に自然に起こった雑談のデータも分析していく必要があるであろう。

172 第3部 関係性構築のための雑談

　次に、(2) に分類される研究には、ファン (2006)、Ikeda (2005)、岩田 (2005, 2007) などがある。ファン (2006) は、異なる言語や文化的背景を持つ会話参加者間の相互行為場面である接触場面においては、母語話者 (L1 話者) と非母語話者 (L2 話者) は「言語ホストと言語ゲスト」の関係にあるとしており、母語話者がその会話での使用言語のオーソリティーとして非母語話者との相互理解を確立する責任を果たすために、会話を維持しようと行動するとのことである。一方、Ikeda (2005) は、同じ科目を受講する学生同士の教室外でのグループワークや雑談を分析し、会話参加者の「母語話者」「非母語話者」というカテゴリーは所与の固定したものではなく、会話参加者当人によってさまざまな言語・非言語的リソースが用いられ、相互行為を通して構築されるものであることを例証している。また、岩田 (2005) も、中級日本語学習者である留学生と日本人大学生 1 組の雑談を分析し、最初は日本人学生が質問をし、留学生がそれに答え、「留学生と日本人」というカテゴリーで一方向的で非対称的なやりとりをしていたのが、途中で「共通の趣味を持つ者同士」や「同じイベントに参加する者同士」といったカテゴリーへと変化し、双方が自発的に意見や情報を提供することにより対称的なやりとりに変わったのが観察されたとのことである。さらに、岩田 (2007) では、中級レベルの日本語の留学生が参加する 5 組の会話を比較したところ、留学生の日本語レベルがほぼ同じであるにもかかわらず、会話参加の様相は多様であることが分かっている。本研究も Ikeda (2005) や岩田 (2005、2007) と同様に、「母語話者と非母語話者 (L1 話者と L2 話者)」といったカテゴリーは所与の固定されたものではなく、会話の中でその時どきに構築されるものという立場に立って、L1 話者と L2 話者による友人同士の雑談を分析する。

3.　友人同士の雑談

　本章は、友人同士の雑談を分析するものであるが、友人同士の雑談にはどのような特徴があるのだろうか。会話参加者が敢えて「私たちは友人同士です」などと宣言しなくても、会話を観察すれば、会話参加者間の人間関係が

ある程度分かる。会話参加者間の関係性は、会話のやり方そのものに表れるのである（Pomerantz & Mandelbaum 2005）。

　友人同士の雑談の場合は、会話参加者が互いにいかに親しい関係であるか、つまり「友人」であることを表示しながら会話を進める。大津（2006）は、日本語 L1 話者の友人同士の雑談を分析し、その特徴について論じるものであるが、親しい関係であることを言語により表示するためのやり方を整理すると、大きく（1）会話を進めるにあたって必須の要素と（2）会話における随意的な活動とに大きく分けることができるとしている⁴。

　まず、「（1）会話を進めるにあたって必須の要素」には、表現形式を決める言語的成分と談話管理のし方が含まれる。表現形式を決める言語的成分には、文末形式（デスマス体ではなくダ体を用いて話すなど）、呼称（相手を姓ではなく名やニックネームで呼ぶなど）、語彙の種類（くだけたことばや仲間内だけで通用することばを使うなど）といったものがある。何を話すかに関わらず、会話を進めるにあたって会話参加者が必ずなんらかの選択をしなければならないものである。さらに、一旦ある形式を選択してしまえばそれが終始使われ続けるわけでなく、会話中、異なる表現形式が混用されることもある（例えば、生田・井出 1983, 宇佐美 1993, 三牧 1993 など）。一方、談話管理のし方とは、会話を進めるための方法そのものであり、話題の転換、新話題の導入のし方、ターンの取り方などが含まれる。これも、会話を進めるためには会話参加者がなんらかの選択を余儀なくされるものである。自分から話題を変えるのかそれとも相手が話題を変えるのを待つのか、相手の話をさえぎってでも言いたいことを言うのか相手から質問されるまでは静かに待つのかなど、基本的な会話の進め方が選択される。

　「（2）会話における随意的な活動」とは、何を話すか、どんな会話活動をするかという会話の中身のことである。冗談を言うのか、相手を批判するのか、自分の体験談をするのかなどの選択がなされる。その選択は、会話参加者の心まかせで、特定の会話活動がなければ、会話が成立しないという性質のものではない。例えば、日本語 L1 話者の友人同士の雑談では、いつもとは異なる面白いスタイルで話したり、相手をからかったりするといった冗談

174 第3部 関係性構築のための雑談

を言うことや、ナラティブの中に引用表現を多用してドラマ仕立てにすることなどが報告されている（大津 2004, 2005, 2007）。

　では、日本語 L2 話者を含む友人同士の雑談の特徴とはどういったものであろうか。もちろん、L1 話者同士の場合と同様に、上述した言語要素や活動によっても「友人同士であること」が示されることであろう。しかし、それだけではなく、会話参加者間で文化的背景や日本語・日本事情に関する知識状態が異なることが雑談のやり方に影響を及ぼす可能性もあるであろう。そこで、本章では、L1 話者が L2 話者の日本語・日本事情に関する知識の有無などをどう確認し、必要に応じてどう説明を開始するのかということに焦点を当て、いかに「教える側と習う側」、「日本人と外国人」といった非対称的な関係性が立ち現れることを避けながら「友人同士の雑談」を続けているかということについて論じる。

4.　研究方法

　本章で分析するのは、日本語 L1 話者（白井：仮名）と L2 話者（エマ：仮名）による女性の友人同士の雑談である。収録時、白井は日本の某大学の大学院生で、エマは白井と同じ大学で短期交換留学生として日本語を学習していた。エマの滞日期間は約 10 か月である。二人が会って、おしゃべりする機会があったらその会話を収録してくれるように依頼し、機材を渡し、録音・録画してもらった。雑談は、2013 年 1 月に二人の住む学生寮のラウンジで行われ、収録時間は約 40 分間であった。

　上記のデータ収集の後、西阪（2008）を参考に音声を文字化した。そして、会話分析の手法を用いて雑談の分析を行った。会話参加者たちのふるまいの詳細に注目しながら会話の特徴づけを行っていくうちに、しばしば白井がエマに日本語や日本事情に関する説明を挟んだり同じ話を別の言い方で説明し直したりすること、そして、その説明開始に先立って、「～（って）分かる？」「～知ってる？」という質問形式が見られるときとそうでないときがあることに気づいた。そこで、本研究では、(1) 白井がどのようにしてエマが日本

語・日本事情に関する知識を持っていない、それまでの自分の話を理解していないなどと判断しているのか、(2) どのような場合に「〜（って）分かる？」「〜知ってる？」という質問形式を用いて明示的にエマの知識や理解の有無を問うのかということに焦点を当て、考察することにした。

　なお、本研究は 1 組の友人同士の雑談を分析するものであり、分析対象となるサンプル数が少ないため、事例研究的側面があることを付言する。しかし、本研究のデータには量的分析では明らかにできない真実やその解釈があると判断し、質を重視した分析を行った。

5.　分析と考察

5.1　L1 話者による L2 話者の理解・知識の有無の確認と説明開始

　L1 話者はどのようにして L2 話者が日本語・日本事情に関する知識を持っているかどうか、自分の話を理解しているかどうかを確認するのだろうか。そして、知識を持っていない、理解していないと判断した場合、どのように語の説明などを開始するのだろうか。そのような場面で使いそうな言語表現は何かと内省した時に、最初に思いつくのは「〜（って）分かる？」「〜知ってる？」のように明示的に相手の知識や理解の有無を問う質問形式であろう。そして、L2 話者がそのことばを知らないと答えた場合に、説明が開始されることが予想される。また、実際に、第 1 節でも述べたとおり、地域の相互学習型活動の中では日本人によってそのような質問形式が用いられ、続けてことばの意味の説明がなされることも報告されている（杉原 2010）。では友人同士の雑談でも、同様に「〜（って）分かる？」「〜知ってる？」といった質問がなされるのだろうか。

　本研究のデータ分析の結果、友人同士の雑談では、「〜（って）分かる？」「〜知ってる？」といった質問形式で明示的に L1 話者が L2 話者の日本語・日本事情に関する知識の有無やそれまでの話を理解しているかどうかを確認することは、限られたコンテクストでしか行われず、少ないことが分かった。その代わりに、L1 話者の発話中に L2 話者が知らないかもしれないこ

とばがあった場合などに、L1 話者が L2 話者の様子を観察し、相手が何のことか分かっていないと判断した場合に、そのことばを別の語に置き換えたり、背景について言及したりといった説明を開始していた。

　そのとき、次のようなパターンが見られる。まず、L1 話者のターンの途中で、流暢さが落ちていく。言いよどんだり、話すスピードが落ちたりする。そして L2 話者が知らないかもしれないことばが発せられたり、理解できないおそれのある発話が発せられたりしたところで、中断して、短いポーズが現れる。その時に、L2 話者があいづちをうったり、適切な応答をしたりした場合には、L1 話者が説明を開始するようなことはなく、会話が進んでいく。しかし、L2 話者のあいづちや応答などがない場合もある。そのような場合に、L1 話者が当該のターン構成単位 (turn-constructional unit: TCU) (Sacks et al. 1974) が完結したところで、間を置かずに、発話の言い直しや語の説明などを行っているのが観察された。L1 話者は、言いよどみなどで流暢を落としていき、発話を中断して間を置くことによって、L2 話者の何らかの反応を引き出しているのではないかと思われる。そうすることで、相手が理解しているか、知識をもっているか、説明が必要かを判断する材料を得ているのではないだろうか。

　【例1】を見ていただきたい[5]。エマは、この会話断片の直前に、家族全員サーモンが好きで、家族の誕生日に家で刺身を作って食べたという話をしていた。白井は、エマの国では生魚を自宅で処理して食べることはなく、刺身を食べたい時はレストランやスーパーで買うものだと思っていたので、その話を聞いて意外に思っていた。そこで、01 行目から、エマに飲食店ではなく自宅でも刺身を作ることがあるのか尋ねている。

【例1】生魚
01S：　え：じゃ(0.4)°あ°なんとなく
02　　　今びっくりしたんだけど：なんとなく
03　　　そのほら(0.2)おさ－(.)かな－ 生の：魚を：
04　　　(0.4)((エマ 1 回うなずく))

05S： なんかさ家で食べる(.)って

06　 ことも(.)あるs(.)んだ. ＝＞そうやって＜

07　 自分で((包丁で切る動作))こうやって

08　 お母さんとかが((包丁で切る動作))こうやって［切って.

09E：　　　　　　　　　　　　　　　　　　　［はい.

　白井は03〜06行目で「生の：魚を：(0.4)なんかさ家で食べる(.)ってことも(.)あるs(.)んだ.」と言ってエマの話から自分が初めて知ったことに言及するのだが、その後、相手の応答を待たずに、続けて包丁で魚を切る身振りをつけながら、06〜08行目で「＞そうやって＜自分でこうやってお母さんとかがこうやって切って.」と別の表現に言い直す。

　白井はなぜ06行目以降で、このような言い直しを行うに至ったのだろうか。注目していただきたいのは、03〜06行目の、「生の：魚を：(0.4)なんかさ家で食べる(.)ってことも(.)あるs(.)んだ.」という部分である。白井が話している間、両者とも互いの目を見つめあっており、白井が「生の：魚を：」と言い終わったところで、0.4秒の間があくが、そこでエマは1回うなずき、白井が話そうとしていることのトピック(生の魚について)が分かったということを示している。その後、白井の発話は、05〜06行目「なんかさ家で食べる(.)ってことも(.)あるs(.)んだ.」で、3回の短い発話の中断や「あるs」のような言いよどみが見られ、流暢さが落ちている。その間、ずっと白井とエマは視線を合わせているが、04行目でうなずいてトピックが分かっていることを示した時とは対照的に、ここではエマはうなずいたり、表情で理解を示したりはしていない。「(.)」が示す3回の短い発話の中断の起こるタイミングで、エマは肯定、否定などなんらかの応答をすることもできたはずである。その様子を見た白井は、その質問に対するエマの応答を待つことなく、「あるs(.)んだ.」まで言い切った後、間を置かずに、いつもより速いスピードで「＞そうやって＜自分で」(06〜07行目)と言い直しを開始して、包丁で魚を切る身振りつきで、「こうやってお母さんとかがこうやって」と説明する。そして、その質問の意味を理解したエマは、09行目で白

井の発話に重ねる形ですぐに質問への応答を行っている。

白井は 05 〜 06 行目で流暢さを落とし、短い間を置くことによって、エマが理解を表示するための機会を用意しているのではないかと思う。しかし、そこでエマから言語的にも非言語的にも理解していることが表示されなかったため、白井はそのターン構成単位が終わる前に、説明が必要だという判断をし、質問の発話を言い切った直後にすぐに説明を開始したのではないか。

これまでの研究で、発話中に話し手が聞き手の行動を注意深く観察し、聞き手の反応に応じて発話の後続部分を調整していくことが明らかになっている。日本語母語話者が、文節単位の区切りなど発話未完結点で、聞き手の承認や理解表明などを引き込むために、「相互作用空間」を作るということが指摘されている (岩崎 2008)。また、中村 (2011) によると、見解表明ターンの中で、話し手が見解の核心を明示した直後に発話を中断し、聞き手の反応を引き出す「交渉空間」が作られ、聞き手の反応に応じて見解内容や主張態度が微妙に調整されることも明らかになっている。本章のデータに見られた現象も、このような調整行動のひとつなのではないだろうか。

では、白井はなぜこのようなやり方でエマが理解しているかどうか判断したのだろうか。なぜ「(私の言っていることが)分かる？」のような聞き方をしたうえで、説明を開始することをしなかったのだろうか。それは、この会話が友人同士の雑談であることと関係があるのではないだろうか。友人同士の雑談は、対等な関係で、楽しくおしゃべりすること自体が目的となっているような会話である。そのため、「分かる？」という質問形式を用いて「教える側と習う側」という関係性が立ち現れるのを避けているのではないかと思われる。

5.2 「〜(って)分かる？」「〜知ってる？」が使われる場合①
─すでに始まった説明の中で別の理解確認などが
必要になったとき

前節では、いかに L1 話者が L2 話者の様子を観察し、相手が何のことか

分かっていないと判断した場合に説明を開始しているかということについて論じた。しかし、もちろん、L1話者はいつもこのようなやり方をしているわけではない。L2話者の日本語の理解や日本事情の知識の有無が関わるときでも、「～（って）分かる？」「～知ってる？」という質問形式が用いられることもある。ただし、そのような明示的に相手の理解や知識の有無を尋ねるやり方は、限られた状況でないと出現しにくいようである。

　そのような状況のひとつが、L1話者がある事柄の説明をすでに始めた後で、さらにそこに含まれる別の語などの理解確認が必要となった場面である。

　【例2】を見ていただきたい。エマは名古屋を旅行したが、名古屋はあまり有名なものがなくてつまらなかったという話をしていた。それを聞いた白井が、名古屋城など名古屋の有名なものを挙げていくうちに、名古屋は食べ物が有名だという話になった。

【例2】名古屋名物
01S： あでも名古屋っていったらなんか食べ物が(0.4)有名かもしれない.
02E： あ：.
03S： 何かいろいろ：＝
04E： ＝みそ　み［そ
05S： 　　　　　　　　［＞そうそうそうそうそうそうそう. ＜
06　　 何かみ－［あ　みそ.
07E： 　　　　　［みそかつ.
08S： そうそう. ＜みそかつとか：＞(0.6)
09　　 ＞゜あとは゜＜　実は私もそんなに(.)詳しくは
10　　 ないんだけど：(0.2)((Eから視線をそらす))あとはなんか
11　　 ((Eと視線を合わせる))ひつまぶし(0.4)とかもそうだと思う.　＝
12　　 ひつまぶしって：(0.4)え：と(.)ウナギ分かる？
13E： ウナギは(.)なに？
14S： ウナギは：(0.6)え：とおすし屋さんにもウナギってあるけど

180　第3部　関係性構築のための雑談

15	((中略))
16S：	ちょっと味つけたやつをこうやって(0.2)
17	お茶漬けって分かるかな.
18E：	うん分かる. ＝
19S：	＝うん　みたいに：なんかちょっと入れて食べるっていう
20	方法が：(.)あって：で私も実はそんなに詳しくないんだけど：
21	それはなんか名古屋のものだと(0.2)聞い［たことが(0.2)ある.
22E：	［あ：：：：：：：：.

　01行目で白井が「あでも名古屋っていったらなんか食べ物が(0.4)有名かもしれない.」と言ったところ、エマは進んで、自分の知っている名古屋名物を挙げていく。例えば04行目で「みそ」、07行目で「みそかつ」を挙げている。それを受けて、白井は08行目で「そうそう. ＜みそカツとか：＞」と言ってエマに同意した後、09～11行目にかけて、自分も詳しくはないと前置きをしつつも、ひつまぶしも名古屋名物だと言う。その後、12行目で「ひつまぶしって：」と、すぐにひつまぶしの説明を自ら始めていることから、白井は11行目までで、エマはひつまぶしのことを知らないと判断したことが分かる。

　上記の12行目でひつまぶしの説明が始まるまでの過程は、5.1節で述べたパターンと一致している。L1話者のターンの途中で流暢さが落ち、L2話者が知らないかもしれないことばが発せられたところで、発話が中断され、ターン構成単位が終わったところで説明が開始されるというパターンである。白井は、エマが理解を表示するための機会を用意し、エマの反応を注意深く観察したうえで、ひつまぶしの説明が必要だと判断したことが分かる。白井は、09行目「＞°あとは°＜」で、エマが挙げたもの以外の名物を挙げ始めるが、それを中断し、「実は私もそんなに(.)詳しくはないんだけど：」と前置きを挟む⁶。さらに、その後10行目で「あとは」を繰り返し、09行目で中断していた元の発話が再開したことを示すが、その前後には0.2秒の間と「なんか」というフィラーがあり、白井の発話の流暢さは落ちている。

そして、11 行目でエマと視線を合わせ、「ひつまぶし」と言った後に発話を中断し、0.4 秒の間が置かれる。その 0.4 秒の間のあいだ、白井とエマは視線を合わせているが、エマはひつまぶしを知っているとも知らないとも表示しない。04 行目や 07 行目では、白井の発言を遮ってまで、自分の知っている名物の名前を挙げ、知識を持っていることを示していたが、ここではうなずきもせずただ静かに座っているだけである。エマのそのような反応を受け、白井は「ひつまぶし（0.4）とかもそうだと思う．」とターン構成単位の最後まで言い切った後、エマの応答を待つことなく、12 行目で「ひつまぶしって：」と言って、ひつまぶしの説明を開始している。【例 1】と同様に、白井はエマが理解を表示するための機会を用意していたが、エマから、ひつまぶしを知っていることが示されなかったため、白井はひつまぶしの説明が必要だという判断をしたように思われる。

　以上の過程を経て、12 行目から、白井は「ひつまぶしって：」と言ってひつまぶしの説明を始めるが、その説明には「ウナギ」という語の理解が欠かせない。そのため、白井はエマにうなぎを知っているか、12 行目で尋ねている。ここで注目していただきたいのは、その質問形式である。「ウナギ分かる？」という明示的に相手に知識があるかどうかを尋ねるやり方がなされている。この質問形式は、ひつまぶしの説明のために、エマが「ウナギ」ということばを知っているかどうかが問題になったところで現れた。つまり、ひつまぶしの説明の開始後という談話上の位置である。このように、一旦始まった説明のフレーム[7]の中で更なる説明が必要になったときに、「〜分かる？」という質問形式が用いられていた[8]。

5.3 「〜（って）分かる？」「〜知ってる？」が使われる場合②
―相手の知識の有無などを判断する材料が十分に
得られなかったとき

　「〜（って）分かる？」「〜知ってる？」という質問形式は、5.1 節で述べたやり方では、L2 話者が本当に理解しているかどうか、知識を持っているかどうかを L1 話者が判断できなかったときにも見られる。L1 話者のターン

の途中で流暢さを落としていき、L2 話者が知らないかもしれないことばなどが発せられたところで発話を中断し、L2 話者が知識を持っているかどうかを表示する機会を用意したにもかかわらず、そこで十分な判断材料が得られなかった場合である。

【例 3】を見ていただきたい。エマは元日に神社に初詣に行ったときのことを話していた。エマはお賽銭に 5 円玉を一枚だけ投げたが、周りには硬貨を複数枚まとめて一度に投げている人がいたそうである。そこで、白井に多くの硬貨を一度にまとめて投げることに意味はあるのか尋ねたところである。エマの問いかけに対して、白井は、01 行目でお賽銭の金額に意味はないと答える。そして、続けて 02 行目で、5 円玉を投げることそれ自体にどんな意味があるかをエマが知っているかどうかを探り出す。

【例 3】初詣

01S： いや uh－ uh－ (.)う：ん 金額に：意味はあまりないけど：

02　　あの：(.)その(.)ごえん (.)だまは：

03E： うん.

04　　(.)

05S： uh－ 知っ(.)てる？

06E： 知っ［てる　　知ってる　　］

07S：　　　　［うん．だよね意味］分かる(0.2) よね＝

08　　＞そのほら＜(.)え：っと(0.4)ご縁？

09E： う：［ん.

10S：　　　［あの：ま(.)いいチャンス(0.2)が：(.)

11　　なんてゆうか来ますようにみたいなので：(((後略))

02 行目の白井の発話は、「あの：(.)その(.)ごえん (.)だまは：」と発話の途切れが多く、音も伸ばされている。もしエマが 5 円玉を投げることの意味を知っていれば、白井の発話に重ねる形で、あるいは、その直後に「ご縁があるって意味だよね」のように、知識があることを示すことができる機会

になっている。しかし、エマは 03 行目で「うん」とあいづちを打ち、白井のさらなる発話を促すだけで、知識の有無については明示しない。このあいづちは、「5 円玉の意味は当然知っているから、ここでそれを言う必要はない」というエマの態度の表れのようにも聞こえるし、本当は知らないが知っているふりをしていたり 02 行目の白井の意図を誤解していたりするようにも聞こえる。そのため、白井は 04 行目の短い間の後、05 行目で「uh－」と言いよどみながら「知っ(.)てる？」と明示的にエマの知識の有無を聞いている。このように、相手が知識の有無を示す機会を用意し、その反応を注意深く見て判断するというやり方でうまくいかなかったときにも、「～（って）分かる？」「～知ってる？」という質問は見られる。

　その他にも、この例で興味深いのは、白井の 05 行目の「知っ(.)てる？」という問いの後のふるまいである。白井の質問に対してエマは、06 行目で、「知ってる知ってる」と答える。すると、07 行目で白井は、相手の発話に重ねる形ですぐに「うん. だよね意味分かる (0.2) よね」と言って、「エマが知っているのを最初から分かっていた」ことを示す。こうすることで、05 行目で「知ってる？」と聞いてしまったこと自体をなかったことにしようとしているようにも見える。しかし、それでも、エマは 06 行目で、知っていると言いつつも具体的に何を知っているかを述べていないため、本当に知っているのかどうかは不明である。それで、白井は、07 行目でエマが 5 円玉に関する知識を持っていることを認める発話をしながらも、本当はエマは 5 円玉の意味を知らないと判断したようで、間を置かず、08 行目以降で結局説明を開始している。

6.　おわりに

　本章では「日本人と外国人」や「教える側と習う側」といった非対称的な関係性が立ち現れることを避けながらも、L1 話者がどのように L2 話者の日本語や日本事情に関する知識の有無や理解を確認し、説明が必要であるかどうかの判断をしながら、「友人同士の雑談」を続けているかということに

ついて論じた。データ分析の結果、友人同士の雑談では、「〜（って）分かる？」「〜知ってる？」といった質問形式で明示的にL1話者がL2話者の知識の有無やそれまでの話を理解しているかどうかを確認することは、限られたコンテクストでないと行われにくいことが分かった。その代わりに、L1話者の発話中にL2話者が知らないかもしれないことばがあった場合などに、L2話者が理解・知識の有無などを表示できる機会をL1話者が用意し、様子を観察したうえで、説明が必要かどうかを判断しているのが観察された。一方、「〜（って）分かる？」「〜知ってる？」といった質問形式が用いられるのは、上記のやり方ではうまく行かなかった時や、説明の中で、さらに別の語などの説明が必要になりそうなときだけであった。

　本研究は、1組の友人同士の雑談データに基づくものであるので、もちろん結果の一般化をめざすものではない。しかし、本研究によって、L1話者とL2話者の友人同士の雑談のこれまであまり注目されてこなかった側面を明らかにすることができたのではないかと思われる。L2話者の参加する会話にはさまざまなものがあるが、どのような場面で、どのような目的を持って、誰を相手に行われるものなのかによって、会話のやり方は異なる。友人同士の雑談では出にくい「〜（って）分かる？」「〜知ってる？」といった質問形式も、教室でのやりとりなどでは教育効果を上げるなどの目的を達成するために頻繁に用いられるのかもしれない。また、同じ雑談でも、相手が友人でなければ、異なる結果になるであろう。さらに、友人同士の雑談であっても、話題などによっては、明示的な質問形式が多用される可能性がある。今後は、L2話者の参加する雑談の特徴を明らかにしていくと同時に、雑談の行われる場面や相手といった要因がどう雑談の進め方に影響するかということにも注目しながら、研究を続けていきたい。

注

1　本章でカテゴリーの説明をするにあたって、Sacks (1972a, 1972b)、西阪 (1997)、

岩田（2005）を参考にした。

2　Mori（2002）は、教室活動のデザインがいかに第二言語学習者の会話のし方に影響を与えるかということについて論じている。

3　Okada（2013）によると、最大限の教育効果を得るため、その時々の相互行為の目的に応じて、教室で起こるやりとりの様相は変わる。

4　メッセージの送り手と受け手の関係性に応じたコミュニケーション行動については、蒲谷他（1998）、南（1977, 1987）といった待遇表現研究でも扱われているが、友人同士など親しい関係性の表示については、簡単に触れられる程度であることが多い。一方、親しさの表現に焦点を絞った研究には、中山（2003）がある。中山は、親しさを表現するための手段を言語表現によるものとコミュニケーション行動よるものとに分類している。また、本章では詳述できないが、非言語行動も親しい関係性と関わりがある。対人距離、視線、ほほえみ、身体接触などの多少が親しい関係性にどう影響を及ぼすのか、社会心理学の分野などで研究が進められている（大坊 1990, 和田 1990 など）。

5　トランスクリプト中の「S」は白井を、「E」はエマを指す。

6　白井は、自分もあまり名古屋名物に詳しくはないということを前置きすることによって、エマがひつまぶしを知らないであろうことをあらかじめ予測し、後でその語の説明をする際に「教える側と習う側」という関係性が際立ったものにならないように準備をしている可能性がある。

7　Goffman（1974）によると、フレームとは、相互行為中に起こっている活動が何であるのかということについての会話参加者や観察者の認識のことである。

8　紙幅の都合で詳述することはできないが、17 行目「お茶漬けって分かるかな.」についても、12 行目「ウナギ分かる？」と同様のことが起こっていると考えられる。ひつまぶしの説明に「お茶漬け」の理解を欠かすことはできない。

トランスクリプトに用いる記号

トランスクリプトに用いている記号は、西阪（2008）を参照した。

［　　　発話の重なりの始まる時点。重なりの終わりが「］」で示されることもある。

＝　　　2 つの発話が途切れなく密着していることを示す。また、1 つの発話の中で語と語が途切れなく密着していることを示す時にもこの記号を用いる。

（数字）沈黙や間合い。0.2 秒未満の短い間は（.）で表す。

：　　　直前の音の引き延ばし。コロンの数は引き延ばしの相対的な長さに対応している。

–	言葉が不完全なまま途切れている。
？	語尾の音の上昇を示す。
．	語尾の音が下がり区切りがついたことを示す。
°　°	当該箇所の音が小さいことを示す。
＞　＜	発話のスピードが目立って早くなっていることを示す。
＜　＞	発話のスピードが目立って遅くなっていることを示す。
（（　　））	その他の注記を示す。

参考文献

Coulthard, Malcolm. (1985) *An Introduction to Discourse Analysis*. London: Longman.

大坊郁夫 (1990) 「対人関係における親密さの表現―コミュニケーションに見る発展と崩壊」 『心理学評論』 33 (3): pp. 322–352. 心理学評論刊行会.

ファン、サウクエン (2006) 「接触場面のタイポロジーと接触場面研究の課題」 国立国語研究所編 『日本語教育の新たな文脈―学習環境、接触場面、コミュニケーションの多様性』 pp. 120–141. アルク.

Goffman, Erving. (1974) *Frame Analysis*. New York: Harper and Row.

樋口斉子 (1997) 「初対面会話での話題の展開」 『平成7年度～平成8年度文部科学省科学研究費―基盤研究 (C) (2) ―研究成果報告書　日本人の談話行動のスクリプト・ストラテジーの研究とマルチメディア教材の試作 (研究代表者：西郡仁朗)』 pp. 50–57.

伊集院郁子 (2004) 「母語話者による場面に応じたスピーチスタイルの使い分け―母語場面と接触場面の相違」 『社会言語科学』 6 (2): pp. 12–26. 社会言語科学会.

Ikeda, Tomoko. (2005) The interactional achievement of being "native" and "nonnative" speakers: An analysis of multiparty interactions between Japanese and international Students. *Crossroads of Language, Interaction and Culture* 6: pp. 60–79.

生田少子・井出祥子 (1983) 「社会言語学における談話研究」 『月刊言語』 12 (12): pp. 77–84. 大修館書店.

岩崎志真子 (2008) 「会話における発話単位の協調的構築―「引き込み」現象からみる発話単位の多面性と聞き手性再考」 串田秀也・定延利之・伝康晴編 『「単位」としての文と発話』 pp. 169–220. ひつじ書房.

岩田夏穂 (2005) 「日本語学習者と母語話者の会話参加における変化―非対称的参加から対称的参加へ」 『世界の日本語教育』 15: pp. 135–151. 国際交流基金.

岩田夏穂 (2007) 「留学生と日本人学生の自由会話に見られる参加の対称性と非対称性」 『言語文化と日本語教育』 33: pp. 1–10. お茶の水女子大学日本言語文化学研究会.

蒲谷宏・川口義一・坂本惠(1998)『敬語表現』大修館書店.

Kasper, Gabriele. (2004) Participant orientations in German conversation-for-learning. *Modern Language Journal* 88(4): pp. 551–567.

Long, Michael. H. (1996) The role of the linguistic environment in second language acquisition. In William C. Ritchie and Tej K. Bhatia (eds.), *Handbook of Second Language Acquisition*, pp. 413–468. New York, NY: Academic Press.

Markee, Numa. P. (2000). *Conversation Analysis*. Mahwah, NJ: Lawrence Earlbaum Associates.

三牧陽子(1993)「談話の展開標識としての待遇レベル・シフト」『大阪教育大学紀要 第Ⅰ部門』42(1): pp. 39–51. 大阪教育大学.

南不二男(1977)「敬語の機能と敬語行動」大野晋・柴田武編『岩波講座日本語4敬語』pp. 1–44. 岩波書店.

南不二男(1987)『敬語』岩波書店.

Mori, Junko. (2002) Task design, plan, and development of talk-in-interaction: An analysis of a small group activity in a Japanese language classroom. *Applied Linguistics* 23(3): pp. 323–347.

中井陽子(2003)「話題開始部で用いられる質問表現―日本語母語話者同士および母語話者／非母語話者による会話をもとに」『早稲田大学日本語教育研究』2: pp. 37–54. 早稲田大学日本語研究教育センター.

中井陽子(2004)「話題開始部／終了部で用いられる言語的要素―母語話者及び非母語話者の情報提供者の場合」『講座日本語教育』40: pp. 3–26. 早稲田大学日本語研究教育センター.

中村香苗(2011)「会話における見解交渉と主張態度の調整」『社会言語科学』14(1): pp. 33–47. 社会言語科学会.

中山晶子(2003)『親しさのコミュニケーション』くろしお出版.

西阪仰(1997)『相互行為分析という視点―文化と心の社会学的記述』金子書房.

西阪仰(2008)「トランスクリプションのための記号［v.1.2 2008年1月］」http://www.meijigakuin.ac.jp/~aug/transsym.htm(参照 : 2014年12月15日).

Okada, Yusuke. (2013) Prioritization: A formulation practice and its relevance for interaction in teaching and testing contexts. *Pragmatics and Language Learning* 13: pp. 55–77.

大津友美(2004)「親しい友人同士の会話におけるポジティブ・ポライトネス―『遊び』としての対立行動に注目して」『社会言語科学』6(2): pp. 44–53. 社会言語科学会.

大津友美(2005)「親しい友人同士の雑談におけるナラティブ―創作ダイアログによる

ドラマ作りに注目して」『社会言語科学』8(1): pp. 194–204. 社会言語科学会.

大津友美(2006)『親しい友人同士の雑談における親しさ表示行動―会話参加者間の共同作業を通じた親しさの演出』名古屋大学国際言語文化研究科博士学位論文.

大津友美(2007)「会話における冗談のコミュニケーション特徴―スタイルシフトによる冗談の場合」『社会言語科学』10(1): pp. 45–55. 社会言語科学会.

Pomerantz, Anita. and Jenny Mandelbaum. (2005) Conversation analytic approaches to the relevance and uses of relationship categories in interaction. In Kirsten L. Fitch and Robert E. Sanders (eds.) *Handbook of Language and Social Interaction*, pp. 149–171. Mahwah, NJ: Erlbaum.

Sacks, Harvey. (1972a) An initial investigation of the usability of conversational data for doing sociology. In David Sudnow (ed.) *Studies in Social Interaction*, pp. 31–74. New York: Free Press.

Sacks, Harvey. (1972b) On the analyzability of stories by children. In John J. Gumperz and Dell Hymes (eds.) *Directions in Sociolinguistics: The ethnography of communication*, pp. 325–345. New York: Holt, Rinehart and Winston.

Sacks, Harvey., Emanuel A. Schegloff., and Gail Jefferson. (1974) A simplest systematic for the organization of turn-taking for conversation. *Language*, 50(4): pp. 696–735.

佐々木由美(1998)「初対面の状況における日本人の『情報要求』の発話―同文化内および異文化間コミュニケーションの場面」『異文化間教育』12: pp. 110–127. 異文化間教育学会.

杉原由美(2010)『日本語学習のエスノメソドロジー』勁草書房.

宇佐美まゆみ(1993)「初対面2者間会話における会話のストラテジーの分析―対話相手に応じた使い分けという観点から」『学苑』647: pp. 37–47. 昭和女子大学近代文化研究所.

和田実(1990)「対人コミュニケーションと認知」大坊郁夫・安藤清志・池田健一編『社会心理学パースペクティブ2―人と人とを結ぶとき』pp. 39–55. 誠信書房.

チャットにおける多者間雑談と二者間雑談
日独比較の観点から

白井宏美

要旨

　チャットルームでは、大勢の参加者が入り乱れて雑談をしているという印象があるが、実は複数の「会話の束」が生起している。そして、この「会話の束」の性質や構成は日独間で異なっている。日本語チャットでは、グループになって多者間で雑談が進む傾向が強いが、ドイツ語チャットでは二者間で雑談が進行している傾向が顕著である。その際、日本語チャットではあいづち的な発話や分割送信が頻繁に観察される。これらの現象は「統合的協調性」が本質的であるとされる日本語と「競合的協調性」が本質的であるとされるドイツ語の対面コミュニケーションにおける特徴が、チャット・コミュニケーションにも反映しているとみなすことができよう。

1.　はじめに

　本章は、チャット・コミュニケーションのなかに、対面コミュニケーションの規範や行動様式がどのように現れているのかを、日独比較の観点から観察・分析しようとするものである。系統の全く異なる言語で、文化的・社会的相違も大きい、日本語とドイツ語という２つの言語のチャットを比較することによって、一方ではチャットの文化拘束性が、また他方では言語・文化を超えた共通性ないし普遍性が見て取れる可能性がある。

　言語共同体にはそれぞれ、コミュニケーションに関する（多かれ少なかれ）特有の規則ないし慣習がある。ふつう雑談参加者は、そのような規則を意識化することなく、それぞれの発話状況にふさわしい規則の適用を行っている。たとえば、日独間では「あいづち」をうつ箇所やタイミングが異なって

190　第 3 部　関係性構築のための雑談

いたり、一度に話す発話量に違いが見られたりする。対面の雑談における発話様式もしくは行動様式の特徴は、チャットにおいても見られるのだろうか。

2.　雑談とは

　Hermanns (1987) は、会話は常に明確な目的があるとは限らず、言語的相互行為の目的指向性の強度には幅があるとし、そのような明確な目的を指向しない会話 (おしゃべり、冗談、なぞなぞなど) を交話的コミュニケーション 'phatische Kommunikation' と捉えた。つまり、雑談は目的思考の道具的なコミュニケーションではなく、関係保持・触れ合い的なコミュニケーションといえる。この交話的コミュニケーションは、メール、フェイスブック、ツイッター、ライン、チャット等においても見られる。これらは、主に音声ではなく文字を用いるという点でメディア (伝達媒体) としては書きことばであるが、話しことばの特徴が多いという点でコンセプト (概念) としては話しことばにかなり近いものである。したがって、本章で雑談とは、文字を用いた交話的コミュニケーションも含むものとする。なかでもチャットは、送信と受信がほぼ同時進行的に行われ参加者たちが時間を共有するということもあり、コンセプトとして極めて話しことばに近く、話しことば性が高いという特徴がある。

3.　チャットの話しことば性

　話しことば性と書きことば性という概念対に関して、ドイツの言語学者 Koch and Oesterreicher (1994: 587) のモデルを取り上げておきたい。Koch and Oesterreicher によると、確かにメディアという点では話しことばと書きことばの概念は二分法で理解されうるが、彼らは次のように詳説している。

　他方、コンセプトという点においては、話しことばと書きことばという

概念は同じ連続体の両極を表すことになる。この（コンセプトという）観点においては、うち解けた会話、個人的な手紙、法律文書等々の表現形式の間に段階的相違（つまり同じ座標軸上で位置する場所が異なること）があることを参照のこと。したがって、例えば学術講演はメディアとしては音声によって実現されるにもかかわらず、コンセプト的には書きことば的である。他方、個人的な手紙はメディアとしては文字によって実現されるにもかかわらずコンセプト的には話しことばに近い。

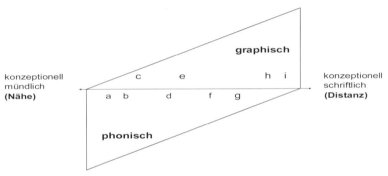

図1　メディアとしての、およびコンセプトとしての話しことば性／書きことば性の領域における様々な発話形式の配列図式（Koch and Oesterreicher 1994: 588）
a：親しい、うち解けた会話、b：電話の会話、c：個人的な手紙、d：面接時の会話、e：新聞のインタビュー記事、f：（教会での）説教、g：学術講演、h：（新聞の）社説、i：法律文書（日本語訳は筆者）

このモデルに依拠すると、チャット・コミュニケーションは図2の中のおよそxの位置に位置づけられうる。

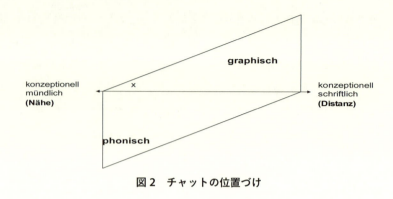

図2　チャットの位置づけ

　このように、チャット・コミュニケーションが極めて話しことばに近いのであれば、対面コミュニケーションからなんらかの影響を受けているのではないだろうか。つまり、対面のコミュニケーション様式がチャットに反映されている可能性があるのではないだろうか。

4. 対面コミュニケーションにおける「参加者間指向表現」のやりとり

　Ehlich (1987) は Grice (1975) の「協調の原理」を批判的に検討し、談話 'Gespräch' という営みは、基本的に談話の参加者たちが「協調」して初めて成立すると考え、談話において参加者たちが互いに働きかけ合うことを「形式的協調」 'formale Kooperation' と呼んだ。そして、丸井 (1994) は、この「形式的協調」の現れ方と様式は文化・社会によって異なる点に着目し、「個別文化的協調様式」という概念を提唱し、競い合うことで協調することを「競合的協調性」、合わせ合うことで協調することを「統合的協調性」と呼んだ。

　ドイツ人同士の雑談を観察すると、日本人同士に比べてあまりあいづちを打たない印象を受け、少なくともこの限りでは協調の現れ方と様式は、文化・社会によって異なると考えられる。白井 (2002) では、初対面時の対面コミュニケーションにおける雑談を具体的な事例として、協調様式に関して

日独間で何らかの差異があるかどうかを調査し、それぞれの雑談参加者たち
を統御している規則性を調べた。この雑談の協調様式を分析するに際して、
聞き手のみの言語行動に限定するのではなく、話し手と聞き手相互のやりと
りに焦点を当てた。

　Marui (1993) は、相互行為として談話を観察する際の重要な概念として、
参加者間指向表現 'Partnerbezugssignale: PBS' を提唱した。

> 参加者間指向表現 'Partnerbezugssignale: PBS' とは、典型的には、発
> 動位置(所謂「話し手」から)では、「〜ね」「〜よ」等の終助詞を伴う発
> 話、「でしょ」等の疑問形式、後で短い休止を伴う上昇調のイントネー
> ション等、反応位置(所謂「聞き手」から)では「はい」「ええ」「ああそ
> うですか」といった「相槌」、'back channel'、あるいは「聴取確認信
> 号」と呼ばれる表現が用いられる。　　　　　　　　（丸井 1994: 55）

相互行為という視点を重視して、「あいづち」という用語ではなく、この
「参加者間指向表現」という用語を白井 (2002) では援用した。たとえば、次
の断片 1 と 2 の下線部分が参加者間指向表現である。

断片 1

| B2：あの　　　哲学　　　研究室の :: 補佐をやってるんですよ ::　　はい |
| C1：　　はい　　　はい　　　　え　　　　　　　　　　　　　　はい |

断片 2

| A ：もう修論の年なんで今年　　M2 なんで :: だから自分の勉強もかねて ::　う :: |
| B1：　　　　　　　　　　あっ M2 ？　ああ ::　　　　　そうですね　忙し |

| A ：ん　　　　　　　そうですね　忙しくなるでしょうね　　　う :::::ん |
| B1：いですね　これから :　　　　　　年末　年明けぐらいまでがちょっと : |

A ： う::んそうですね:::	あ そう
B1：感じですね:　　((笑い))マスターの頃　あたし　ドクターなんですよ:	

　このように白井(2002)の日本語データでは、話し手からの参加者間指向表現に聞き手が参加者間指向表現で答え、その反応に再度話し手が参加者間指向表現で答えるという、リズム化された参加者間指向表現のやりとりが見られた。ドイツ語データでは、話し手の参加者間指向表現として ne(〜ね、じゃないですか)が観察されたものの、その ne に対して聞き手が参加者間指向表現を用いて反応することは一度も観察されなかった。断片3のように聞き手は無反応であったり、断片4のように聞き手からの参加者間指向表現を得られるどころか、ターンが入れ替わってしまったりするのである。

断片3

E1 : bei uns ganz speziell die Sprache, ne? Also das ist sehr linguistisch.	
F1 :	Mhhm

断片4

E2 : fürs Berufsleben, denk ich, ne? ((-------------------Lachen--------------------))	
G1 :	Deswegen mach ich 's ja auch ((Lachen))

　このような発話様式に関する日独差は、チャットにも見られるのであろうか。

5. チャットにおける参加者間指向表現

　そこで、チャットの日独比較を行うにあたり、有名ポータルサイト Yahoo! が提供しているチャットを観察した。Yahoo! のチャットは、無料で簡単に利用することができ、日本語とドイツ語のチャットルームが同じような環境で提供されている。筆者が Yahoo! Japan(日本語)および Yahoo!

Deutschland（ドイツ語）のチャットルームに入室し、チャットが行われている画面を保存するという方法で 2005 年に収集した。本章では、参与観察法ではなく分析者が参加しない観察法をとったため、分析者は一切メッセージを発信せずに傍観した。Yahoo! Deutschland のチャットルームでは、40 ～ 45 分間傍観しているとチャット画面が停止して自動的に参加不可能（傍観も不可能）となってしまう。そのため、チャット画面が停止してしまうまでの時間がデータ収集時間となっている。カテゴリーとして音楽（Musik）と動物・自然（TiereNatur）のチャットルームを選択するにあたっては、傍観していてもあまり目立たず、参加者たちが気にすることのない、20 ～ 24 名が参加しているチャットルームであることを考慮した。また、チャットではメッセージを入力し参加者自身が送信ボタンもしくはエンターキー（リターンキー）を押した時点で、それがチャット画面においてひとまとまりの発話として示される。収集したデータの合計発話数は日本語チャット 772 発話、ドイツ語チャット 626 発話である。

　チャットにも、参加者間指向表現の連鎖が見られるかどうかを調べるため、チャットをあえて上の断片 1 ～ 4（対面コミュニケーションの例）と同じ形で書きかえて比較してみたい。断片 5 は収集した日本語チャットのデータから、参加者 A と F がやりとりしている部分である。

断片 5

147　A:　ピアノ習いたいわー

148　A:　ショパン弾いてた子に Let it be 教えてもらった。

149　F:　うんうん

150　A:　スパルタですげぇ怖かった。

151　F:　ww

152　A:　アメリカにいるとき

153　A:　同じ家にステイしてた子でさ。

154　F:　アメリカにいたの？？

155　A:　休みの日は

196　第3部　関係性構築のための雑談

156　F：　すごい
157　A：　練習するで！！
158　A：　って無理矢理。。。
159　A：　うん。
160　F：　あはは
161　A：　1年だけだけどね。
162　F：　留学？
163　A：　まーそんなとこかなぁ
164　F：　いいな〜
165　A：　いいよ〜
167　F：　アメリカきれいでしょ？
170　A：　うーん
171　A：　場所による

このチャットを書きかえてみると断片5aのようになる。下線の部分が「参加者間指向表現」である。断片1、2（対面コミュニケーションの例）で見られたほどのリズム化された連鎖にはならないものの、Fの「うんうん」や笑いを示すww、Fの「いいな〜」に対するAの「いいよ〜」などの参加者間指向表現が見られる。

断片5a

| A：ショパン弾いてた子にLet it be教えてもらった　　　　スパルタですげぇ怖かった |
| F：　　　　　　　　　　　　うんうん　　　　　　　　　　ww |

| A：アメリカにいるとき　　　　　　　うん　　同じ家にステイしてた子でさ |
| F：　　　　　アメリカにいたの？？　すごい |

| A：休みの日は練習するで！！ って無理矢理。。。　　1年だけだけどね |
| F：　　　　　　　　　　　　あはは　　　　　　留学？ |

A：まーそんなとこかなぁ　　　いいよ〜　　　　　　　　　　　うーん　場所による	
F：　　　　　　　　　　いいな〜　　　アメリカきれいでしょ？	

それでは、ドイツ語チャットはどうだろうか。断片6は、AとKがやりとりしている部分である。

断片6

057　**K:**　war lange nich mehr zu hause, also nich in KS,darum **A**

061　**A:**　ah ja – wo warste denn **K**

068　**K:**　in meinen alten zu Hause sprich Heimat Halle **A**

072　**A:**　ui schön（FMARK）ich war ja auch über 3 wochen nicht hier **K**

075　**K:**　seid wann ist das hier so voll, war vor paar Tagen hier und da waren 40 Leute oder so hier, **A**

077　**A:**　seid die räume geändert sind **K** ein paar gibts nicht mehr und ein paar neue gibts auch

これも、あえて断片1〜4（対面コミュニケーションの例）と同じ形で書きかえてみると断片6aのようになる。参加者間指向表現が全く見られない。

断片6a

A :　　　　　　　　　　　　　　　　　ah ja – wo warste denn K	
K : war lange nich mehr zu hause, also nich in KS, darum **A**	

A :　　　　　　　　　　　　　　ui schön（FACEMARK）ich	
K : in meinen alten zu Hause sprich Heimat Halle **A**	

A : war ja auch über 3 wochen nicht hier **K**	
K :　　　　　　　　　　　seid wann ist das hier so voll, war vor	

A:	seid die räume
K : paar Tagen hier und da waren 40 Leute oder so hier, **A**	

　以上のように、日本語の場合は、チャットであっても参加者間指向表現が見られる点が興味深い。丸井 (1992)、白井 (2002) などにより、日本語の対面コミュニケーションでは、話し手と聞き手の役割があいまいで、リズム化された参加者間指向表現のやりとりによって合わせあうことで協調する「統合的協調性」が見られ、ドイツ語の対面コミュニケーションでは、話し手と聞き手の役割がはっきりしており、発言権を取ろうと競い合うことで協調する「競合的協調性」が見られることが示されているが、チャットにもこの「統合的協調性」と「競合的協調性」が反映されていると考えられる。

6.　日本語チャットにおける文の「分割送信」

　日本語チャットにおいて、1 つの文をいくつかに分けて送信する現象はめずらしくない。長い文を作っていると送信する前に誰かが発言してしまうことになるので、時間を空けないように短い文を次々に送っているのだろうか。いいたいことを一気に送信するのではなく分割して送信することによって、発話者は発言権を守ろうとしていると考えられる。たとえば、断片 7 のような分割送信が行われている。

断片 7

093　A:　聴かないのは

094　A:　うーん､､､

096　A:　好きなのは

097　A:　オーストラリアカントリー

098　A:　ロック

099　F:　洋楽も好きやねんけどわからへんねん〜

［…］

108	F:	ショパンの何？
109	A:	なんたら協奏曲
110	A:	題名わすれた。
111	A:	左手と右手が
112	F:	しってないやん w
113	A:	違うリズムの
114	A:	CD あるけど、
115	A:	それ入ってない！！

　A は、「聴かないのはうーん、、、好きなのはオーストラリアカントリー、ロック」という文を短く 5 回に分けて送信している。同様に「左手と右手が違うリズムの CD あるけど、それ入ってない！」もそうである。三浦・篠原 (2002) も、この分割送信を日本語のチャット言語の特徴の 1 つであると見なしている。日本語チャットでよく見られるこのような分割送信は、ドイツ語チャットデータでは観察されなかった。次の断片 8 のように完全文を一度に送信するのが普通である。そのため、ドイツ語チャットでは 1 つの発話が長くなっている。対面コミュニケーションの研究で、白井 (2002) や林明子・西沼行博 (2006) の調査によって、ドイツ人のほうが日本人より 1 回の発話が長いという結果がでているが、このような対面コミュニケーションの様式もチャットに反映していると考えられる。

断片 8

001	**A:**	ja und das mit mehreren nicks **H** auch seine frau und tochter ☹
008	**H:**	**A** die ham se doch nich ganz frisch oder?
011	**A:**	kannst du laut sagen **H** rumpel ist ein muß im chat ☺
015	**H:**	**A** jupp das stimmt aber wird sein letzter beitrag wohl übel aufgestossen sein
016	**A:**	das zeigt aber dass die oben keine kritik abkönnen und keinen spass verstehen **H**

200 第3部 関係性構築のための雑談

017　**A:**　　der war aber auch hart **H** ☺
021　**H:**　　**A** ja das war er

7.　「会話の束」の時系列的配置と並列的配置

　以上のように、日独のチャット・コミュニケーションの相違点について、日独の対面コミュニケーションの反映ないし対応が指摘できることを示した。同様のことが、「二者間雑談」と「多者間雑談」という観点からも示唆できることを、以下に示していきたい。二者間雑談と多者間雑談は次のように定義する。

　　　二者間雑談とは、2人の参加者がやりとりを始め、その話題が完結するまで他に誰もその話題に入ってこないもの。
　　　それに対して、多者間雑談とは、3人以上の参加者がある話題についてやりとりしているもの。

加えて、「会話の束」という概念を導入しておきたい。Schönfeldt（2001: 34）に依拠して、「会話の束（Gesprächssträngen）」とは「ふたりもしくはそれより多いコミュニケーション参加者たちが交わす発話が、内容的に関連し合い、対話的に配列されて、ある程度の長さで1つのまとまりになっているもの」と定義する。つまり、ある特定の話題をめぐって交わされる「発話」のまとまり（かたまり、ブロック）のことである。
　日本語チャットの断片9では、4つの「会話の束」が見られる。1つ目の「会話の束」は、038から088まででA, B, E, F, Gの5人が参加している多者間雑談である。このチャットルームでEは自分のことを外国人であると説明しており、つねにローマ字で入力している。そのEがFに doko kara desu ka とたずねる（038）。本来、Fに対する質問であるにもかかわらず、A, B, Gも加わり関連した発話が5人によってなされている。2つ目の「会話の束」は、089から120まででAがFに「どんな音楽聴くの？」（089）と質問

して、Fが090で答え、091で「Aは？」と聞き返し、AとFの二者間雑談
となっている。

断片 9

038　**E:**　　F doko kara desu ka

039　**A:**　　F は

040　**F:**　　Hello! Where are you from?

041　**A:**　　僕の横の PC です。

042　**B:**　　ん？

044　**E:**　　shiga kara desu

045　**B:**　　ww

046　**A:**　　shiga

047　**F:**　　I m from Osaka

048　**E:**　　so desu

049　**B:**　　AOMORI

054　**E:**　　F Osaka kara desu ka

058　**E:**　　chikai desu ne

059　**F:**　　yes

060　**A:**　　アイムフロムオーサーカ

063　**G:**　　神戸っこです

[...]

088　**A:**　　ガーン

089　**A:**　　どんな音楽聴くの？

090　**F:**　　ミスチルが好きかな

091　**F:**　　A は？

092　**A:**　　洋楽ばっか聴いてる。

[...]

118　**A:**　　そうなの？

202　第3部　関係性構築のための雑談

119　**F:**　うん

120　**A:**　へー

121　**A:**　F弾けるの？

122　**F:**　Fは音大生だから

123　**A:**　最初短音から

125　**A:**　入るのあるやん？

126　**A:**　お！！

127　**G:**　音大生

128　**G:**　キタ

129　**A:**　イカス！！！

130　**A:**　俺も音大目指してた！！

131　**F:**　マジ？？A

[...]

214　**F:**　ごめん〜またね〜♪

215　**A:**　じゃー俺も落ちようかなぁ

216　**A:**　バイバイ。。。

AとFの二者間雑談が続くと思われたが、Aの「F弾けるの？」(121)という質問にFが「Fは音大生だから」(122)と答えたとき、この「音大生」ということばにGが反応する。Gが「音大生」(127)「キタ」(128)と送信して会話に加わったことから、121から129がA, F, Gの多者間雑談となり3つ目の「会話の束」ができている。しかし、Aの「俺も音大目指してた！！」(130)から「バイバイ。。。」(216)までは、再びAとFの二者間雑談となり、4つ目の「会話の束」となった。これらの流れをまとめると図3のようになる。

　図3のとおり、多者間雑談→二者間雑談→多者間雑談→二者間雑談というように、4つの「会話の束」が時系列的に配置されている。

図 3 　時系列的配置の「会話の束」

　以上のように、日本語チャットでは、質問された本人以外が答えて多者間雑談になったり、二者間雑談がなされていても他の誰かが割り込んで多者間雑談になったりする様子が観察された。このような現象は、ドイツ語チャットではあまり見られなかった。たとえば断片 10 では、大規模な多者間雑談

204　第 3 部　関係性構築のための雑談

が行われているように見えるが、実際は終始 4 つの小規模な二者間雑談が行われている。わかりやすいように、それぞれの発話に印を付けて、分けてみると次のようになる。

断片 10　　　　　A/H ●　　B/F △　　C/G ■　　D/I ◇

● 001　**A:**　ja und das mit mehreren nicks **H** auch seine frau und tochter 😣

△ 002　**B:**　**F** knuddel dich auch ganz dolllee

■ 003　**C:**　und bei dir **G**?

◇ 004　**D:**　hallo heissehexe

　 005　**E:**　ich hab immer gute ideen **J** 😊🎸

△ 006　**F:**　wie gehts dir **B** ? ich hatte heut wieder kopfschmerzen gg, is schon net mehr schön

■ 007　**G:**　**C** hab auch alles und alle im griff.Machen schon brav heia!

● 008　**H:**　**A** die ham se doch nich ganz frisch oder?

△ 009　**B:**　**F** wir hatten alle kopfschmerzen

■ 010　**C:**　das ist schön **G**, so muss das auch sein *g*

● 011　**A:**　kannst du laut sagen **H** rumpel ist ein muß im chat ☺

△ 012　**F:**　na klasse **B** 😣

△ 013　**B:**　**F** kannst wohllaut sagen

◇ 014　**D:**　**I** noch da

● 015　**H:**　**A** jupp das stimmt aber wird sein letzter beitrag wohl übel aufgestossen sein

● 016　**A:**　das zeigt aber dass die oben keine kritik abkönnen und keinen spass verstehen **H**

● 017　**A:**　der war aber auch hart **H** ☺

◇ 018　**D:**　**K** so ruhig oder guckste von welchen mann du die sprüche klauen kannst gggggggg

◇ 019　**I:**　ha denkste ich und mundtood mußte nur kurz unterbrechen

△ 020　**F:**　🎸 DAS IS JA MIST **B** 🎸

● 021	**H**:	**A** ja das war er
△ 022	**F**:	laut genug **B**? *lach*
■ 023	**G**:	**C** richtig, dann kann ich wenigstens in rue chatten ohne das die doggis mir unterm tisch die ohren voll schnarchen
● 024	**H**:	hallöchen Baer
△ 025	**B**:	jaaaaaaaaaaaaaaaaaaa **F**
■ 026	**G**:	**C** oh bei ruhe das h vergessen
◇ 027	**D**:	erst unter und dann brechen **I** is nit gesund

8人が一緒に同じ話題で雑談しているのではなく、図4のように、2人ずつに分かれたやりとりが同時進行しているのがわかる。途中で誰かが2人の雑談に割り込んでくることもなく、4つの「会話の束」が並列的に配置されている。

二者間：A/H	二者間：B/F	二者間：C/G	二者間：D/I
001 A	002 B	003 C	004 D
008 H	006 F	007 G	014 D
011 A	009 B	010 C	018 D
015 H	012 F	023 G	019 I
...	...	...	

図4　並列的配置の「会話の束」

8. 「会話の束」の展開

　それでは、このような「会話の束」が、どのように展開しているかを見てみたい。日本語およびドイツ語のチャットデータについて、「会話の束」の展開を図で示すと図5のようになる。「会話の束」は、ドイツ語チャット（動物カテゴリー）では発話170番まで展開している。6人という多者間でやりとりするものは1つしかなく、7発話で終わっているのに対して、2人でやりとりする二者間の「会話の束」は10も見られ、その中の2つは多者間の

ものより長く続いている。図5をみると、1つの多者間雑談と10の二者間雑談が行われている様子がわかる。最初は、3つの束が同時進行している。19番からDとIの雑談が始まる。29番までは、この4つの束が平行して行われる。30番からは、ある新しいテーマが話され始めて新しい束が始まる。この束にはAとHも、それまでの雑談が終わったあと参加している。このようにして、大きな多者間雑談の束は、合計5人の参加者（A, H, E, F, K）によって93番まで続く。Fはこの多者間雑談に参加しながら、Bとの二者間雑談も35番まで続けている。CとGおよびDとIの二者間雑談は、この大きな多者間雑談の束に一度も加わることなくそれぞれの二者間雑談を156/158まで続けている。

図5　ドイツ語チャット（カテゴリー：動物／自然）における「会話の束」の展開（BS：二者間雑談、MS：多者間雑談）

日本語チャットを見てみると（図6）、ドイツ語チャットとは逆で、二者間の「会話の束」は少なく短いのに対して、6人の多者間の「会話の束」は長

く続いている。10の二者間の「会話の束」が観察されたドイツ語チャットに対して、日本語チャットでは170番まで4つの二者間雑談があっただけである。しかも、この4つはどれもかなり短いものであり（BとE、CとF、EとI、EとK）、Kを除いて他の6人は多者間雑談に参加している。多者間の「会話の束」は3つ見られる。最初にA, B, C, Dの多者間雑談があり、この束のあと25番から非常に長い多者間雑談が6名（B, C, D, E, F, I）の参加者によって300番まで続いている。さらに、69番からD, E, Fによる多者間雑談も始まっている。

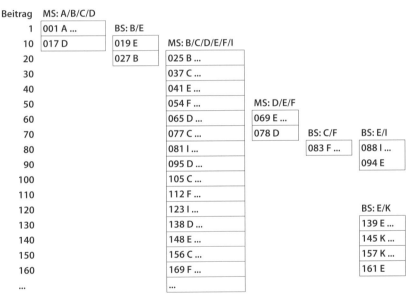

図6　日本語チャット（カテゴリー：ペット／動物）における「会話の束」の展開
（BS：二者間雑談、MS：多者間雑談）

9. 多者間雑談と二者間雑談の割合

　日独の多者間雑談と二者間雑談の割合はどのようになっているのだろうか。1つのチャットルームの中で複数の「会話の束」が生起している点につ

いては、日独に共通するところである。しかし、次の点では日独のチャット・コミュニケーションに明らかな相違が見られる。それは、ドイツ語チャットでは二者間でやりとりするのが長い時間におよぶのに対して、日本語チャットでは、3人以上の大きい規模で、つまり多者間でやりとりするほうが多いという点である。

図7　ドイツ語チャット（音楽）　　　図8　日本語チャット（音楽）

　音楽カテゴリーのチャットルームにおいては、ドイツ語では二者間雑談が34％、多者間雑談が48％であるのに対して、日本語では二者間雑談が21％、多者間雑談が54％である。

図9　ドイツ語チャット（動物／自然）　図10　日本語チャット（ペット／動物）

　動物／自然・ペット／動物カテゴリーのチャットルームにおいては、さらに日独の差が大きく出ている。ドイツ語は二者間雑談が57％、多者間雑談が25％であるのに対して、日本語は二者間雑談が14％、多者間雑談が78％である。

10.　まとめ

　チャットという雑談を日独比較という観点から観察・分析した結果から示唆されることは以下のとおりである。

1) 日本語チャットでは、参加者間指向表現が見られたのに対して、ドイツ語チャットでは見られなかった。対面コミュニケーションにおいて、日本語のほうがドイツ語よりも、参加者間指向表現が多く使用されることが反映していると考えられる。

2) 日本語チャットでは、文を分けて送信する分割送信が見られたが、ドイツ語チャットでは見られず、完全文を送信するため1回の送信文字数が多い。分割送信と参加者間指向表現はなんらかの関連があるのかもしれない。分割送信が参加者指向表現を導きやすくしているのか、それとも日本語では参加者間指向表現が好まれることが、分割送信を促すことになっているのかは分からない。ただ、対面コミュニケーションの言語行動様式がチャット・コミュニケーションに反映していることは確かであろう。

3) チャットルームでは、大勢の参加者が入り乱れて雑談をしているのではなく、複数の「会話の束」が生起している。これは、日本語チャット、ドイツ語チャットともに共通している。

4) その「会話の束」は日本語チャットでは、時系列的に配置される傾向があるのに対して、ドイツ語チャットでは、並列的に配置される傾向がある。

5) 日本語チャットの「会話の束」は3人以上の参加者で構成され、多者間雑談になる傾向があるのに対して、ドイツ語チャットの「会話の束」は、2人で構成され、二者間雑談になる傾向がある。

　これらの結果は、「統合的協調性」が本質的であるとされる日本語の雑談と「競合的協調性」が本質的であるとされるドイツ語の雑談の特徴がチャット・コミュニケーションにも反映していると見なすことができる。

書き起こし記号

:: 音声の引きのばし（コロンの数は引きのばしの相対的な長さに対応している）
（（　））　注記は二重括弧で囲まれる
？ 語尾の音が上がり、発話完了のような音調

※ただし、チャットの断片は、原文のまま表記。

参考文献

Ehlich, Konrad. (1987) Kooperation und sprachliches Handeln. In: Liedtke, F. /Keller, R. (eds.): *Kommunikation und Kooperation.* Tübingen: Niemeyer, pp. 19–32.

Grice, Paul H. (1975) Logic and conversation. In: Cole, P. /Morgan, J. L. (eds.): *Syntax and Semantics 3.* New York: Academic Press, pp. 41–58.

林明子・西沼行博（2006）「ロールプレイ対話における無音ポーズの対照音声分析―日本語・ドイツ語・韓国語の場合」『紀要文学科』98（通巻 210）　中央大学文学部 339–361.

Hermanns, Fritz. (1987) Handeln ohne Zweck. In: Liedtke, F. /Keller, R. (eds.): *Kommunikation und Kooperation.* Tübingen: Niemeyer, pp. 71–106.

Koch, Peter and Oesterreicher, Wulf. (1994): Schriftlichkeit und Sprache. In: Günther, Hartmut/Ludwig, Otto (eds.): *Schrift und Schriftlichkeit. 1.* Halbband. (Handbücher zur Sprach- und Kommunikationswissenschaft. Bd. 10.1) Berlin/New York: de Gruyter, pp. 587–604.

丸井一郎（1992）「談話の相互行為的基盤と『協調』の概念」『ドイツ文学』88　日本独文学会　pp. 89–100.

Marui, Ichiro. (1993) Besonderheiten der Gesprächsorganisation im Japanischen ―Partnerbezugssignale kontrastiv betrachtet― In: Heinrich, Löffler (ed.): *Dialoganalyse IV,* Teil 1, Tübingen, pp. 315–322.

丸井一郎（1994）「談話における個別文化的協調様式と論弁性」『Symposion』9　ドイツ語学文学研究会（編）　pp. 53–64.

三浦麻子・篠原一光（2002）「チャット・コミュニケーションに関する心理学的研究―ログ記録の解析にもとづく探索的検討」『対人社会心理学研究』2, pp. 25–34.

Schönfeldt, Juliane. (2001) Die Gesprächsorganisation in der Chat-Kommunikation. In: Beißwenger (ed.): *Chat-Kommunikation. Sprache, Interaktion, Sozialität & Identität in synchroner computervermittelter Kommunikation. Perspektiven auf ein interdisziplinäres Forschungs-feld. Stuttgart,* pp. 25–53.

白井宏美（2002）「対面コミュニケーションにおける『協調様式』の日独比較」『ドイツ

文学論攷』44　阪神ドイツ文学会　pp. 157–180.

雑談のビジュアルコミュニケーション
LINE チャットの分析を通して

岡本能里子

要旨

　人々が日々交わす会話には、単に情報交換だけではなく、場を共有し、会話を楽しむという要素がある。若者同士のコミュニケーションでは、ケータイや最近の SNS のやりとりにも、決まった目的のない言葉遊びやからかい合いが頻繁に見られる。そこで、本章では、LINE チャットをマルチモードの「ビジュアルコミュニケーション」として捉え、その表現的特徴を整理し、特に新しい機能であるスタンプに注目して「楽しさ」や「のり」といった「雑談性」が共同構築されていく過程を明らかにする。その上で、この「雑談性」という交感機能が、効率優先の情報過多の現代社会において、欠かすことのできないコミュニケーション上の機能であることを改めて確認したい。

1.　はじめに

　人々が日々交わす会話には、単に情報のやりとりだけではなく、場を共有し、会話そのものを楽しむという要素がある。特に「若者ことば」の機能の1つである「楽しさ」や「のり」は、若者の間でのコミュニケーションでは必須である。インターネットチャット、ケータイメールから最近の SNS のやりとりでは、このような特に決まった目的がなく、ことば遊びやからかいを通して、「楽しさ」や「のり」を共有しあう、文字を通した「おしゃべり」が、日々溢れている。

　そこで、本章では、今や、ケータイメールを凌ぐ勢いで若者の間に、爆発的に浸透しつつあるマルチモードのコミュニケーションメディアである LINE チャットを取り上げる。LINE チャットは、その名称からも、そこで

行われる文字による仲間うちの「おしゃべり」を志向していることがわかる。LINE チャット（以下　LINE）には、1 対 1 のものと、グループ LINE がある。1 対 1 のやりとりでは、とりあえず、メールアドレス交換をしようという場合と同様に、LINE で繋がろうということではじまる場合が多いようだ。そこでは、田中（2001）が大学生のケータイメールの内容について指摘しているとおり、日々の他愛ないできごとや今起こっていること、今の気持ちなどのやりとりが多く交わされている。一方、グループ LINE は、大学のゼミ連絡、飲み会の日程調整などの目的をもってはじめられるものが多い。今回は、グループ LINE を分析の対象とする。なぜなら、上記のようなグループ LINE 開設の目的はあっても、その内容を見てみると、しばしば、「楽しさ」や「のり」を通した「遊び」のやりとりが埋め込まれている場合が、非常に多く見られるためである。

　そこで、本章で「雑談」を考えて行く上で、まず、「おしゃべり」の中心的な特徴である「楽しさ」や「のり」を「雑談性」として捉える。次に、LINE の場面的特徴をインターネットリレーチャット（IRC）とケータイメール、ケータイ電話と比較する。更に、LINE に現れる話しことばの要素を含む書きことばを、IT 技術確信によって発達した話しことば的書きことばと言われている「第 3 次言文一致体」（石黒 2007）や「会話体文章」（メイナード 2012, 2014）の特徴との重なりからを整理する。その上で、LINE においてどのように「楽しさ」や「のり」を創出しているのかに注目し、そこで展開される視覚的に提示されるやりとりを分析する。特に、LINE で登場したスタンプを中心に、視覚的なマルチモードの表現要素を駆使し、どのように多様な話題を次々に出し合って「のり」を維持し、会話そのものを楽しみ、仲間意識が共同構築されていくのかについて、「ビジュアルコミュニケーション」としてその過程を提示し明らかにしてみたい。

　最後に、このような会話を担う SNS によるコミュニケーションが益々さかんになっているということは、「楽しさ」や「のり」を中心とした「雑談性」という交感的機能（phatic communion）（ヤコーブソン, R 1973）が、効率優先で情報過多の現代社会において、今求められる重要なコミュニケーショ

ン機能の一要素であることを改めて確認したい。

2.　雑談性と会話体文章

2.1.　雑談性

　本書の共通テーマである「雑談」について、筒井は、「特定の達成すべき課題がない状況において、あるいは課題があってもそれを行っていない時期において、相手と共に過ごす活動として行う会話」(筒井 2012: 33)と定義している。そこで、LINE での雑談とは何かについて、基本的にこの定義を踏襲し、ひとまず、以下のように整理しておく。

1.　LINE 設定の目的やそのやりとりがはじめられた目的からはずれた会話
2.　会話することそのものが目的の交感的なやりとり

　その上で、本書の目的となる「雑談」の美学に迫る上で、LINE のやりとりにおいて、達成すべき課題の有無に関わらず、「楽しさ」や「のり」を生み出す機能を「雑談性」と考え、「雑談性」がどのように産み出されていくのかに注目し、考察していく。

2.2.　会話体文章

　日本語の特徴の 1 つとして位相差が大きいことが従来から指摘され、その代表として「書きことば」と「話しことば」の差が大きいことが特徴とされてきた。しかし、ケータイメール、ブログ、SNS には、話しことばの特徴とされてきたあいづちや終助詞、言いよどみなどが見られ、会話性が溢れていることは、既に指摘されている。特に、1990 年代後半から 2000 年代にかけてのパソコンメール、ケータイメール、ブログ、チャットなどに見られる話しことばの要素を含む書きことばは「第 3 次言文一致体」と言われている(石黒 2007)。この新しい文体においては、書きことばでありながら「声を生み出す方法」として、①感覚的描写②心理的描写③日常的表現④対人的

216　第 3 部　関係性構築のための雑談

表現⑤即効的表現⑥音声的・韻律的表現の 6 つの活用をあげている。更に、メイナード (2012, 2014) では、本来は相互行為とは捉えにくいケータイ小説、ライトノベルにも、石黒が指摘したものと共通の特徴が見られ、「遊び」や「のり」への志向性が見られ、会話性が見出せることが報告されており、これらの文体の特徴を「会話体文章」と名づけている。

　そこで、これらの先行研究で見出された知見をもとに LINE の「雑談性」を創出する相互行為のあり方と表現特徴を考察する上で、まず、次節では、メディアとしての LINE についてまとめる。

3.　メディアとしての LINE

3.1.　LINE とは

　LINE とは、無料通話・無料メールアプリ NAVER (韓国最大のインターネットサービス会社の NHN の日本法人である NHNJAPAN ブランド) が提供しているマルチモードのコミュニケーションメディアである。若者を中心に爆発的に広まり、今では幅広い世代にユーザーが及んでいる。

　サービスが開始された 2011 年 6 月から 1 億人のユーザーを獲得するまでにかかった期間は 19 カ月であり、ツイッターの 49 カ月、フェイスブックの 54 カ月よりもはるかに早い (週刊東洋経済 1 月 19 日号「LINE 大爆発！」)。2014 年 4 月で 4 億人を突破し、2014 年 10 月 9 日現在、利用者数は、5 億 6 千万人となっている (朝日新聞 DIGITAL 2014)。

　3.2. では、一見、ケータイメールと近い場面性を有しているにもかかわらず、なぜ、これほどの勢いで LINE が広がっているのかを考えて行く上でも、LINE の場面的特性をいくつかのメディアと比較し整理しておく。

3.2.　LINE の場面的特性

　メディアを通したコミュニケーションにおいては、当該メディアのもつ場面の特徴を明確にしておくことは大変重要である。特に、新しいメディアには、そのメディアが登場する以前のメディアが持っていなかった要素が付加

されているはずである。1つの新たな要素が加わることで、人は、その要素に適応し、能動的にそれを活用する。その際、これまで「見えているが気づいていない」人と人との相互行為のメカニズムが垣間見える。また、新しいコミュニケーションの場面性は、これまでに見られなかったコミュニケーションの方法や、新しいことばを生み出し、当該言語に埋め込まれた社会文化的価値観に気づくきっかけをも提供する。これこそが、正に、変化の激しい多様なメディアを通したことばの研究の醍醐味であろう。

表1では、LINE の場面的特性について整理した。(岡本・服部(印刷中)を一部改訂)

表1　LINE チャットの場面的特性

場面性	LINE チャット	IRC	PC メール	ケータイ メール[1]	ケータイ 電話
空間	共有なし	共有なし	共有なし	共有なし	共有なし
送受信	同期から非同期	同期から非同期	非同期	同期から非同期	同期
返信	同期または非同期	ほぼ同期	非同期	同期または非同期	同期
既読表示	ある	ない	ない	ない[2]	―
モード	文字、絵文字、記号、写真、動画 スタンプ	文字、絵文字、記号、写真	文字、絵文字、記号、写真	文字、絵文字、記号、写真	音声
参加形態	1対1 1対多	1対1 1対多	1対1 1対多	基本的に 1対1[3]	1対1
匿名性	低い	高い	低い	低い	低い
記録性	あり	あり	あり	あり	なし

上記のように、LINE は、下線のように IRC やケータイメールとの重なりが多い。IRC やケータイメールの表現の特徴は、これまで既に明らかにされている(岡本 1998, 田中 2001, 三宅 2005)。LINE の表現の特徴について

も、場面性の特徴の重なりから、多くの共通点が見られることが予測できる。また、表現モードも、文字のみではなく、写真や動画など、更に多様化している。

　そこで、注目したい点は、マーカーをほどこした他のメディアにはなかった新しい機能である。1つは、多様な視覚的な表現要素に更に新たに加わった「スタンプ」である。先に述べたとおり、新たなメディアの出現や既存のメディアに新たな機能が加わると、その要素を活かした「参加の組織化」(串田 2006)が行われているはずである。実際に、この新しい要素である「スタンプ」が、「参加の組織化」に寄与していることが明らかになっている(岡本・服部　印刷中)。

　更に、後述の画面例 1、2 にあるとおり、受信内容を読んだかどうかを知らせる「既読」機能がある。ケータイメールでも、若い人たちの間では、返信が遅くないように配慮するという報告があるが、更に、「既読」が出ることで、早い返信を強く求められることになる。「スタンプ」には、既読しているのに返信がない」といったことを示すようなものまである。読んでいるのに返信がないということが、いじめの原因になるという報告もあることは、送受信の「同期性」への要求を強め、対面会話のようなコミュニケーションが志向されているといえよう。ただ、最近では、「既読」を出さずに読める方法までが、ネット上で出回っているという。対面でのおしゃべりなら、別れるということで、やりとりが自然に終わる。一方、ネット上のやりとりでは、スマホやケータイを持っている限り、いつでも繋がり、共にいる状態となってしまう。そのような環境で、どのように「楽しさ」や「のり」といった「雑談性」が産み出され、遊びの空間が共同構築されているのか、大変興味深い。

3.3. LINE のコミュニケーションの実際

　LINE のコミュニケーションがどのように画面上で提示されるのかを示す。(岡本・服部(印刷中)から一部改訂)

1　グループ名、参加者の人数が表示される。(画面例 1-①)

2　入力した文字が吹き出しの中に一挙に表示される。（画面例 2–⑩）

3　着信した順番に発話が時系列に並ぶ。日が変わると日付が表示される。
（画面 1–②）

4　画面の左側に、送信者の登録氏名、写真などが現れ、受信した内容が吹
き出しの中に表示される。同時に、相手が送信した時刻が表示される。
（画面例 1–③④）

5　画面の右側には、自分が送信したメッセージが吹き出しに表示され、発
信時刻、相手が読んだ場合は、「既読」表示と時刻が表示される。（画面
例 1–⑥⑦）
　　注：参加者が複数の場合は、既読者が増える毎に、「既読数表示」が増
　　　える。

6　1 回に 1 つの「スタンプ」、1 枚の写真が送信できる。（画面例 1–⑤⑧）
また、1 つの動画も送信できる。

7　「スタンプ」は、絵文字のように文字メッセージと共に送ることはでき
ない。（注：ただし、スタンプの中には、もともと「おはよう」「ありが
とう」「ごめん」「おつかれさま」"Hello" "OK" "Thank you" "Sorry" など
の文字が含まれているものも多い。）（画面例 1–⑤　画面例 3–2A。
9D、15D、20D、47B、57B、60A、61B）

8　誰かがメンバーを招待したり、新しくメンバーに入ったり辞めたりする
際には、それぞれ表示が出る。（画面例 2–⑨）

画面例 1

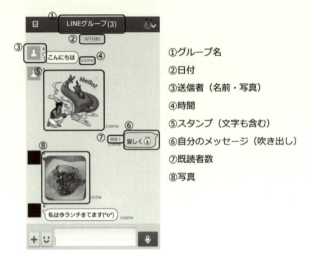

① グループ名
② 日付
③ 送信者（名前・写真）
④ 時間
⑤ スタンプ（文字も含む）
⑥ 自分のメッセージ（吹き出し）
⑦ 既読者数
⑧ 写真

画面例 2

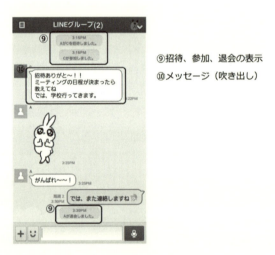

⑨ 招待、参加、退会の表示
⑩ メッセージ（吹き出し）

　このように、文字のみではなく、スタンプという新たな機能を加えたマルチモードの表現要素による「ビジュアルコミュニケーション」が、行われていることがわかる。

4. 研究の目的

　岡本・服部(印刷中)では、LINE ではじめて登場したスタンプの出現位置、スタンプの出現形態、スタンプの種類、などから、以下のようにスタンプが会話のローカルな秩序の維持を担っていることがわかった。

(1) 自分の発話を特定の位置に配置すること
(2) 自分や相手の発話(の一部)を反復すること
(3) 自分や相手の発話の統語的形式を引き継ぐこと
(4) 自分や相手の統語的形式を踏襲すること
　例:「スタンプ+述語」+記号「!」「?」という統一形式を踏襲する。
(5) 自分や相手の発話(の一部)を置換すること
　例:「述語」と「記号」を置き換える。

　更に、これらのローカルな秩序の維持を通して、スタンプが全体の参加構造の組織化のリソースとして、参加者に利用され、会話が共同構築されていることを明らかにした。
　今回は、前回に詳しく見ることのできなかったシークエンスを提示し、より細かい表現要素に注目し、先行研究をふまえ、先に述べた「雑談性」について明らかにしたい。そこで、以下のリサーチクエッションを設定する。

(1) どのような言語表現的特徴が見られるか
(2) どのような表記や表現要素の特徴が見られるか
(3) どのような相互行為が見られるか
(4)「スタンプ」がどのような役割を担っているか

　これらのリサーチクエッションに答えるために、LINE に用いられるマルチモードのより細かい表現要素に着目して LINE のやりとりを分析し、どのように「楽しさ」や「のり」を創出し、「遊び」のコミュニケーション空

間を共同構築しているかについて考察する。

5. データ

5.1. データの概要

2012年9月〜2014年3月に関東圏と関西圏で収集した親しい大学生同士が3人以上参加しているLINE会話を分析する。参加者の年齢構成は、20歳から24歳である。会話のシークエンスについては、相互行為の流れがわかるように画面例3を示し、そこに埋め込まれた「雑談」に注目して考察する。

5.2. データ分析

提示の画面例3は、1名の学生が、母国に帰国する途中に交わされたやりとりである。尚、この学生は、小学校から日本に在住しており、日本語とタイ語のバイリンガルである。

画面例3

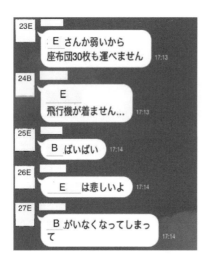
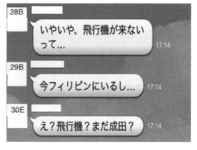

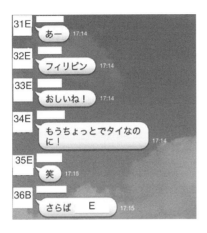

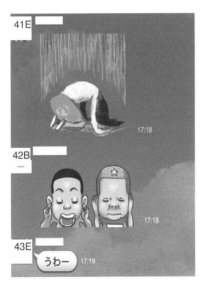

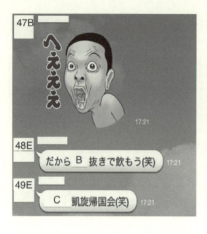

雑談のビジュアルコミュニケーション　227

　以下の項目について整理し、「楽しさ」や「のり」を創出する要素を中心に抽出する。

（1）表現
　　1）終助詞「ね」「よ」「だよ」「な」26E　33E　38B　50C　59A
　　2）あいづちや応答詞：「あー」31E　「いやいや」28B
　　3）感情表現、感動詞：「ちくしょう」40E　「うわー」43E
　　4）縮約形：「もうしわけ」55E
　　5）くだけた表現・話しことば的表現：「英語できねー」11B　「飛行機が来ないって…」28B
　　6）擬態語・擬声語：「わ～ん」「フレーフレー」（スタンプに記載）2A　61A
（2）表記や表現要素
　　1）長音化：「英語できねー」「座布団（略）もってきてー」
　　　　　　　「本当に思ってんのかー？」11B　21C　44C
　　2）感情表出（残念な気持ち）「フィリピンにいるけど何も出来ない…」
　　　　　　　「飛行機が着ません…」12B　24B
　　3）感嘆詞・疑問符：「！」「？」44C　46E　52E　など

228　第3部　関係性構築のための雑談

　　4）顔文字・エモティコン：「(^o^)/」1A

　　5）漢字：「爆」「(笑)」「笑」：48E　49E：文末に入れる

　　　　　　　　　　　　　　19D　35E：1つの吹き出しに1つの漢字

　　6）空間：行間をあける：話題の変換　18D

　　　　　　会話では、「沈黙」などの要素が、ある意味を伝えるが、ビ

　　　　　　ジュアルコミュニケーションでは、行間をあける事が何らかの

　　　　　　機能を担う

（3）相互行為

　　1）一人相互行為：13D から 15D　17D から 20D（＊18D は1つの吹き

　　　　出し内で）

　　2）パロディー：17D から 21C

　　3）からかい：39E から 47B　49E から 58E

（4）スタンプ

　　エモティコンや顔文字に加え、視覚的な要素として、多様なスタンプが使

　用されている。例をあげる。重複しているものもある。

　　1）表情：泣く　笑う　2A　4A　10B　20D　58E

　　2）身体動作：手をふる　手をあげる　3A　8C　9D

　　　　　　　　　土下座する　41E　56E　58E

　　3）感情表出：励まし：7A　8C

　　　　　　　　　非難　驚き　当惑：45C　47B　51C　53C

　　　　　　　　　からかい　42B　47B

　　4）同じ種類のスタンプの使用：

　　a　異なる人による同じ種類のスタンプ使用：仲間意識　話題の共有

　　　　　「浦安鉄筋家族」のスタンプ　6B　10B　20D　42B　47B　57B

　　b　同一人物による同じ種類のスタンプ使用：自己表明　誰の発話かを示

　　　　　　　　　　　　　　　　　　　　す　45C　51C　53C

6. 結果と考察

　4のリサーチクエッションについて、5で例をあげた(1)表現について、まず2.2で言及した「第3次言文一致体」「会話体文章」の先行研究に照らし合わせて整理する。続いて(2)表記や表現要素(3)相互行為(4)スタンプについて考察していく。

(1) 表現
①感覚的描写
　五感に訴えかける表現のことで、感動詞や擬態語、擬声語などが含まれる。画面例3の感動詞の「うわー」や感情表出「ちくしょう」、今回の例では、独立した発話にはなかったが、「わーん」や「フレーフレー」など2Aと61Aのスタンプに埋め込まれていた。その他のデータには、「ドキドキ」「ぷんぷん」「イライラ」などが見られた。
②心理的描写
　「～と思う」「～と言う」など、地の文に「～」の部分をそのまま投げ出したり、心の中のナマのことばを説明するものである。LINEには、あまり見られなかった。
③日常的表現
　日常的な発想にもとづく表現、話しことば的な言い方や語彙選択のことで、上述の例では「英語できねー」「飛行機が来ないって...」である。
④対人的表現
　話しことば的雰囲気が出せるもので「ね」「よ」などの終助詞、「あいづち」や「応答」などのことで、例にもあげたとおり、多く見られた。共感や相手の反応を引き出すなどの相互行為の促進を担っているといえよう。
⑤即効的表現
　「えーと」や「あのー」「なんか」などのフィラーで、例にはなかったが、集めたデータには、多く出現していた。
⑥音声的・韻律的表現

アクセントやプロミネンスを伝えるものである。以下の「(2) 表記や表現要素」で詳しく述べる。

以上のように「声を生み出す方法」を駆使し、「雑談」している雰囲気を共同構築している過程が見られた。

(2) 表記や表現要素

上記の「⑥音声的・韻律的表現」は、アクセントやプロミネンスを伝えるものであるが、長音化や「！」「？」などの表記などである。例では「本当に思ってるのかー？」などの長音化と表記との組み合わせが見られる。

「！」「？」は、例のとおり頻繁に使われている。また、例では、1A の氏名の後の「〜」や「うわー」などの感動詞の後の「〜」と「ー」の長音化の使い分けが見られる。これらは、声の強さや柔らかさを表し、感情をこめた声が聞こえてくるような雰囲気を創出している。また、くだけた表現や、縮約形により、距離の近さ、親近感を伝え、活き活きしたやりとりの雰囲気を創出できる。

顔文字・エモティコンについては、画面例 3 では、一例（1A）のみだったが、「笑」を表す「(^o^)/」の種類が、他のデータでは、ケータイメールと同様に頻繁に見られる。「笑」などの文字については、先に分けて整理したとおり、文末に入れるものと、1 つの吹き出しに 1 つの漢字を入れるものとがあった。文末に入れる場合は、その発話を笑顔で話しているという意味や、笑うべき内容であること、例えば、画像例 3 の 52E「よけいうざっ！笑」のように、文字だけでは、非難している印象を受ける発話をやわらげる機能も担っているといえる。一方、わざわざ 1 つの吹き出しに 1 つの漢字を入れる場合は、文末につけられるよりも、笑う声や笑う動作が強調される印象を受ける。

先に示した「空間」の使い方も注意する必要がある。18D では、1 つの吹き出しの 2 行目と 3 行目に行間をおいている。会話では、「沈黙」などの要素が、相互行為上のある意味を伝えるが、ビジュアルコミュニケーションでは、行間による空間が相互行為上の機能を担う。この点は、次の相互行為の

箇所で改めて説明する。

（3）相互行為

1）パロディー

17D から 23E のやりとりは、はじめは、D の一人相互行為といえる。18D は、日本の落語などで良く行われる「なぞかけ」と「なぞ解き」の相互行為の形式である。この 18D の行間は、はじめの 2 行が「なぞかけ」で、3 行目からが「なぞ解き」といった一人相互行為による隣接ペアの構造を視覚的に表している。それを受けて、21C が、日本では良く知られた落語番組「笑点」のパロディーで応じている。次の発話では、このパロディーに「座布団 30 枚もってくること」で応じるよう名指しされた E が、まず、22E で使用されているスタンプが「流行っているのか」尋ねることでこのスタンプを巡って相互行為には参入する意志を示すことになる。しかし、23E では、自身が「か弱い」ために 30 枚もの座布団を運ぶ能力がないことを伝える。それによって、「座布団 30 枚」という 18D のなぞかけに対する「なぞ解き」を、「おもしろい」と評価を下すことを回避している。このやりとりでは、E のみが女性であり、からかわれていることを逆手にとって、自身の女性らしさを「か弱い」という表現で伝えるが、正反対のイメージをもつ彼女を良く知っている仲間にとって、明らかに笑いを誘う冗談発話として解釈される。これによって、落語やテレビ番組の知識を共通のリソースとし、それをズラして抵抗したり、逆手にとって相手の期待をそらしたりしながら、冗談を飛ばし、「楽しさ」や「のり」といった「雑談性」を共同構築して、会話そのもののやりとりを楽しんでいる様子が見てとれる。

2）からかい

先のパロディーによる遊びのやりとりの後、24B から飛行場で足止めされている B の状況が伝えられ、E と B との別れへのシークエンスとなり、36B の「さらば E」で、会話が収束しそうになる。そこに突然、37C で、昨日の送別会の写真が送信される。この写真を皮切りに、前の流れに解けこむ形で 37C から 58E までの、E をからかうシークエンスへと進んでいく。そ

の流れにのって、前の日に開催されたこの送別会に参加していないEは、39Eの発話により昨日は参加したかったのにできなかったこと、40Eで「ちくしょう」と女性が使うには荒っぽい印象を与える語彙を使うことで、本当に悔しく思っていたということを主張しようとしている。更に、41Eでは、土下座のスタンプを送っている。しかし、続く42Bで、先に話題となった「浦安鉄筋家族」のスタンプが配信され、39Eから41Eまでの謝罪が拒否され、からかいがスタートする。43Eでは、この突然の拒否スタンプを見て「うわー」と驚き発話を送っている。それに対して、次の44C、45Cで、昨日送別会に参加し、写真に映っている別の仲間が共闘して、Eの「申訳ない」という謝罪の気持ちが信じられないということを、メッセージとスタンプで伝えている。それに対して、Eは、46Eで、「！」を7つ文末に付加することで、強い調子で反論を述べる。しかし、更に、47Bは、20D、42Bと同じ種類の「浦安鉄筋家族」のスタンプで、また疑念を表しており、からかい会話の構造となっている。(初鹿野・岩田　印刷中)続いて、からかわれている本人がこのからかいの話題を、新たな話題に移し、48Eで、「だからB抜きで飲もう」とBとCとの共闘を断ち切り、自分(E)とCとが仲間となるような関係性の変更を図ろうとする。しかし、発話49Eにおいて、44C、45Cでからかいのツッコミを入れたCの名前の漢字の表記間違い(画面では、氏名は除いてあり「C」となっている)をおかし、この関係変更の試みに失敗する。この名前の表記誤りは、更にツッコまれる原因を提供してしまうこととなる。そして50Cに「友達の名前を間違う時点で説得力が全くない」と、「送別会に参加したかったのに残念だった」という主張が却下される。そしてとうとう新たな55Eの謝罪発話に続けて、41Eと同様の土下座のスタンプ(56E)を送らざるを得なくなる。それに対して、多人数で話している様子を示すスタンプ57Bが送付され、BCの共闘を更に強固なものにし、昨日の送別会に参加した人たちのみならず、それを知っている多くの人々から非難されているというメッセージが伝えられることになっている。そして、続く土下座の謝罪スタンプ58Eは、結局、誰からも応答がないまで終わる。

（4）スタンプ

　上記の例で示したように、おかしさや楽しさを誘う同じ種類のスタンプ
が、参加の意志表明やどの話題について話しているかも伝え、参加の組織化
を担っていたといえる。

　以上、詳しくシークエンスを考察してきたが、最後の 1A から 61A の流
れを提示した意義を示したい。先の分析では、このシークエンスは、E に対
する全員の謝罪無視、拒否で終わったように見える。しかし、実際は、帰国
する E に別れの挨拶をする目的で、A によって開始され、途中、飛行機が
飛ばなくて足止めされたというトラブルを乗り越え、ようやく母国に到着し
た E にねぎらいと別れを 2A3A と同じ種類のスタンプ 60A、61A を送るこ
とで終わっている。つまり、これまで分析したやりとりは、別れのやりとり
の間に埋め込まれた会話なのである。

　そこで、改めて 37C からの流れを見ると、37C が 17 時 16 分に送られ、
58E が 17 時 23 分に送られており、テンポの速いやりとりが続いているこ
とがわかる。その間に、色も濃く、表情も視覚的にインパクトがあり、おか
しさを演出できる「浦安鉄筋家族」のスタンプが協働使用され、一方で、か
らかわれている E は、そのスタンプの背景となる知識を共有していないこ
とを主張することで、共通のスタンプ使用を回避し、自身に対するからかい
が共同構築される流れを断ち切ろうとするなど、からかいの共闘とからかい
の拒否のせめぎ合いが、スタンプをリソースとして展開し、参加が組織化さ
れていることがわかる。

　特に、文字のみでは、「非難―謝罪―謝罪拒否」という流れに見えるやり
とりが、上記で述べたスタンプの効果的な配置によるマルチモードの表現要
素の相互作用による参加の組織化を通して、親しい仲間で見られる "joking
relationship" が協働構築され、「今ここ」で「からかい」が行われていると
いう事を、多様な要素を出し合いながら確認し合っていた。それによって、
「楽しさ」や「のり」が演出され、「遊び」の空間が創出され、別れの話題の
中に埋め込まれた「雑談」が、共同達成されていたことが明らかとなったの

234　第 3 部　関係性構築のための雑談

ではないだろうか。

　以上、複数の参加者による進行中の LINE において、多様な表現要素を利用して、LINE 全体の会話の流れの中に溶け込む形で、雑談がはじまり、維持され、話題が展開し、収束していく「今、ここ」でのビジュアルコミュニケーションの実態を垣間みることができたと思う。

7.　今後の課題

　今回は、主に知り合い同士の LINE のマルチモードの表現要素の特徴と、それらを駆使した相互行為を通して「楽しさ」や「のり」の遊びのコミュニケーション空間が創出される過程を報告した。

　一方、このような、仲間内の楽しさを創出する場としての LINE が、いじめやフレーミングに進んでいく事実も報告されている。ことばもメディアも、人と人との関係を繋ぐ反面、関係を断ち切る機能をも合わせもつ。また、仲間意識を強めることができると共に、仲間以外を排除するよう機能するという「両刃の剣」である。今後は、新しいメンバーを迎え入れ、どのようにしてそのメンバーが仲間となっていくのか、または退会するのか、更なる詳しい分析が必要である。目的のない雑談が、どのようにして、親しさや仲間意識を生み、人々の繋がりを深め、楽しい遊びのコミュニケーション空間を創出しているのか。日々夥しい情報が行き交い、私たちは、果てしない多様なコミュニケーション空間への参加を余儀なくされ、無駄なく効率的に情報を伝えることが求められる。そのような情報過多の、コミュニケーションの洪水の中でも尚、twitter や LINE では、日々、膨大な量の雑談が交わされている。そこには、ストレスの多いコミュニーション空間から開放され、「楽しさ」や「のり」を共有し気軽な繋がりを通した対人関係の形成や維持を求める交感的機能への志向性が感じられる。初対面の人と話すことが苦手な大学生のため「雑談力」を授業で教える本（齋藤 2010）や、ビジネスにおいて意味のある雑談の重要性とその方法を解説した本も出版されるようになった。（安田 2015）明確な目的のあるコミュニケーションにおける雑談

の機能の研究も進んできている。(村田 2014) 雑談を支えるメディアの文法やコミュニケーションの相互行為のあり方について、更に詳しく分析し、研究を深めることを通して、改めて、人は何のために他者とコミュニケーションをとるのか、その中でのことばやメディアの役割は何かを考えていきたい。雑談研究は、そのための宝の山だといえよう。

注

1　「ケータイメール」は「スマートホン」のメールも含むこととする。
2　近年のスマホのショートメッセージには「開封済み」などの既読を知らせる設定もある。
3　スマホのショートメッセージには 3 人以上でやりとりできる機能もある。

参考文献

朝日新聞埼玉版(2014)「THE HUFFINGTON POST から」朝刊 2 月 19 日　オピニオン面　ディネクスト代表取締役　安達裕哉(吉野太一郎)」p. 18.
初鹿野阿れ・岩田夏穂(印刷中)「からかいの会話分析」柳町智治編著『日本語を母語あるいは第二言語とする者による相互行為』ひつじ書房
石黒圭(2007)『よくわかる文章表現の技術　Ⅴ　文体編』明治書院
串田秀也(2006)『相互行為秩序と会話分析―「話し手」と「共-成員性」をめぐる参加の組織化』世界思想社
メイナード・泉子・K(2012)『ライトノベル表現論―会話・創造・遊びのディスコースの考察』明治書院
メイナード・泉子・K(2014)『ケータイ小説語考―私語りの会話体文章を探る』明治書院
三宅和子(2005)『携帯メールの話しことばと書きことば』『日本語学　特集ケータイ・メール』pp. 32–43.
村田和代(2014)「地域公共人材に求められる話し合い能力育成プログラムについて」『共生の言語学』pp. 93–113.　ひつじ書房
岡本能里子(1998)「しゃべる：チャットのコミュニケーション空間『現代のエスプリ』(370): pp. 127–137.　至文堂
岡本能里子・服部圭子(印刷中)「LINE のビジュアルコミュニケーション―スタンプ

機能に注目した相互行為分析を中心に」柳町智治編『インタラクションと学習（仮）』ひつじ書房

齋藤孝（2010）『雑談力が上がる話し方―30秒でうちとける会話のルール』ダイヤモンド社

『週刊ダイヤモンド：LINE全解明』2014年4月19日号　ダイヤモンド社

田中ゆかり（2001）「大学生の携帯メイル・コミュニケーション」『日本語学　特集ケータイ・メール』20(10): pp. 32–43.

筒井佐代（2012）『雑談の構造分析』くろしお出版

ヤコーブソン, R／川本茂雄監修・田村すゞ子・村崎恭子・長嶋善郎・中野直子訳（1973）『一般言語学』みすず書房

安田正（2015）『起一流の雑談力』文響社

第4部

ジャンルとしての雑談

―コンビニ店員との会話から噂話・陰口まで―

異文化間対話における雑談の美学
rapport（対人構築的）–report（情報伝達的）
機能連続性仮説の立場から

山口征孝

要旨

　本章の目的は、筆者がニュージーランドと豪州で収集した文化的活動としての「調査インタビュー」及び「ゴシップ」を分析対象にすることで雑談の美学について考察することである。ここでは「雑談」をこれらの活動における本来の目的から逸脱した情報伝達を行う発話の連鎖、と定義する。言語の多機能性を理論的支柱にして、「質問」を中心とした「指令的」(Searle 1976) 発話とその連鎖を中心に分析する。その結果、インタビューやゴシップといった活動の目的から逸脱した情報伝達が見られる発話連鎖にも、対話者間で共有できる知識基盤を創造する側面が認められた。本章では、そのような知識の共有へのプロセスを「雑談の美学」と捉えることを主張する。

1. はじめに

　本章では、筆者がニュージーランドで行った調査インタビュー及び豪州で行った日英語バイリンガル豪州人との会話に現われたゴシップの二種類のデータを分析する。分析の主な目的はデータの中に「雑談的部分」を同定することによってその美学を考察することである。ここでの主張は、対話者が文化的活動に従事する際、本来の目的となるトピックから脱線しながらも、対話者間で共有できる知識基盤を創造していく諸相を「雑談の美学」とする、というものである。

　理論的枠組みとしては、語用論、言語人類学、そして談話分析を統合したアプローチを用いる。特に、社会的語用論から「言語使用において対人構築的機能と情報伝達的機能は連続している」(Holmes 2000) という仮説を、言

語人類学からは「活動タイプ（activity type）」（Levinson 1992 [1979]）という概念を、援用する。前者の仮説に関しては、次節で言語機能に関する考察の中で詳述する。ここでは、後者を説明する。

「活動タイプ」（Levinson 1992）という概念は、後期ヴィットゲンシュタイン（Wittgenstein 1958）が提案した「言語ゲーム」という発想を、談話分析の実践のために彫琢したものである。本章では、「言語ゲーム」を「具体的場面での発話を理解するには、その発話が使われている活動自体の本質を理解しなければ意味がわからない」という考え方と理解する（Levinson 1992: 66）。ここで付言しておくと、レヴィンソンは、言語人類学に対し、個々の研究の比較及び一般化が可能となる理論化を促している[1]。特に、「ことばの民族誌」（Hymes 1974）は「理論の無い珍しい蝶々集め」と批判されることもあったからである（Fasold 1990: 60–62, Blount 1981 参照）[2]。

本章の目的にとって「活動タイプ」という概念の最大の利点は、「何らかの目的があり、社会的に構成され、始めと終わりがあるような文化的に認識された活動」における「構造的特性から派生する発話の制約」（Levinson 1992: 69–71）に注意を向けさせてくれることである。例えば「教会のミサ」といったプロトタイプ的な活動タイプはその目的が厳格に規定されており、参与者、状況などの制約が厳しい。そのような活動では何が許容される発話かは相当程度の制約を受ける。他方、「道で偶然会った友人との会話」のように特に明確な目的がない活動（またそれは「活動タイプ」とは呼べないようなもの）もあることから、活動ごとにその制約の程度が決まっている。

そこで、所与の活動における社会的・認知的制約という観点から「雑談」を定義すると、「活動タイプの構造的特性から派生する一連の推意的スキーマ（inferential schemata）の許容範囲を一定以上逸脱した言語行動」（Levinson 1992: 71–72 参照）となる。ここまでを要約すると、「活動タイプ」という概念を導入することで「雑談」とは何かを定義でき、「雑談的」部分と「非雑談的（本談）」部分を峻別することが可能となる、ということである。

4節のデータ分析では、「雑談的」部分を同定するため、発話行為としての指令（要求・依頼・質問）（directives）（Searle 1976）とその前後の発話の連

鎖に焦点をあてる (Levinson 1992: 80–97 参照)[3]。つまり、所与の活動に内在する構造を分析し、指令的発話を中心にその意味・機能を考察することになる。本章のデータに即して言えば、「調査インタビュー」という活動タイプは「質問」と「応答」という下位構造に分けられる。この観点から、「捕鯨問題」を目的とする調査インタビューを活動タイプとして分析する。同様に、バイリンガル豪州人によるゴシップも、その活動タイプ内での指令的発話行為とそれに対する応答の連鎖を詳細に見る。

　ここで、本章の論点を概観しておく。活動タイプにおける「質問」及び他の「指令的」機能を持つ発話行為を連鎖としてみると、当該の活動の制約に従った言語行為が「応答」として見られる。このことは、参与者がその活動に参加するための「言語ゲーム」の知識を共有していることを意味する。しかし同時に、活動タイプの制約から「逸脱」した発話行為も見られる。つまり、本章のポイントは、活動タイプの本来の目的から逸脱する情報伝達にも、「知識の共通基盤 (common ground)」 (Enfield 2006) を対話者が確認・創造していく諸相が認められる。そのような知識の共通基盤の創造へのプロセスを「雑談の美学」と捉える、というものである。結論では、必ずしもすべての雑談的発話が「美学」とは言えない可能性を指摘し、今後は雑談の「光と影」の両面を研究すべきであると提案する。

　本章の以下の構成は、まず、先行研究から本章の目的に有益なものを選び、それらを統合した形で理論的枠組みを提示する (2 節)。次に、データの背景説明 (3 節) 及びデータ分析 (4 節) を行う。結論 (5 節) では雑談の美学に関し考察し、今後の研究課題の一端を示す。

2.　雑談を言語学的に理論化する試み

2.1　雑談を多機能的視点から捉える

　1 節では、「活動タイプ」という概念を導入し、それが言語が使われる社会的活動における発話の許容度に関心を向けさせるものであることを見た。本節では、そのような発話の機能面を理論化するため、先行研究を見る。ま

ず注記すべき点は、英語圏での雑談に関する主要な研究は、言語使用における多機能性を対極的に措定していることである。英語で言われる small talk（スモール・トーク）あるいは、relational talk（関係構築のための会話）は、real talk（本物の会話）と対比することで概念化されている（Candlin 2000）。他にも、本章の副題で使っている Tannen（1990）の report-talk（事実報告的会話）対 rapport-talk（ラポールのための会話）という対比は、Justine Coupland（2000, 2003）による transactional（業務取引き的）対 relational（関係構築的）機能、あるいは Halliday（1978）の言う ideational（観念的）対 interpersonal（対人的）機能にほぼあたるだろう。伝統的な言語学の研究対象は言語の「情報伝達機能」、つまり「言及指示機能」に限られていた（Lucy 1993 及び小山 2008 を参照）ことを鑑みると、上記の雑談研究は言語学の射程を大きく広げたという点でその貢献は評価されるべきであろう。

　しかし、ここで重要なのは Holmes（2000: 33）による「言語は本質的に多機能的である。…あらゆる相互行為は命題的内容と情緒的意味の両方を同時に表している」という指摘である。Holmes は職場におけるスモール・トークを分析する際、中核となるビジネス目的の会話と社交的目的で使われる会話の二極を対比的に概念化しつつ、スモール・トークをどちらか一方にきれいに分類できない事実から「対人構築的機能と情報伝達的機能は連続している」（Holmes 2000）と主張している。本章ではこの主張を「連続性仮説」として用いる[4]。

　さらに、上記雑談研究とは異なる伝統に位置するが、同様に言語の多機能性に注目しているアプローチとして「人間の社会性研究」（Enfield and Levinson 2006, 片岡 2011 参照）が挙げられる。『人間の社会性の源泉』（Enfield and Levinson 2006）と題された編著の中で、Enfield（2006）は「知識の共通基盤（common ground）」が対話者間のやり取りの中でどのような社会的な効果をもたらすのかに関し、ラオスにおける実地調査から得られたデータの分析から報告している。その中で、対話において「言及指示的情報を交換することは必然的に何らかの社会的な効果がある」、つまり「対話者間の情報交換は親和形成と切り離して考えることができない」と主張している。この主張

は上記の雑談研究における多機能的言語分析と共鳴するものである。

　そこで本章では、上記の人間の社会性研究における Enfield（2006）及び雑談研究における Holmes（2000）に従い「言語の対人構築的機能は情報伝達的機能と連続している」という仮説を採り、さらに、前者の「情報交換機能と親和形成機能は表裏一体をなす」というテーゼがデータの中でどのように現れているかを明らかにすることを意図する。

2.2　本章での仮説の提示と解決すべき問い

　上述の先行研究を背景に、これまでの日英両語における「雑談」及び small talk に関する成果を踏まえた日本語による最新の研究成果は、村田・井出・大津・筒井（2013）によりまとめられており、以下の記述は、本章の理論的枠組みとして言語の機能面を概念化するのに有益である。

> 「制度的談話」における small talk の…対人関係に関わる機能（phaticity）は、参加者同士が相互的かつダイナミックに構築されるため、phatic talk（small talk）か non-phatic talk（transactional talk）かの二項対立ではなく、連続性があるとみなす…。どの発話も同時に多様な機能を持っており、対人関係に関わる機能が突出する talk を small talk ととらえる…。
>
> （村田ほか 2013）。

上記の多機能的言語観に従い、1 節で提示した「活動タイプ」からの雑談の定義と合わせ、以下の仮説を立てる。

所与の活動タイプにおける構造的特性から派生する推意的スキーマの許容範囲を一定以上逸脱した言語行動としての「雑談的発話」は、その活動において、情報伝達と同時に対人関係構築あるいはラポール（rapport）の形成という役割・機能を果たす。

　この仮説を出発点とし、ニュージーランド人と日本人（筆者）の間で行われ

た捕鯨問題という特定テーマに関する情報伝達を主目的とする調査インタビューをまず分析する。更に、日英語のバイリンガル豪州人との会話に見られたゴシップも異なる活動タイプとして情報伝達機能と対人構築機能の連続性に注目しながら分析する。その際、以下の問いに答えることで本章の目的を果たすことを意図する。

(1) 調査インタビューという活動タイプの中で、指令的機能を持つ発話行為とその前後の連鎖の分析から「雑談部」と「非雑談部」をどのように同定できるか。ゴシップという活動タイプにおいても同様の問いに答える。

(2) 上記2種類の活動タイプにおける構造的制約の中でどのような記号論的手段、あるいは「コンテクスト化の合図(contextualization cues)」(Gumperz 1982)、と呼ばれる現象が雑談的発話部分を指標するのか。

(3) 分析の結果、雑談の美学に関してどのような洞察が与えられるか。

　本章の意義は日本人である筆者と「パケハ」と呼ばれるヨーロッパ系ニュージーランド人、及び筆者と白人系豪州人との異文化間コミュニケーションを分析することで、従来の研究になかった視点から「雑談の美学」の理解に寄与しようという点である。また、この研究の成果の応用も考えられる。特に、研究者がインタビューや参与観察などを行う際、参与者とのラポールを促進する方策を用いることで、より有用な情報収集が可能になることも期待できる。更に、研究者が第二言語で行うインタビューや実地調査の際に必要な「コミュニケーション能力」(Hymes 1972；片岡・池田 2013；Kataoka, Ikeda, and Besnier 2013)とは何かを考える参考にもなるであろう。

3. 分析対象としての「調査インタビュー」及び 「ゴシップ」に関して

　本章の分析対象となるデータは（1）「調査インタビュー」、及び（2）「ゴシップ」という二種類の活動タイプからなる。具体的には、（1）ニュージーランドにおいて、2009年から2012年にかけて断続的に行われた『捕鯨の言語』と題されたプロジェクトにおける調査インタビューをまず取り上げる。被調査者は、19歳から22歳の日本語及び日本文化を学習していたニュージーランド在住の16名の大学生であった。本章の「異文化間」という目的から、パケハ（ヨーロッパ系ニュージーランド人）とのインタビューの中から反捕鯨を強く主張する期末レポートを書いた女子学生Yvetteを選び、「鯨」の話題が中心になっている部分を分析する。（2）豪州ブリスベンにおいて、英語を母語とする日英バイリンガルの豪州人5名が日本語能力の維持・向上を目的とし週に一度、日本語勉強会を行っており、2014年2月以降、筆者はその会の現地調査を継続的に行っている。2014年の5月に、その集まりをビデオ録画する許可が得られ、2014年11月現在まで約900分間のビデオ録画を行った。以下では、自由会話の中から3名の豪州人と筆者が参加者となった日本人女性に関するゴシップを分析する（Yamaguchi 2014）。

4. データ分析

4.1 パケハの女子大学生（Yvette）との会話
データ（1）
日本の食べ物と鯨に関する会話

1. Y:　Good image (.) yeah.
2. M:　Yeah.
3. Y:　Well, I went there on a school trip for two weeks.
4. M:　Ah, right.

246　第4部　ジャンルとしての雑談

5. Y: And I really, really liked it.

6. Like just everything about it (.) like **food** (.) and the people (.) just the atmosphere (.) and

7. just country. It's quite similar to New Zealand, but it's still kind of different in its own way.

8. So I really like that as well. And just (.) I like how it's like (.) it's not the most advanced,

9. but it's one of the most advanced nations (.) so I kind of (.)

10. M: Yeah, in a sense so that's like (.) technology.

11. Y: Yeah, technology-wise, and all that stuff. And I just (.) and it's such a different culture as well.

12. M: Right.

13. Y: I just (.) yeah, it fascinates me.

14. M: Okay (.) great (.) but (.)

15. Y: And **the food** as well. **The food**'s (xxx)

16. M: Right (.) but that (.) that leads to **the problem** (.) maybe like if you go to like *izakaya*

17. like a bar (.) and like (.) you know, if you order **food** (.) and maybe like **whale meat**

18. ((hehehe))

19. Y: Yeah, **whale** ((hehehe))

20. That would be a little (.) yeah, **I'd have to learn the word for whale and say no**.

21. M: Like, ah (.) or (.) you never know (.) like it (.) something called *tatsutaage* (.) is I think **whale meat**.

22. Y: Ah.

23. M: It's very common, like (.) probably (.) maybe (.) maybe **whale** or (.) dolphin (.) I'm not sure.

24. Y: Yeah.

25. M: Or something like that.

26. Y: Yeah.

27. M: And it's called *tatsutaage*.

28. Y: Ah.

29. M: And (.) and it's (.) you know, cooked (.) so like a (.) maybe (.) you know if you (.)

30.   might think it's (.) think it's like chicken or something like that.

31. Y: Yeah.

32. M: Maybe.

33. Y: They might just slip it to you.

→34. M: Right (.) sort like ah (.) **sorry** (.) **sorry for going back to** (.) **the whaling issue** (.)

→35.   but I get (.) say what kind (.) like so **how do you address the whaling issue** (.) **in Japan?**

ここで提示しているデータの直前で、筆者は Yvette が 2 ヶ月後に日本に留学することを知り、なぜ日本に行きたいのかを尋ねた。それに対し、彼女は「いいイメージ」があると伝え（1 行目）、修学旅行で日本に行った際の肯定的な印象を述べている（3 行目以下）。その中で、日本の「食べ物」、「人々」、「雰囲気」、「（日本という）国」と共に「すべて」が気に入った（5–7 行目）と言っている。この話題は 'food' をキーワードにして 33 行目まで「鯨肉」との関連で発展している（15 行目、17 行目、20 行目、21 行目、23 行目）。従って、情報伝達機能という観点からは、首尾一貫性があり、「捕鯨問題」とも関連性があるように思われる。しかし、34 行目でインタビュアーが「謝罪」しながら「捕鯨問題」に話題を戻すことを明示し、更に 35 行目で「質問」をしている現象をどう説明すべきだろうか。

　ここで、本章の理論的枠組みで導入した「活動タイプ」としての調査インタビューという視点からの分析が有効である。まず、一般的な知識として、インタビューには調査者（インタビュアー）が質問し、被調査者が答えるとい

うコミュニケーションに関する「メタ・コミュニケーション的規範」がある（Briggs 1986）。しかし、データ（1）ではこの規範からの「逸脱」が見られる。つまり、被調査者の丁寧な発話行為としての「要求」にインタビュアーが応答している。Yvette が 20 行目で「日本語で whale という単語を覚えてその肉を食べないようにしたい」と発話したことに対し 21 行目からインタビュアーが「竜田揚げ」という日本語を教える即席日本語レッスンになっている（27 行目も参照）。この話題に関するやりとりが、33 行目まで続くが、34 行目に「談話標識」としての謝罪が観察される（'Sorry for going back to the whaling issue'）。これは、それ以前が本来の話題からの「逸脱」であるということを明示的に指標している（Holmes 2006: 184）。言い換えると、34 行目の「例の捕鯨問題に戻って悪いのだけれど」という謝罪は、「コンテクスト化の合図」（Gumperz 1982）として機能し、それ以前がインタビューという言語ゲームでは「雑談」であるとする「活動タイプに特有の推意の規則（activity-specific rules of inference）」（Levinson 1992: 97）の存在を示している。

　要約すると、捕鯨問題を目的とするインタビューでは、インタビュアーが「謝罪」した直後に行う「質問」（35 行目）は活動タイプに制約された発話であり、「謝罪」以前の対話部分を「雑談」として同定できる。

4.2　豪州人との日本人女性に関するゴシップ

　以下に示すデータ（2）及び（3）は、3 名の豪州人（John, Sue, Mike）と筆者（Masa）の間で行われた。それらは「プライベートな状況において、限られた人々からなるグループで行われる不在の第三者に関する否定的な評価と道徳的な規範を含んだ会話」（Besnier 2009: 13）という定義から見て、活動タイプとしての「ゴシップ」と同定できるものである。データ（2）はその開始部分である。

データ（2）
「いざこざ」という日本語を学びながらのゴシップ

異文化間対話における雑談の美学　249

1. John: So アキさんは元気。
2. Sue: うん元気です。
3. John: うん、なるほど。
4. Masa: 何さん？
5. John: アキ先生。
6. Masa: アキ先生。
7. John: Yeah. 彼女はいつかな。
8. Masa: 女の人なんだ。
9. John: 女の人。彼女は、えっと、と、今年一月までに毎週来ました。
10. Masa: ここに？
11. John: ええ。
12. Masa: あっ、そう。
13. John: 日本語の、ええっと、ええ、how can I say?
14. 　　　　わからない日本語を教えてもらいました。Does that make sense?
15. Sue: Yep! Yep. Good.
16. John: そう、そう、そう。
17. Masa: ここで、この会に？
18. John: はい、う～ん。
19. Masa: もう来ないんですか。
20. John: う～ん、そうですね。
21. Masa: なんで。
22. 　　　　((笑い))
23. Sue: いろいろ。
24. Mike: 複雑ですね。
25. Masa: じゃあ、この会も色々あるんですね。
26. Mike: 多分。
27. Masa: ちょっと言えない？
28. Mike: ちょっと性格が合わない人となんか。
→29. Masa: **ああ、いざこざがあった。いざこざ。**

30. Mike: いざくざ？

31. Masa: いざこざ

32. Sue: いざこざ

33. Masa: いざこざ

34. Sue: ああ、聞いたことない。

35. Masa: いざこざ。Like er trouble. いざこざ。

36. John: いざこざ。

→37. Sue: **ありました。**

38. ((笑い))

39. John: いざこざので彼女がくることが

40. Masa: やめました

41. John: やめることにしました。

42. Masa: あああ。

43. John: Does that make sense?

44. Masa: うん。

45. John: いずかざ

46. Masa: いざこざ

47. John: いざこざ

48. Sue: Trouble.

49. Masa: いざこざ

→50. Sue: **うん、でももうすぐヨーロッパに旅行に行くそうです**

51. Mike: あっそう

52. Masa: その人はどういう人ですか。アキ先生は。

→53. Sue: **あまり仕事もしてないし。**

54. Masa: 若い？

55. Sue: う～ん。

56. John: どうだろうね。

57. Masa: ぼくらぐらい？

58. John: う～ん、どうだろうね。

59.　　　((笑い))

　データ(2)は「ゴシップ」という活動タイプの開始部分であると述べた
が、それは参加者によっても、同様に理解されているのだろうか。もしそう
であれば、ゴシップ以外の部分(雑談)はいかに同定されるのだろうか。
　ここで、Tholander (2003) による、プロトタイプ的なゴシップの特徴から
データ(2)を考察する。通例、ゴシップとは、(a)即興で作られたインフォー
マルな会話である。(b)不在の第三者の過去の行為に関するものである[5]。
(c)価値判断を伴う。(d)「裏舞台」で行われる後ろめたさを伴う行為であ
る。(e)ゴシップの標的はゴシップをする側にもゴシップを聞く側にも知ら
れた人である、とされる。この5つの特徴のうちデータ(2)は(a)、(c)、及
び(d)を満たしているが、(b)の「過去の行為」という特徴と(e)の「ゴシッ
プを聞く側に知られている」という特徴がない。つまり、ゴシップの受け手
である筆者にゴシップの標的となっている日本人女性は知られていない。
従って、筆者の彼女に関する「知識の溝」を埋めるための質問―応答連鎖が
存在する(4–6行目、8行目、10–12行目、17–18行目、19–20行目、21–27
行目、52–53行目、54–58行目)。
　更に、ゴシップをする豪州人3名は英語が母語であり、日本語は第二言
語である。また、彼らのうち、Sueは唯一日本語検定1級を取得した豪州人
であり、もっとも会話能力が高い。一方Johnは自分の日本語に自信がな
く、このグループの暗黙の規範となっている「日本語で会話を続ける」に反
し、英語で自らの日本語の正しさを英語で確認する行為を行っている(13行
目、14行目、43行目)。それに対し、Sueは英語でJohnの日本語に対する
フィードバックを与える行為も行っている(15行目)。しかし、このデータ
でもっとも比重が高いと思われるメタ言語的・意味論的やり取りは29行目
に筆者が導入した「いざこざ」という日本語に対する質問―応答部分であり
(30–36行目；45–49行目)、意味の確認と発音練習という第二言語としての
日本語習得のためのメタ言語的やり取りが行われている。特に(不完全な)繰
り返し(例えば、Mikeによる30行目の「いざくざ」参照)や話者の知識の

欠如の表明(Sue による 34 行目の「ああ、聞いたことない」参照)が、ゴシップという活動から逸脱し、日本語学習という活動に移行するコンテクスト化の合図として使われている。

このように、少なくとも 3 つの「フレーム」(Goffman 1974)が混在するにもかかわらず、会話参加者は「何が行われているか」、つまり何が主要な活動かについての共通理解を示している。具体的には、29 行目で筆者が行った質問(「ああ、いざこざがあった」)に対し 37 行目で Sue は長いメタ言語的やり取りをはさんで、「ありました」と答えている。更に、50 行目と 53 行目で Sue は「(アキは) 仕事もしていないのにヨーロッパに旅行に行く」という価値判断を含む発話も行ってることでここでの活動を「ゴシップ」としてフレームしている。

以上の分析から、ゴシップ・ストーリーの展開という活動タイプから派生する推意的スキーマの許容範囲を逸脱する情報伝達部分を「雑談」と同定できる。明示的には英語へのコード・スイッチング、非明示的には豪州人参加者が知らなかった「いざこざ」という日本語に関するメタ言語的会話によって逸脱した活動へ移行するコンテクスト化を行っている。活動タイプとして「ゴシップ」と同定できるのは、主要なフレームの了解が会話参加者に共有されている証拠があるからである。つまり、ゴシップ活動から脱線しても、会話参加者はゴシップ・ストーリーの発展に立ち戻っている。そこで、この会話の続きを更にみる。

データ(3)
日本語で queen bee にあたる表現を学びながらのゴシップ

1. Masa: その人会いたいな、俺
2. Mike: ((首をふる))
3. Masa: 会わない方がいい?
4. Sue: う〜ん。
5. Mike: 大丈夫。大丈夫。彼女は全然大丈夫。

異文化間対話における雑談の美学　253

6. Sue:　でも先生とどうでしょう。あうかな。

7. John:　喧嘩する

8. Masa:　喧嘩する？

9. John:　知らないけど、彼女はう〜ん強し強い。

10. Masa:　強い？ふ〜ん。

11. Sue:　このグループの

12. Masa:　リーダーみたいな感じ？

13. Sue:　そう。Protective みたいな、ちょっと。ほかの日本人が来たらちょっと。

14. Mike:　Queen bee.

15. Masa:　あー、queen bee.

16. John:　そう、そう

17. Mike:　Queen bee.

18. Masa:　Queen bee, queen bee. 何か女王蜂。女王様。

19. Mike:　そうそう。

20. Masa:　Queen bee. ああ、それは日本語ではあまり言わないな。

21.　　　日本語で何だろう

22.　　　う〜ん。ボスとか。ボスではないか。女王様、女王様。

データ (2) と同様、データ (3) にも、ゴシップの標的となっている日本人女性 (アキ) に関する筆者の質問とそれへの応答連鎖がみられる。しかし、これと同時に、会話参加者は主要な活動としてゴシップ・ストーリーを発展させている。具体的には、1 行目、3 行目、12 行目は筆者のアキに対する面識がないことを補うための情報伝達を求める「質問」である。また、それらは同時に豪州人によるゴシップ・ストーリーの発展につながっている。John の 7 行目及び 9 行目は、社交的とは言えないアキの性質を、Sue の 13 行目の発話は、アキの他の日本人に対する排他性を表している。最後に Mike は英語でアキを 'queen bee'（14 行目、17 行目）と言い表している（俗語で概略「常にグループの活動をコントロールしていないと気が済まない女性」の意味）。データ (2) と同様に、豪州人が英語でしか言えない事象、対象を日本語で何

254　第4部　ジャンルとしての雑談

と言うかを教えるのが筆者の役割として了解されている。ここでは、18行目、20–22行目で、筆者はメタ言語的反芻を言語化した発話を行っている。それは、Mikeによる14行目の英語へのコード・スイッチングと17行目の'queen bee'の繰り返しが日本語学習のメタ言語的会話への合図となっており、その後本題であるゴシップのフレームから脱線した「雑談」へと移行している（20–22行目）。

5.　考察及び今後の課題

　本章では、「活動タイプ」という概念を導入し、「雑談」をその構造的側面から規定した。更に、活動タイプにおける社会的、認知的制約を考慮し、発話の意味・機能を「質問」を中心とした指令的発話行為とそれへの「応答」連鎖からデータを分析した。具体的には、データ(1)の分析で、'Sorry for going back to the whaling issue' というインタビュアーの発話が談話標識となり、それに続く彼の質問('how do you address the whaling issue in Japan?')は「活動タイプに特有の推意の規則(activity-specific rules of inference)」(Levinson 1992: 97)を示していることを見た。更に、データ(2)及び(3)の分析から、複数のフレームが存在しながらも、主要な活動は「ゴシップ」であると同定した。その他のフレーム(「日本語学習のためのメタ言語的活動」や「筆者に面識がない日本人女性に関する情報を求める質問)を「雑談」と見なした。

　上の分析からまず言えることは、参与者は所与の活動に参加するための「言語ゲーム」の知識を共有しているということである。その中で、主要な活動タイプの制約からある程度「逸脱」した情報伝達を行う発話行為も見られた。そのような「逸脱」部分を「雑談」とすると、雑談は、活動タイプの目標を遂行するのに補助的な(つまり「対人関係機」の強化という)役割を果たすものと考えられる。もし、参与者が活動タイプの「言語ゲーム」を共有していなければ、「インタビュー」あるいは「ゴシップ」と呼べない相互行為になっていただろう。ここで、研究課題に挙げた三番目の問いである「雑

談の美学に関してどのような洞察が与えられるか」を述べる。

　本章の分析から、雑談の美学は言語の多機能的側面に見出される、と主張したい。雑談における情報伝達と平行して行われる対話者間の知識の共通基盤の確認・創造・蓄積は、ラポール創造の可能性を開くという意味で「美学」と言えるだろう。このような「雑談」的発話の挿入を本題（本談）と並行して用いる円滑なコミュニケーションを遂行する能力は「コミュニケーション能力（communicative competence）」の一部として今後更に研究されるべきである（片岡・池田 2013, Kataoka, Ikeda, and Besnier 2013 参照）。

　本章を閉じるにあたり、上で行った分析の問題点を「フレーム」（Goffman 1974）という観点から述べる。筒井（2012）の雑談の定義に見られるように、通例「雑談」とは「特定の達成するべき課題のない状況において、あるいは課題があってもそれを行っていない時間において、相手と共に時を過ごす活動として行う会話」（筒井 2012: 33）というようなものを指す。しかし、本章では、活動タイプという分析概念を用いることで特定の達成するべき課題はあるが、その活動から「逸脱」した情報伝達行為を雑談とした。

　そこで、本章の分析の問題点を二点挙げておく。(a) ゴシップ自体が「雑談」であるという平均的な日本語話者の理解、及び、雑談研究における専門家の了解がある。更に、「常識的」見方では、本章で扱った調査インタビューなどの明確な目的をもつ制度化された対話は、本題からそれた会話であっても通例「雑談」とは見なされないだろう。つまり、分析者により何を「雑談」とするかという「フレーム」の問題がある点を意識すべきである。

　(b) 対話者の立場からみて、彼らには共有されたフレームがあるという前提で分析を行った。しかし、すべての活動タイプにおいて、ここで行った分析と同じように１つの主要なフレームを見つけられる保障はない。職場談話の研究（Holmes 2000, 2006, Murata 2014）などで報告されているように、仕事上の話をしながらその内部に冗談を挿入したり、カクテル・パーティーで真剣な商談を行うなどの二重のフレームがありうる（Levinson 1992: 99 注）。二重のフレームが見られる会話では、対話者が異なる推意（inference）を行い、誤解を生ずることが（特に異文化間コミュニケーションでは）ある

(Gumperz 1982 参照)。本章では、複数のフレームの共起とそれによる誤解という観点からの分析は行っていない点を断っておく。

　結びとして、今後の課題を記す。これまで繰り返し主張したように、本章では、対話者が所与の文化的活動に従事する際、本来の目的とみなされる情報伝達から逸脱しつつ、対話者間で共有できる知識基盤を創造していくプロセスを「雑談の美学」とした。しかし、いかなる対話も必然的に状況依存的な意味を帯びること、また社会文化的な制約を受けていることも考慮すべきである (Cicourel 1992 参照)。対話者間のラポールは雑談により深まることもあるが、対話者を排除したり、傷つけるなどの危険性を常に伴うことも認識すべきである。以下に述べる点は、新たな論考が必要であるが、本章のデータに即し「美学」とは言えない側面を述べる。

　データ (1) では、日本人インタビュアー (筆者) がパケハ女子学生に対し、食料としての鯨肉に関し「竜田揚げ」という日本語表現を教えることで、共有される知識基盤を与えようとした。しかし、それは捕鯨に反対するパケハにとっては、多大な不快感を与える言動であったかもしれない。また、データ (2) 及び (3) では、以前、日本語勉強会に教師役として参加していた日本人女性に関するゴシップ・ストーリーを発展させるために、「いざこざ」と言った日本語表現を筆者と共有しながら対人関係構築に寄与し得る知識の共通基盤を作ったと言えるだろう。しかし、「白人による日本人 (有色人) への偏見の (慢性的な) 存続」という歴史・社会・文化的制約から見れば、本章で見たゴシップはあまり「安全な」行為とは言えないかもしれない。更に、上下関係、力関係の隠蔽のための「見せかけの親和的関係構築」も、医療現場などを始め、様々な制度的談話に見られるという研究報告もある (Candlin 2000)。以上のような「雑談の危険性」はあくまで推測であるが、今後「雑談の光と影」の両面を経験的に研究していくことが求められるだろう。

謝辞

本章は2014年7月に龍谷大学で開催された「雑談の美学を考える」と題されたラウンドテーブルで口頭発表されたものを土台にして執筆した。村田和代・井出里咲子両氏には特に多くの示唆を頂いた。また、片岡邦好氏からも多大な支援を頂いたことを深く感謝します。最後に、池田佳子氏にはデータ (1) の分析に対し示唆に富むコメントを頂いたことに感謝の意を表します。

注

1　詳述すると、1979年初出のこの論考は、1960年代にデル・ハイムズにより考案された「ことばの民族誌」(Hymes 1974) と呼ばれるアプローチに向けられている。ことばの民族誌では「発話出来事 (speech event)」を分析する際「SPEAKINGモデル」を用いるが、その代替案としてレヴィンソンは「活動タイプ」という概念を提案したのである。つまり、ことばの民族誌では「場面 (Setting; scene)」、「参与者 (Participants)」、「行為の連鎖 (Act sequences)」、「目的 (Ends)」、「トーン、調子 (Key)」、「(使用される言語変種などの) 媒介手段 (Instrumentalities)」、「相互行為及び解釈の規範 (Norms of interaction/interpretation)」、「ジャンル (Genre)」(それぞれの頭文字を採って「SPEAKING」) の8つの変数が対等な「重み」を持つという立場から発話出来事を分類学的に分析する。しかし、このような記述・分類学的分析の結果、一般化が不可能な極度の原子主義・相対主義とでも呼べる事態を招いたという認識がレヴィンソンにはある (Levinson 1992: 70)。

2　レヴィンソンの代替案は、発話出来事を分析する際、SPEAKINGモデルにおける八つの変数の代わりに、「構造」と「スタイル」を大別するというものである。本章で用いている活動タイプに関する論考は「構造」面に専心しており、「スタイル」に関しては別の論考が必要であるという但し書きがある (Levinson 1992: 70)。注1も参照。

3　「質問」(及び「命令」) の「発話の力 (illocutionary force)」は、特定の種類の「応答」を引き出すことであり、質問と応答の対 (pair) は、本質的に、相互作用の連鎖である (Levinson 1992: 80)。また、本章では、サールの発話行為の分類 (Searle 1976) に基づき、「指令的」(directive) という用語を用いる。サールは、「発話行為の分類」という作業を、彼の師である John Austin の分類と自身の発話行為理論 (Searle 1969) を洗練することで行った。つまり「発話行為の目的 (illocutionary point)」、「ことばと世界のマッチする方向性 (direction of fit between words and the world)」、「話者の心理的状態 (expressed psychological states)」という三基準を主に用いることで発話行為を「表象 (representatives)」、「指令 (directives)」、「約束遂行 (commissives)」「表出 (expressives)」「宣言 (declarations)」の五種類に分類した。

「指令的」機能を持つ発話は、(1)話し手が聞き手に何かをしてもらう(させる)試みであり、(2)「世界」を「ことば」にマッチさせる方向性を持ち、(3)必要性、強い願望、願いという誠実性の条件、の三基準を満たす発話行為である。この分類に従うと、「質問する」ことは、話し手が聞き手に「応答させる」試みであり、その他の二つの基準も満たすので、「指令的」機能をもつ(Searle 1976: 11)。

4　職場談話研究の分野では、Holmes (2000, 2006)の知見を発展させた Murata (2014)においても、同様の指摘がなされている。「対人関係構築のための実践(relational practice)は他者の面子の必要性(face needs)に向けられた"他者志向の職場での行為"というだけでなく、明らかな業務遂行的(transactional)機能をもつ。それは職場での主要な目的を遂行するのに役立つ裏方的役割を持つ(2014: 253, 筆者訳)」。

5　上記のデータは「過去」の出来事だけでなく、現在のアキに関しても語られている。それは、ゴシップの標的が筆者に知られていないため、筆者がアキに関する現在の状況を質問しているということと主に関連しているように思われる。

書き起こし記号

Y は Yvette、M はインタビュアー(筆者)である

(.)　間があること

(xxx)聞き取れない部分

(())　筆者によるコメント

分析の焦点となる箇所を**太字**にしてある

参考文献

Besnier, Niko. (2009) *Gossip and the Everyday Production of Politics*. Honolulu: University of Hawai'i Press.

Blount, Ben G. (1981) Sociolinguistic theory in anthropology. *International Journal of the Sociology of Language* 31: pp. 91–108.

Briggs, Charles L. (1986) *Learning How to Ask: A Sociolinguistic Appraisal of the Role of the Interview in Social Science Research*. Cambridge: Cambridge University Press.

Candlin, Christopher N. (2000) General editor's preface. In Justine Coupland (ed.) *Small Talk*, pp. xiii–xx. London: Longman.

Cicourel, Aaron V. (1992) The interpenetration of communicative contexts: Examples from medical encounters. In Alessandro Duranti and Charles Goodwin (eds.) *Rethinking Context: Language as an Interactive Phenomenon*, pp. 291–310. Cambridge: Cambridge University Press.

Coupland, Justine. (2000) Introduction: Sociolinguistic perspectives on small talk. In Justine Coupland (ed.) *Small Talk*, pp. 1–25. London: Longman.

Coupland, Justine. (2003) Small talk: Social functions. *Research on Language and Social Interaction* 36(1): pp. 1–6

Enfield, N.J. (2006) Social consequences of common ground. In N. J. Enfield and Stephen C. Levinson (eds.) (2006) *Roots of Human Sociality: Culture, Cognition and Interaction*, pp. 399–430. Oxford: Berg.

Enfield, N.J., and Levinson, Stephen C. (eds.) (2006) *Roots of Human Sociality: Culture, Cognition and Interaction*. Oxford: Berg.

Fasold, Ralph. (1990) *The Sociolinguistics of Language: Introduction to Sociolinguistics*. Oxford: Basil Blackwell.

Goffman, Erving. (1974) *Frame Analysis: An Essay on the Organization of Experience*. New York: Harper & Row.

Gumperz, John J. (1982) *Discourse Strategies*. Cambridge: Cambridge University Press.

Halliday, M. A. K. (1978) *Language as a Social Semiotic: Social Interpretation of Language and Meaning*. London: Arnold.

Holmes, Janet. (2000) Doing collegiality and keeping control at work: Small talk in government departments. In Justine Coupland (ed.) *Small Talk*, pp. 32–61. London: Longman.

Holmes, Janet. (2006) Workplace narratives, professional identity and relational practice. In Anna DeFina, Deborah Schiffrin, and Michael Bamberg (eds.) *Discourse and Identity*, pp. 166–187. Cambridge: Cambridge University Press.

Hymes, Dell. (1972) On communicative competence. In J. B. Pride and Janet Holmes (eds.) *Sociolinguistics: Selected Readings*, pp. 269–293. Harmondsworth: Penguin.

Hymes, Dell. (1974) *Foundations in Sociolinguistics: An Ethnographic Approach*. Philadelphia: University of Pennsylvania Press.

片岡邦好 (2011)「語用論研究の新たな展開」『日本語学』30 (14): pp. 137–149. 明治書院.

片岡邦好・池田佳子編 (2013)『コミュニケーション能力の諸相―変移・共創・身体化』ひつじ書房.

Kataoka, Kuniyoshi, Ikeda, Keiko, and Besnier, Niko (eds.) (2013) *Decentering and Recentering Communicative Competence*. Special Issue of *Language & Communication* 33.

小山亘 (2008)『記号の系譜―社会記号論系言語人類学の射程』三元社.

Levinson, Stephen C. (1992 [1979]) Activity Types and Language. In Paul Drew and John Heritage (eds.) *Talk at Work: Interaction in Institutional Settings*, pp. 66–100. Cambridge: Cambridge University.

Lucy, John A. (ed.) (1993) *Reflexive Language: Reported Speech and Metapragmatics*. Cambridge: Cambridge University Press.

Murata, Kazuyo (2014) An empirical cross-cultural study of humour in business Meetings in New Zealand and Japan. *Journal of Pragmatics* 60: pp. 251–265.

村田和代・井出里咲子・大津友美・筒井佐代(2013)「雑談の美学を考える―その構造・機能・詩学をめぐって」『社会言語科学』16(2): pp. 112–118. 社会言語科学会.

Searle, John R. (1969) *Speech Acts: An Essay in the Philosophy of Language*. Cambridge: Cambridge University Press.

Searle, John R. (1976) A classification of illocutionary acts. *Language in Society* 5 (1): pp. 1–23.

Tannen, Deborah. (1990) *You Just Don't Understand: Women and Men in Conversation*. New York: Ballantine Books.

Tholander, Michael. (2003) Pupils' gossip as remedial action. *Discourse Studies* 5 (1): pp. 101–129.

筒井佐代(2012)『雑談の構造分析』くろしお出版.

Wittgenstein, Ludwig. (1958) *Philosophical Investigations*. Oxford: Basil Blackwell.

Yamaguchi, Masataka. (2014) Gossiping while learning Japanese: Bilingual encounters between Australians and Japanese in Brisbane. Paper presented at the *New Zealand Language and Society Conference* at the University of Waikato, Hamilton, New Zealand.

スモールトークとバンパースティッカー
公共の場におけることばの感性的快をめぐって

井出里咲子

要旨

　アメリカ社会におけるスモールトークとは、人々が日常気まま
に交わすおしゃべりや雑談の類を指す。本章ではアメリカ社会の
サービス場面において客と店員とが交わすおしゃべりを対象に、
公的場面でいかにスモールトークが立ち現れるかを分析する。ま
たスモールトークのやりとりに見られる自己開示と詩的機能とし
ての平行体に着目し、ことばの生み出す共鳴のリズムがやりとり
の場において感性的な快を創出することに注目する。また書きこ
とばとしてのバンパースティッカーメッセージの特質についても
論じながら、公的場面での交わりの場における雑談の、「いま・
ここ」に依拠した即興性や交感性について考える。

1.　親しげな他人たち

　夕刻を過ぎた薄暗いコンビニ店内のレジカウンターで、20代の男性店員
がひとりレジ打ちをしている。男性客ばかり3名がレジ待ちの列をなす中、
自分の番が来た若い男性客が、ドンと軽く音を鳴らしてパイプ詰まり用洗剤
の Drano® をカウンターに置く。これを合図にレジ打ちを始めた店員は、商
品を見やると 'You have a sink problem?'（流しが詰まったのか？）と客に尋
ねる。これに対し客は 'No, actually a toilet problem' と、実は詰まったのが
トイレであることを打ち明ける。ここで顔を上げた店員は、'Oh, a toilet
problem' とつぶやき、客から紙幣を受け取る。ほどなく店員は、つり銭と
袋に入れた商品とを客に手渡すタイミングで 'Eat more vegetable man'（もっ
と野菜を食べろよ）とニヤリと笑う。男性客が 'Thanks' と笑いながらレジ

カウンターを離れる際、レジ待ちの客たちの可笑しそうな忍び笑いが漏れ聴こえてくる。

　アメリカのテキサス州で記録されたこのちょっとしたやりとりは、コンビニの店員と客が交わす制度的なやりとりの中に、一瞬の揺らぎとしてのスモールトークが生じている例である。コンビニというサービス場面は、コーヒーや朝刊の売買をその直接的目的とし、そのサービス達成のために、上記のようなやりとりは必ずしも必要ではない。しかしトイレを詰まらせたこの男性客に投げかけられた店員のひと言は、少し離れたところからこのやりとりを見ていた筆者を含め、この場を共有した人たちのみが味わえる一瞬の可笑しみとしてその場に立ち上がっている。そして微かな笑い声の波動を通じて、この制度的やりとりの場に一時的な開放とゆらぎを生じさせ、次の瞬間、再び静かに制度的なやりとりの場へと閉じていくのである。

　日常的に交わされるおしゃべりには、公的場面で一時的に出会った人と人との間での他愛のないやりとりがある。こうしたおしゃべりは目的らしい目的もなく、予め決まった話題もなく、同じ時空間を一時的に人と共有するための技法、あるいは単なる暇つぶしとも言える意味で雑談的である。我々が公共交通機関や店舗といった公的な場に参与する時、たとえその一次的目的が「移動」や「消費」であっても、そこに人がいる限り、その場は人と人との交わりが展開する可能性を秘めており、その一瞬の交わりを通して場は緩やかに社交的な質感を帯びる。

　宮原・藤阪(2012)は、人びとの交わりの場で何らかの快感や、心地よさが感じられる状況的な美を、「社会美」(social aesthetics)という概念をもって解き明かす。その中で私たちが物事にふれて得る「快感」を、(1)個体としての生理感覚から生じる「私的な快」、(2)真偽や善悪の観念など、共同体の構成員として共有される道徳的・観念的価値としての「公的な快」、そして(3)私的でも公的でもなく、両者を橋渡しする「共的(common)な快」の3つに分類して説明する(2012: 25)。この3つ目の快を宮原・藤阪は「感性的快」と呼び、人びとの交わりの場において、相互に伝達し合う連帯的な共振の中にその対象を見出している(2012: 25–26, 322)。本章では、この「感性

的快」という概念を援用し、アメリカ社会の公共の場に創出する雑談的なことばのやりとりとしてのスモールトークが、その場に共振的、そして共的な心地よさとしての「感性的快」を生み出す方向に指向されていることを論じる。また書きことばとしての車のバンパースティッカーのメッセージを公的場での雑談的やりとりとみなし、そのコミュニケーションの媒体としての特質を論じることにより、公共の場における他人同士の交わりにおいて、ことばが作る感性的快について考える。

2. アメリカ社会のスモールトークと公共性

　具体的な事例に先立ち、ここでアメリカ社会におけるスモールトーク（small talk）のメタ言語的概念を、まず talk の概念との対比において、また制度的な会話との関連においてまとめておきたい。

　日常的な概念としての talk は、'To give a talk'、'Let's talk business' といった表現、また 'We need to talk'（話し合いが必要）といった言い方にみられるように、特定のオーディエンスの存在を前提とし、また具体的アジェンダをもつなど、比較的形式に則った目的志向（transactional）な話し方とされる。そのため talk は個人の考えや情報の交換、問題の解決などをその到達点に据える。デフォルトとしての talk に対し、スモールトークはカジュアルかつインフォーマルなおしゃべり（chit-chat）の類を総じて指し、文字通り些末（small）で特に報告すべきものもない（non-reportable）ものと捉えられる。友人や家族、また初対面の相手や一時的に出会った他人とも交わされるスモールトークは、「何かについてのおしゃべり」という確定したトピックをもつとは限らず、むしろ会話の雰囲気そのものを楽しみ、会話者同士の関係維持や交感促進のために機能する関係志向（relational）な話し方である。そのため、たとえば 'sit down and talk' という表現に象徴されるように、talkが時間や物理的な拘束を前提とし、「話し合い」という作業的意味合いや、徹底した相手や話題の理解（understanding）を求めるのに対し、small talk の終着点は不明瞭であり、途中で中断されても支障のない、「話と話」の間を

埋めるやりとりと言える。

　一方、冒頭でみたコンビニでの客と店員とのやりとりは、サービスの享受者と提供者という役割を担った二者が、当該サービスの達成という共通の目的をもって場に参与する制度的な場での会話である。しかし冒頭のコンビニ場面での店員は、他の客たちが聞こえる形で初対面の客に対してからかいのような軽口を投げかけている。そもそもスモールトークのような交感性の高いやりとりは、情報伝達や合意形成よりも対人関係維持や確認、話者間の親密性を指標するものであるのに、なぜこの場でしか会うことのない客と店員の間で、またほかの客の面前で当該サービスの達成には直接関係のないスモールトークとしてのおしゃべりが生じるのだろうか。

　筆者がデータとして録画したアメリカテキサス州のコンビニと花屋[1]での店員と客のやりとりを分析すると、制度的なやりとりは次の三段階から成る。(1) 目配せや 'Hi' という一言を介した「やりとり開始の挨拶 (opening encounter)」[2]、(2) 値段のアナウンスや袋詰めの有無を問うような「業務のためのやりとり (transactional move)」、そして (3) 'Thanks' のような「やりとり終了の挨拶 (closing moves)」である。業務のためのやりとりは、サービスの提供者からの 'What can I do for you today?' や 'Will this be all for you?' といった定形表現がサービス提供の文脈を作り、やりとりをサービス達成へと推し進める[3]。また業務のやりとりには、値段のアナウンスが必須であるほか、袋詰めの確認、商品の説明、クレジットカード処理といったサービス提供に直接関わる言語、非言語によるやりとりが含まれる。

　たとえば客がひっきりなしに訪れる通勤時間帯のコンビニは、数秒から数十秒といった短い時間でサービスが展開し、客と店員のやりとりは最低限の挨拶と、業務のためのやりとりに終始することも多い。しかし録画データからは、コンビニの36％と花屋の55％で筆者が「スモールトークが起きている」と判断する、当該サービス達成のために必ずしも必要のない雑談的おしゃべりが交わされていた。ではサービスの場という公的な場所で出会った他人同士の間に、いかにスモールトークが生まれるのだろうか。次節では、まず制度的なやりとりにおいて、いつどのようにスモールトークが展開する

かを確認する。

3.　いつ、どのようにスモールトークするのか

　冒頭のコンビニ場面のやりとりでは、言語によるやりとり開始の挨拶は見られないが、客が商品をレジカウンターに置いたタイミングで、業務のためのやりとりが始まり、そこで店員がスモールトークを切り出している。当該サービスに直接関係のないスモールトークは、このように「業務のやりとり」開始部分、もしくは「やりとり開始の挨拶」の終了部分に創発するパターンが多い。

　たとえば次はレジの横に設けられたセルフサービスのコーヒー機に近づいた客に対し、02 行目で店員がやりとり開始の挨拶を投げかける場面である。

【データ①】

01	客：	《店に入るとカウンターの方向に向かう》
02	店：	good morning 　　　　《客を見やりながら》
03	客：	good morning 　　　　《コーヒー機に歩み寄る》
04	店：	how are you today?
05	客：	a::h I'm ti:red and sleepy and very sick and drowsy- 《コーヒーを注ぐ》
07	店：	<u>OH</u> <u>no::</u> 　　　　《下を見つつ》
08	客：	(4.0) 　　　　《レジ前へ歩み寄る》
09	店：	just another typical Monday right= 　《客がコーヒーを置く》
10	客：	=yea:::h
11		(10.0) 　　　　《店員はレジの操作、客はお金を出す》
12	店：	seventy nine
13	客：	seventy 　　　　《1 ドル札を手渡す》
14	店：	here you go 　　　　《つり銭を手渡す》
15	店：	hope it gets better
16	客：	yeah it will 　　　　《出口に向かって歩き出す》

266 第4部 ジャンルとしての雑談

朝の通勤ラッシュがひと段落した時点でのこのやりとりは、02–03で交わされたやりとり開始の挨拶の隣接ペアに続き、04行目で店員が‘How are you?’と客に尋ねている。相手の健康状態について尋ねる拡張型の挨拶は、エクアドルの個人経営店を調査したPlacencia（2004: 222–224）が報告するように、制度的場において顔見知りの客と店員がラポール形成のために用いることが多いが、筆者の調査では顔見知りに限らず初対面の客に対しても店員は拡張型挨拶を用いている。やりとり開始の挨拶に際し、通常は‘Fine’や‘Okay’などの肯定的応答が、無標の応答として習慣的に用いられる。ところが客はこの隣接ペアのスロットを使い、ゆっくりとした口調で「疲れて、眠くて、病気で、眠い」ことを説明する自己開示を行っている（05行目）。客のこの発話は、あからさまにゆっくりと、大袈裟な表現を用いているが、これを受けて07行目で店員は‘Oh no’と、客と同じようにゆっくりとした口調で少し大げさに呟いてみせている。その後、客がコーヒーを準備し終わり、レジカウンター前に歩み寄るまでの4秒ほどの沈黙があるが、客がコーヒーをレジカウンターに置いたタイミングで店員が次のターンを取り、スモールトークが継続している。

　09行目で店員は、客の状態が、「典型的な月曜日の朝」であることを推し量る。このデータが収録された日は月曜日であったが、アメリカ社会において月曜日は休息や娯楽に当てられる週末が終わり、勤労としての通勤や勤務が始まる「一週間で最も憂鬱な日」である。社会的に共有されたこのイメージを提示することにより、店員は客への理解と同情を示し、ここでスモールトークは一端閉じ、12行目から業務のためのやりとりが交わされている。やりとり終了の挨拶の部分で（15–16行目）、店員は客の一日がよくなることを願い、それに客が応答してこのやりとりは閉じている。

　このようにスモールトークは、やりとり開始の挨拶を拡張する形式で始まるものが少なくないが、コンビニと花屋の店員とマネージャーたちへのインタビューからは、彼らが意識して積極的に拡張型挨拶（‘how you feeling?’、‘how are you today?’など）を用いていることが明らかであった。日本社会の商業施設での挨拶が通常、店員からの「いらっしゃいませ」という一方方向

の挨拶であるのに対し、アメリカのやりとり開始の挨拶は双方向からの挨拶が必須となり、そこをきっかけにスモールトークが展開しやすくなるのである[4]。

　次のコンビニでのやりとりでは、やりとり開始の挨拶のあと、店員が客に拡張型挨拶の質問を投げかけ（05行目）、それに対し客が先んじて店員に天気の変化について切り出すスモールトークが展開している。

【データ②】

05　店：how are you today　　　　　　　　　　《下をむいて作業をしつつ》

06　客：pretty go͟o͟d=how 'bout yourself

07　店：oh pretty ↓ good

08　　　　(4.0)　　　　　　　　　《客はセルフのコーヒーをついでレジへ向かう》

09　客：it's windy out there all of a ⌐sudden　　《レジにコーヒーを置く》

10　店：　　　　　　　　　　　└↑YEA:H　《客をみながら》

11　　　　(1.5)

12　店：(at least) it feels good ⌐for a cha:nge　《下を見て作業をしつつ》

13　客：　　　　　　　　　　└yeah really °good°　《財布をみやる》

14　店：couple of weeks and we'll probably be tired of it=　《レジ操作》

15　客：=yeah=　　　　　　　　　　《微笑んで、紙幣を渡しつつ》

16　店：=*heh heh hehhhh*　　　　　　　　《紙幣を受け取り、微笑む》

ここでは 05–07 行目の拡張型挨拶のやりとりにおいて、客と店員の応答はいずれも 'pretty good' であり、店員は直前の客の応答をくり返している。09 行目で客はレジにコーヒーを置き、これをきっかけに業務のやりとりが開始する中、「突然風が強くなってきた」と外の天気について言及する。店員はこれに 'Yeah' と応答すると、ゆっくりとレジ打ちを開始しながら「たまには（風があるのも）気持ちがよい」と、この天気の話題についての評価を行っている（12 行目）。これに対し客は 'yeah really good' と、店員の評価である 'feels good' の 'good' をくり返す形で店員と同じスタンスを取る。

268 第4部 ジャンルとしての雑談

しかし14行目で店員はすかさず、「数週間したら（今の天気に）飽きるだろう」と言い、それに客が同意したところで、店員は控えめな笑い声を上げている。

コーヒーの売買に並行して展開するこの何気ないスモールトークは、やりとり開始での拡張型挨拶における客と店員の 'pretty good—oh pretty good' のやりとり、また天気の話題からの 'it feels good—yeah really good' という音のくり返しが、客と店員のスタンスの共有を音韻レベルで共振させる。しかしそのスタンスが共有された直後に、その天気にも飽きるだろうことをほのめかす店員の14行目の発話は、テキサス州の天候が基本的に変化に乏しくつまらないという共通の文脈への認識を想起させる。この文脈の共有を介して店員と客とは微笑み、スモールトークが閉じていくのである。

データ①、②にみるように、制度的な場でのスモールトークはやりとり開始の挨拶やその日の天気という身近な話題から展開しやすい。ニュージーランドのスーパーで、客と店員のスモールトークを調査した Kuipers and Flindall（2000: 193）は天気、その日や週末の予定、購入する（した）商品が典型的な雑談の話題になるとする。筆者のデータでも、客と店員とは互いにアクセス可能な情報を拠り所に共通の土台を築く傾向にあるが、そこには2種類の話題としての情報の拠り所がある。1つ目は、物理的環境としての「いま・ここ」を共にする客と店員が、コンテクストから共有可能な話題を選択する例で、天気や互いの服装、髪型、持ち物や店の商品への言及である。2つ目は、相手が知っていると推測される社会的文脈を話題にするケースで、最近のニュースや時事、話題のテレビ番組やスポーツイベントなどについての言及がそれにあたる。

次の花屋でのやりとりは、花束を買いに来た客に店員が値段を告げている箇所（07行目）からのデータである。直後の09行目から16行目にかけて、店員はメッセージカードを花束に添え、客からクレジットカードを受け取り、処理を始めるなどの業務のやりとりに従事しているのだが、突如顔を上げ、カウンター越しに立っていた客のTシャツを指差し、「シャツを見たけれど今朝のニュースを見たか」と客に話しかけている。

【データ③】

07　店：>it's gonna be seven dollars and fifty seven cents with tax<=

08　客：=°okay°

　中略　《店員は客からクレジットカードを受け取り操作を開始する》

17　店：《Tシャツを指差し》saw your shirt dju watch some news this morning?

18　客：I was up last night was watching some movie when I saw it=

19　店：=oh ⌐yeah?

20　客：　　⌐ah huh ten minutes after it happened

21　店：yea:h that's wi:ld

22　　　（1.0）

23　客：yea:h sa:d day

このデータ収録がされた1996年の夏はアトランタオリンピックが開催され
ており、データ収録の前日にオリンピック公園で爆破事件が起こり、死傷者
が出る騒ぎになっていた。店員は客の着ていたオリンピックのロゴ入りT
シャツに気付き、そのTシャツを「物理的話題」として選択してから、事
件の報道に関する「社会的話題」について切り出している。店員への質問に
対し、18行目では客が「昨晩映画をみている際に知った」という私的な情
報を自己開示している。さらに客は事件発生の10分後にその報道を知った
ことを情報として提示し、それについての店員と客の評価をもってこのス
モールトークは閉じている。

　これらのデータにみるように、サービス場面の客と店員とのやりとりで
は、時に客が、また時に店員が共有可能な情報源として「物理的話題」や
「社会的話題」を選択し、そこからスモールトークが始まっている。同時に
こうしたスモールトークのやりとりは、当該サービスとは直接関係のない発
話（相手への褒め、天気への言及、相手への質問）に対して、客または店員が
「自己開示」をすることによって展開が可能になる。自己開示（self-disclo-
sure）とは、やりとりの相手に個人的な情報や経験、またその時々の個人の
考えや気持ちを明示化する行動を示す。たとえば冒頭のコンビニの例では、

「流しが詰まったのか」と店員に尋ねられて、客は Yes/No（だけ）で応答するのでなく、「トイレが詰まったこと」を自己開示しているが、その自己開示があるが故に店員によるその後のオチが生じているのである。

4.　共鳴のリズムと場の共振

　前節では、スモールトークがサービス場面という制度的会話のどこで、どのように創出されるかを確認したが、たとえば店員が投げかけた質問に対し、客が自己開示をしなかったとしたら、その会話はスモールトークへと発展することは難しい。その意味でもスモールトークが展開する上で、自己開示は必要不可欠な要素である。井出（2008、2014）では、参与者が共在するいま・こことしての場からスモールトークが創発される要因として、「協働の自己開示 (collaborative self-disclosure)」と「平行体とくり返し (parallelism and repetition)」に着目し、自己開示を通したやりとりのリズムが場の参与者の間に笑いと同調のリズムを生み出すことについて論じた。

　たとえば、次のコンビニでのやりとりでは、客に空港への道順を尋ねられた店員が、客の要望に応えられず苦笑して謝罪しているのに対し（02）、やりとりはそれに対する客のお礼のあいさつ（03）をもって閉じてはしまわない。

【データ④】

01　客：hi there (.) can you tell me how to get to the airport from here?

02　店：no *hhhh* I can't (.) I'm sorry

03　客：oh dear oh thanks

04　店：if I were in Massachusetts I could *ha ha haaa* Logan (.) <u>sure</u> *huhh*

05　客：oh well (.) if I were in Massachusetts I wouldn't need to ask (well)

06　店：*ha haa* do you know where the old airport is

店員は、02 行目の断りに続けて 04 行目で、地元の空港への道順が説明でき

ないことへの言い訳として「ここがマサチューセッツだったらわかるんだけど」と、マサチューセッツ州の主要空港の名前（Logan）を挙げながら笑っている。「ここがマサチューセッツ州だったら」という仮想的な発話は、店員が同州について馴染みがあることを表明する自己開示の動きである。これに対し客も、店員の自己開示に同調して「マサチューセッツ州にいたなら（空港への道順を）聞く必要もない」と言って笑顔を見せる（05）。この動きは、店員と同様に客自身も、今二人がいる場所としてのテキサス州よりもマサチューセッツ州に詳しいことを開示する動きである。テキサス州のコンビニで一時的に出会ったこの二人の男性が、現実にマサチューセッツ州についてどれくらい詳しいのかは知る由もない。しかし客に道案内をするというサービスの提供を果たせなかった店員による、言い訳とも捉えられる自己開示に対し、客もマサチューセッツに詳しいことを開示したことにより、二人のやりとりの間に共通のスタンスが共有される。

　同時に、05 行目の客の応答（‘if I were in Massachusetts I wouldn't need to ask’）は、店員の発話（‘if I were in Massachusetts I could’）と同じ文法構造を生成する平行体の形をとっている。ここでの修辞法としての平行体（パラレリズム）は、会話の意味内容や話し手の意図を強調し（Tannen 2007）、話者同士の発話が響きあう同じ構造的響鳴（resonance）を生み出すものである（DuBois 2007）。一方、このやりとりでは、店員と客の平行体による自己開示が店員と客の間に笑顔を生み出し、その笑顔をきっかけに会話は次の話題へと移行していく。

　平行体を用いた自己開示のやりとりは、本章冒頭のコンビニでの会話例にも明らかである。店員による ‘You have a sink problem?’ という問いは Yes/No 疑問文の形をとっている。これに対し客は Yes か No のみで応えることも可能であるが、実際にはそれに加えて「トイレが詰まった」という個人的な状況を自己開示している。この自己開示の形式は ‘You have a sink problem?’ という問いかけに対し、‘No, actually a toilet problem’ と、「名詞＋problem」という複合名詞をくり返す平行体に導かれている。またそれを受けて店員は ‘Oh, a toilet problem’ と客の発話形式をそのままくり返しているが、‘a sink

272　第4部　ジャンルとしての雑談

problem'から 'a toilet problem' ➡ 'a toilet problem' と異なる話者によって
くり返される平行体は、やりとりの中に発話のリズムが共振するレゾナンス
を生み出し、それが 'Eat more vegetable man' というオチとしてのパンチラ
インの面白さを際立たせている。

　前述のように、このやりとりでは、店員の問いかけに対する客の自己開示
があったからこそ、店員はやりとりのオチとして客をからかう発言をするこ
とができたのであるが、こうした会話の中のあそびは、会話に楽しさを基盤
とする心地よさをもたらす意味で、場の参与者が共有する感性的な快を生
む。会話のやりとりの上での遊びには、からかい(teasing)やあざけり(mock)
といった現象があるが、これまでこうしたことばでの遊びは、友達や夫婦と
いった近い関係におけるラポール形成や帰属アイデンティティの確認、パ
ワーとソリダリティ交渉の観点などから論じられてきた(Straehle 1993,
Boxer and Cortés-Conde 1997, Lampert and Ervin-Tripp 2006)。一方、サービ
ス場面という一時的な出会いの場でのことばを介した交わりは、参与者の関
係性維持やラポール形成とは直接関係しない。しかしながらこうしたことば
の共鳴や共振は、公的場面において私的でも公的でもない、共的な心地よさ
としての感性的快を、「いま・ここ」という場において即自に生み出すので
ある。

　古典的言語論として読み継がれる「言語学と詩学」(Jakobson 1960)におい
て、ヤコブソンはコミュニケーションが成立する上での構成要因である「発
信者／受信者／コンテクスト／接触／コード／メッセージ」と、それぞれに
対応する「主情性(emotive)／働きかけ(conative)／指示性(referential)／交話
性(phatic)／メタ言語性(metalinguistic)／詩的性(poetic)」の言語の六機能に
ついて論じている。その中でヤコブソンは、文学や芸術世界に限らず、日常
的に用いられる言語が、常にメッセージそのものへの指向を際立たせる詩的
機能を併せ持つことを強調する。たとえばアイゼンハワー大統領の選挙キャ
ンペーンで使われたスローガンの 'I like Ike'(/ay layk ayk/)の例、また 'the
horrible Harry' という表現が 'terrible' でも 'dreadful' でも 'disgusting' で
もなく 'horrible' を自然に選択する例を引いて、類音法の詩的機能から、

ある特定の表現が選択されることを説明する（Jakobson（1960: 357））。

　言語の詩的機能には、こうした音韻の類似性や近接性を拠り所としてメッセージが指向されるものの他に、単語や構文レベルにおいては Sherzer（2002: 106–107）に詳しいくり返し（repetition）や平行体（parallelism）の形式を取るものが多い。文学の世界に留まらず、演説や新聞記事、日常会話においてもくり返しや平行体がもつ詩的機能は、言葉の指示的機能だけでなく交感的機能のレベルにおける働きかけを促進する。たとえば 'You have a sink problem?' に対する 'No, actually a toilet problem' の平行体や、データ⑤の 'If I were in Massachusetts I could' — 'If I were in Massachusetts I wouldn't need to ask' という客と店員の発話間の平行体は、メッセージ生成の過程において、リズムとしての共鳴とともにその場の参与者が感じ取る可笑しみを生み出している。こうしたことばのあそびは、制度的で型に則ったサービス場面のやりとりにおいてその既存のフレームを揺り動かす機能をもつ。同時に、場の参与者の間に共創されることばの上でのあそびは、オーケストラの演奏（play）におけるパフォーマンスのように、協調（coordination）と響鳴（resonance）を伴ってはじめてそれが可能になるが、スモールトークにはそうした側面も備わっているといえよう。次にサービス場面におけるスモールトークから離れ、書きことばの例からアメリカ社会の公共場面におけることばの交わりと感性的快について考えてみたい。

5.　バンパースティッカーと公共でのことばの交わり

　アメリカ社会の公共の場でひとびとが交わすスモールトークの感性的な快は、自家用車などに貼られるバンパースティッカーのメッセージにも見出すことができる。第二次世界大戦中に政治的広報の１つとして出回るようになったバンパースティッカーは、その後アメリカの大衆文化と化した公共の場でのメッセージである。車体のバンパーやリヤウィンドーに貼られるバンパースティッカーは、一般的に縦横 10×30cm ほどの大きさで、後方車から判読可能な大きさの文字でシンプルなメッセージが書かれたものが多い。バ

ンパースティッカーが読まれる典型的な状況は、運転中や駐車された車のバンパースティッカーが目に入る時であり、その意味でバンパースティッカーは不特定多数の相手を情報の受け手として発せられるメッセージである[5]。ここではアメリカのバンパースティッカーのメッセージがもつコミュニケーション上の特質について、「自己開示」の利用と「人称代名詞としてのダイクシス」を通した場の共有の機能について論じる。

　Bloch (2000) に詳しいように、一般に車は、自由、権威、成功、物欲主義 (materialism) といった文化的価値の象徴であり、特にアメリカ社会では車体に貼られるメッセージは公の場に自身の考えを投影できる手軽な手段として認識されている (Bloch 2000: 54)。Case (1992) は、カルフォルニア州リバーサイドで大学や商業施設の駐車場にとめられた車のスティッカーを調査し、メッセージのイデオロギー性と社会階級の相関関係を分析している。その中で調査した 1500 超の車体に貼り付けられたスティッカーの半数以上が、自己アイデンティティ (self-identity) の表出を目的とし、車の所有者の趣味、職業、家族構成、出身校、運転の習慣などについて開示する内容であると報告している (Case 1992: 112)[6]。自己開示の内容は、アメリカ大統領選挙の時期に支持政党を応援するものや、子供の通う高校・大学名を記したものなどさまざまだが、たとえば 'Proud Dad of an Honor Student'[7] というメッセージは、車の所有者が親であり、優秀な子供がいることを公共の空間に曝け出す自己開示のメッセージである。

【データ⑤】

一方、データ⑤の 'I'M A STAR WARS FAN, HONK IF YOU［キャラクターの絵］' のようなメッセージは、自身の嗜好を開示する叙述文 (I'm a STAR WARS fan) と、メッセージの受け手に、クラクションを鳴らしての自己開示を促す命令文 (Honk if you～) から成っている。二文からなるこの

短いメッセージは、発信者と受信者の双方向から自己開示がされることによる公的な場での交感的やりとりを仮想した内容である。

　バンパースティッカーメッセージには様々なタイプのものがあるが、その2つ目の特質として、人称代名詞（'I', 'you'）を含むメッセージが多いことがあげられる。たとえば 'How am I driving?' のような質問文や 'In Beyonce We Trust'[8]、データ⑤の 'I'm a STAR WARS fan, Honk if you〜' には、'I, we, you' の一人称、二人称代名詞が用いられている。'How am I driving?' における 'I' は、ダイクシスの中心としての語り手（origo）を指標し、メッセージの受け手はメッセージを読むことで、相手のダイクシス領域に引き込まれることになる。データ⑤でも、'I'm a 〜, Honk if you〜' という人称ダイクシスが、「いま・ここ」としての文脈においてメッセージの発信者と受信者を出会わせ、会話のやりとりを模した空間を生じさせる。

　次のデータはオバマ大統領が再選された大統領選挙戦期間に出回った多くの政治的スティッカーの1つである。

【データ⑥】
Of course you don't see any
"Obama" stickers.
I'm driving to WORK.

このメッセージは、'Of course you don't see any 'Obama' stickers' という最初の文をもって、受信者 you が物理的環境としてのこの車の車体にオバマ（支持）のスティッカーがないことを認識させる。そして次の文で、発信者には職がある（I'm driving to WORK）ことを述べる。言語におけるダイクシスは、場の参与者が共有する物理的・身体的文脈に根差して理解されるが、そのダイクシスとしての人称詞を車体に直接貼り付けることにより、メッセージの発信者と受信者が仮想的に公共の場で出会い、やりとりする、会話的な場がその場に創出するのである。

　Kurzon（1997）も論じるように、バンパースティッカーメッセージの理解

において、メッセージの受け手はバンパースティッカーに書かれたことばをその場の物理的社会的文脈の中で理解することが求められる。たとえばデータ⑥のメッセージも、どのような車種にこのメッセージが書かれているのかという物理的文脈、また社会的文脈として、オバマ政権や民主党支持者には失業者が多いというアメリカの社会的ステレオタイプを背景に理解される。つまりデータ⑥のメッセージは、この文脈を知っていてこそ理解できる皮肉であり、また発信者と受信者が同じ文脈を共有していることを前提としたメッセージなのである。

このように、アメリカのバンパースティッカーには自己開示と人称ダイクシスを利用したユーモアのあるメッセージが多いが、これが直接顔を合わせることのない他人同士を公的な「いま・ここ」の瞬間において出会わせ、そこに共振しあう場面が創出されるのである。

【データ⑦】

公的なメッセージとして共有されるバンパースティッカーには特定の型をもったものが少なくないが、データ⑦の 'I'd rather be FISHING' のような、'I'd rather be X' という型はその典型例の1つである。「むしろ○○していたい」というこのメッセージは、発信者の趣味を自己開示する 'I' で始まる内容である。同時にこのメッセージは、車社会のアメリカにおいて、車での通勤やそれに伴う渋滞が、短調さやストレスを伴う苦痛な行為として認識される社会的文脈を前提とする。よって、むしろ釣りしていたい、むしろハワイにいたい (I'd rather be in Hawaii)、むしろトラクターを運転していたい (I'd rather be driving my TRACTOR) といったパラレルな表現形態を用いたメッセージは、同じドライバーとしてのメッセージの発信者と受信者が、趣味や娯楽ではなく、労働のために車を運転する社会的文脈を共有し、

共感し合い、憐みを共有（co-misserate）するところに面白みが生じるのである。

　アメリカ社会のバンパースティッカーのメッセージは、時として政治的不満のはけ口、自己顕示欲の現れとも捉えられる。しかし、バンパースティッカーを通して、他者に自己開示をし、文脈を共有して一瞬の交わりを楽しむその姿勢は、アメリカ社会の公的な交わりの場における人々のスタンスを映し出しているともいえるだろう。またこうした公的な場でのやりとりを味わう中に、見知らぬ他人と共的な心地よさや面白さを感じる、感性的快への指向が読み取れるのではないだろうか。

6.　おわりに―感性的快としての雑談

　「雑」という概念に反映されるように、雑談そのものには文学や詩歌、またスピーチなどの儀礼的言語使用にみる美しさはないだろう。しかし雑談やおしゃべりは、その場の雰囲気を作り、時として場を活性化する上での確かな手触りをもっている。本章ではアメリカ社会の公的場面でのおしゃべりとしてのスモールトークと車に貼られるバンパースティッカーに光を当て、語用論的な指向性としての自己開示と詩的レベルでの文や音の響鳴を通して、その場に共在する人々が一瞬において連帯し、人の交わる場が共振する仕組みについて論じた。そこにみられるのは、「いま・ここ」での交わりの中に、個人としての私的生理感覚でもなく、道徳観念的な感覚とも違う、共的（common）な理解や可笑しみを味わう感性的な快の実践領域としての公共性である。宮原・藤坂が指摘するように、感性的快は、自己の身体に根差しつつも、自己を超えて他者との交わりの場へと開かれていく共通性への指向に基づく（宮原・藤阪 2012: 355）。ことばはそうした共通性を生む土壌であり、公的な場で出会った名前も知らない他人同士のおしゃべりとしてのスモールトークやバンパースティッカーのメッセージの中に、共的な声が響きあうのである。

　さまざまな公的空間で交わされるおしゃべりとしてのコミュニケーション

278 第4部 ジャンルとしての雑談

は、その場その場に立ち現れる小社会としての異なる質感をもっている。社会のデジタル化からコミュニケーションがより個人化・迅速化し、また匿名性も流動性も高い公的場面の数々において、こうしたスモールトークとしての雑談的やりとりは、人と人とが交わる上でのひとつの技法として捉えられるのではないだろうか。

注

1　データ収集は1996年から97年にかけて、いずれもテキサス州の首都であるオースティン市の幹線道路の1つに位置するコンビニと花屋で実施された。コンビニでは午前8時から昼頃まで、花屋では午前9時から午後3時頃まで店のレジカウンターを中心にビデオ録画が行われた。得られたデータは合計21時間分である。両店舗とも経営主とスタッフの承諾を得た上で撮影を行い、コンビニでは筆者自身はレジ裏の小部屋にある防犯カメラモニターを見ながらやりとりを観察し、花屋では店のスタッフとして作業をしながら観察を行った。コンビニの撮影用カメラは複数台置かれている防犯カメラに並べて設置され、店の内外に調査のため撮影中であることを知らせる貼り紙を掲示した。また花屋では、客の来店目的によってカウンター奥に仕掛けられたカメラを操作した（葬儀用の注文が判明した際にはすぐさま撮影を中断する等）。サービスが終了した時点で、店外に出た客に録画の実施について告げ、データ撮影の説明を行うとともにデータ使用のための承諾を得た。

2　調査対象のコンビニ店と花屋では、レジカウンター付近が店員の定位置になっていて、店員はドアの開閉音をきっかけに客にやりとり開始の挨拶の声をかけることもあったが、通常は客が商品を手にしてレジに歩み寄る動きをきっかけにやりとり開始の挨拶が始められている。またやりとり開始の挨拶は、言語的発話を伴わなくとも、客と店員が視線を合わせる、手を挙げる、姿勢や体の向きを変えることによっても機能する。

3　制度的な場面では、こうした決まり文句としての定型表現が多く用いられることから、日常会話に比べて、躊躇や言い淀み、発話の修復などが少ないとされる（Atkinson 1982: 92）。

4　最近ではスターバックスジャパンやディズニーリゾートのようにあえて「いらっしゃいませ」というサービス場面の挨拶を避けた接客方法もみられる。

5　通常バンパースティッカーは土産物屋やオンラインショップで購入されるが、選挙キャンペーンなどでは無料配布されることもある。

6　自己アイデンティティとは異なるカテゴリーのメッセージには、政治・イデオロギー（支持政党、女性の権利、平和など）、交通安全関連（'Baby on Board' など）、哲学・思想（宗教的メッセージ、'Don't worry/smile' など）、商業的メッセージの4つがある（Case 1992: 111–112）。

7　バンパースティッカーのメッセージは 2015 年 6 月現在ネットから得られた情報であり、大文字・小文字の違いは実際のバンパースティッカーのメッセージの表記法を反映している。

8　'In God We Trust' という宗教・信仰のメッセージを人気歌手の名前に置き換えたパロディーであり、同時に音楽の嗜好についての自己開示でもある。

会話の文字化記号

会話の文字化記号は、サックス他（Sacks et al. 1974）を援用した以下の方式を取っている。

(.)　　　会話の合間の一瞬のポーズ。(10.0)は 10 秒間の沈黙。

┌└　　　　会話が重複する箇所。

Huhaha　イタリック体の箇所は笑い声、または笑いを含んだ発話部分。

I know　下線部は、前後の発話より強勢のある箇所。

°no°　　前後の発話より弱く小さな声での発話箇所。

OH　　大文字の表記は、前後の発話に比べ声が大きくなっている箇所。

a::h　　母音が通常より長く伸ばされた発話。

↑↓　　　イントネーションの上昇・下降を示す。

＞＜　　前後の発話より速く話された発話。

＝　　　発話が途切れなく続いている箇所。

《　》　発話者の主だった行動やその他の注記。

参考文献

Atkinson, J. Maxwell. (1982) Understanding formality: the categorization and production of 'formal' interaction. *The British Journal of Sociology* 33(1): pp.86–118.

Bloch, Linda-Renée. (2000) Mobile discourse: Political bumper stickers as a communication event in Israel. *Journal of Communication* 50(2): pp.48–76.

Boxer, Diane and Florencia, Cortés-Conde. (1997) From bonding to biting: Conversational joking and identity display. *Journal of Pragmatics* 27: pp.275–294.

Case, E. Charles. (1992) Bumper stickers and car signs ideology and identity. *Journal of*

Popular Culture 26(3): pp.107–119.

Du Bois, John. (2007) The stance triangle. In R. Englebretson (ed.), *Stancetaking in Discourse: Subjectivitiy, evaluation, interaction*, pp. 139–182. Amsterdam: John Benjamins.

井出里咲子（2008）「スモールトーク」唐須教光編『開放系言語学への招待―文化・認知・コミュニケーション』pp. 171–192. 慶應義塾大学出版会.

井出里咲子（2014）「スモールトークの公共性―アメリカ社会におけるおしゃべりとその詩的機能をめぐって」『論業現代語・現代文化』12: pp. 87–101. 筑波大学

Jakobson, Roman. (1960) Concluding statement: Linguistics and poetics. In T. Sebeok ed, *Style in Language*, pp. 350–377. Cambridge, MA.: MIT Press.

Kuipers, Koenraad and Marie Flindall. (2000) Social rituals, formulaic speech and small talk at the supermarket checkout. In Coupland, Justine ed., *Small Talk*, pp. 183–207. Pearson Education.

Kurzon, Dennis. (1997) Deixis and background knowledge in the humor of car bumper stickers. *Semiotica* 113(2/4): pp.247–268.

Lampert, D. Martin and Susan M. Ervin-Tripp. (2006) Risky laughter: Teasing and self-directed joking among male and female friends. *Journal of Pragmatics* 28: pp. 51–72.

宮原浩二郎・藤阪新吾（2012）『社会美学への招待―感性による社会探究』ミネルヴァ書房.

Placencia, E. Maria. (2004) Rapport-building activities in corner shop interactions. *Journal of Sociolinguistics* 8(2): pp.215–245.

Sherzer, Joel. (2002) *Speech Play and Verbal Art*. Austin, TX.: University of Texas Press.

Sacks, Harvey, Emanuel A. Schegloff, and Gail Jefferson. (1974) A simplest systematics for the organization of turn-taking for conversation. *Language* 50: pp. 696–735.

Staehle, A. Carolyn. (1993) 'Samuel?' 'Yes, dear?': Teasing and conversational rapport. In Tannen, Deborah ed. *Framing in Discourse*, pp. 210–230. New York, NY.: Oxford University Press.

Tannen, Deborah. (2007) *Talking Voices*, Second edition. Cambridge: Cambridge University Press.

雑談とゴシップを超えて
規範と逸脱から考える[1]

片岡邦好

要旨

　本章では、雑談的な言語使用の中から「ゴシップ」(およびその発展形)に焦点を当て、共通の娯楽(登山)を楽しむ友人間で生起した、ある遭難死亡事故にまつわるゴシップの対人的／社会的機能を考察する。ゴシップは第三者についての語りでありながら、端的に話し手本人の人間性を映し出す。例えば、良識から逸脱した第三者の行為に対する理由付けや評価により、自らの価値観を再帰的に投影する場となり、その評価が他の参与者に受容される程度に応じて、集団の倫理観の表明と強化(あるいは弱化)に寄与する。その結果、無為であれ有為であれ、ゴシップは対人的な「政治」行為の重要な手段となることを述べる。

1.　はじめに

　本章では、多様な雑談的言語使用の中から「ゴシップ」に焦点を当て、親しい友人間で誹謗へと発展した険悪な事例を中心に、その展開の手法と社会的意義を検討する。ゴシップとは、現場に不在の他者に関する話であり、往々にしてその当人が語られたくないと感ずる特徴や行動について語られることが多い。言語間で相互に対応するジャンルは明白ではないものの(cf. Haviland 1977)、日本語における「噂話」「醜聞」「悪口」「陰口」などに相当し、いずれも秘匿の趣を伴う。語り手は、(自らの利害に直接関わらない)他者の特徴、行動、状況、属性などに言及するが、往々にして批判的色彩を帯びるものである。

　ゴシップは同時に話し手本人を映し出す。例えば、良識から逸脱した第三

282 第4部 ジャンルとしての雑談

者の行為に対する理由付けや評価を通じて、自らの倫理的価値観が再帰的に投影され、その評価が他の参与者に受容される程度に応じて、集団の倫理観の強化（あるいは弱化）に寄与すると同時に、話し手本人の倫理的「立ち位置」を指し示す。その結果、無為であれ有為であれ、ゴシップは対人的な「政治」行為の重要な手段となる（Besnier 2009）。そこで本章では、ゴシップがさらに先鋭化した「誹謗」における同様の操作を考察する。

　ひるがえって、日本語の「雑談」は独立した固有のジャンルではない。従来、日本語の語りの分類において、「雑談」に近いものに「無駄話」「おしゃべり」「よもやま話」「世間話」「閑話」「放談」「余談」「巷談」「駄弁」「軽口」「与太話」などの呼称があるが、どれも漠としてつかみ難い。ただしそれらに共通する特徴として、「取り立てて差し迫った目的のない、とりとめない話」といった「無目的性」が挙げられ、近年の雑談分析においても同様の定義が設けられている（筒井 2012, cf. Coupland 2003）。ただし本章では、「雑談」の定義の妥当性を論ずるつもりはない。むしろ「雑談」がその無目的性ゆえに内包する「汎ジャンル性」を通じて、参与者との協働により醸成される「合目的性」に着目したい。

2.　ゴシップの先行研究

　雑談はいかなるジャンルの談話にも発展しうるという多目的性ゆえに、「マルチジャンル談話」（メイナード 2008）の1種である。したがって、そのゴシップ的な特徴にもかかわらずゴシップと銘打たない研究も多い。従来、ゴシップを個別のジャンルとして扱ってきたのはフォークロア研究や人類学であるが、近年は談話／会話分析的アプローチによる考察も多い。

　Brenneis（1992）によれば、ゴシップ研究ではその内容（テクスト）を対象とすると同時に、研究の過程で収束してきた4つのテーマ——(1)「社会行為」としての側面；(2)ゴシップをする人、される人、する者同士の「人間関係」という側面；(3)集団が共有する「伝達のレパートリー」の1つという側面；そして(4)ゴシップをゴシップ足らしめる「審美的かつ構造的な側

面」——があるという。これらを峻別することは困難だが、以下ではこの分類をもとに、本分析とのつながりを概観してみたい。

「(1)社会行為」という側面に関しては、ゴシップを人間の根源的なコミュニケーション活動の1つと捉え、連帯行動を通じた紐帯の構築をその目的とする視点がある(Malinowski 1999［1926］, Dunbar 1996)。進化生物学的観点から見ると、社会集団が巨大化するにつれて集団の成員全員との物理的な接点を維持することはより困難となる。ゴシップとは、そのような希薄化した人間関係を修復する「社会的毛づくろい(social grooming)」と等価であるとされる(Dunbar 1996)。つまり他の霊長類と同様、人々はゴシップという「毛づくろい」を通じて情報交換を行い、同時に成員間の紐帯を維持することが可能になるのだという。このような特徴は従来「交感的機能(phatic communion)」と呼ばれ、ゴシップに限らずスモール・トークやジョーク・テリングにも通底するものである(井出 2005, Murata 2015)

　一般論として、ゴシップは各社会の成員が期待される社会性を獲得するための一助となる点で、言語による社会化の一側面であると言える(Goodwin 1990, Goodwin and, Kyratzis 2007, Evaldsson 2002)。さらにゴシップを通じて、集団の成員は個々の出来事の意味と重大さを判断する際の「文化モデル(Cultural models)」(D'Andrade and Strauss 1992)を暗黙裡に構築していく。Holland and Quinn(1987: 4)は、文化モデルを「社会の成員により広く共有され、環境の理解とそこにおける振る舞いに多大な役割を果たす、前提化・既定化された世界の範型(著者訳)」と定義するが、このようにして共有された認識は、従来 'schema'(D'Andrade 1992)と呼ばれる概念にほぼ等しい。

　また、ゴシップによって投影・構築・分断される「(2)人間関係」は、社会規範や集団の倫理観を維持するために有用である一方、利己的な権益の増進を目指した、悪意ある企てとなりうる(Tierney 2009)。この点で、ゴシップとは人間関係を調整するための高度に「政治的」な営みであり(Besnier 2009)、弱者の抵抗手段として搾取される(Scott 1985)。また本章が示す通り、ゴシップはゴシップを呼び、内容がより過激化して語り手、聞き手、話題の人物全てをさまざまな危険にさらすことも多い。そのような理由から、

284 第4部 ジャンルとしての雑談

「ゴシップは三又の舌 (a three-pronged tongue)」と戒められ、「分別ある無分別 (discreet indiscretion: Bergmann 1993)」と警戒される。

次の視点は、ゴシップを「(3) 伝達のレパートリー」の1つとして捉えるものである。ここでは、ゴシップをゴシップらしく伝える (あるいは伝わる) ためのスタイル上の特徴に焦点を当てる。他の口承伝統と同様、ゴシップには諧謔、風刺、皮肉、羨望、負け惜しみ (ルサンチマン)、誹謗、説諭などを含むさまざまな発話行為が共起する。これらは独立／排他的にではなく、統合的にゴシップという行為の達成に向けて活用される。

さらにゴシップは、語り手がさまざまな「声 (voice)」を採用することで、異なる立場、視点、イデオロギーを代弁する媒体となる (Hill 1995, Maynard 1993, Yamaguchi 2005)。例えば Hill (1995) によれば、スペイン語と Nahuatl (ナワ) 語の象徴的な使い分けには、言語イデオロギーにもとづく異なる指標的価値が関与するという。したがって、スペイン語を使うことは「金銭」、「マーケット」などの消費経済を含意するだけでなく、それに付随する邪悪な人間性を喚起し、対象への共感を拒む「メタファー／メトニミー」として作用する。また Basso (1992) においても、Cibecue Apache の会話で用いられる様々な「地名」が、歴史的事件とそれにまつわる人物や危険性を投映する 'topographical gossip (Lewis 1976)' として、コミュニティに共有されたレパートリーとなっていることが示されている。

最後に、「(4) 審美的／構造的側面」として、ゴシップでは聴衆の注意を引き、納得させるための文飾や特殊な文化的・言語的技法が用いられる (Goodwin 2006, Evaldsson 2005)。例えば Brennais (1996) は、Fiji Indians のゴシップが住民の耳に心地良く響く繰り返しやリズムを用いて平等主義社会を体現し、統合的な調和を生み出す機能を持つと指摘している。また語法的側面に注目すると、ポリネシアの Nukulaelae では、ゴシップの語り手は「ゼロ型前方照応 (zero anaphora)」を用いて重要な情報を曖昧な物言いで包み、聴衆からリペア連鎖を引き出すことで、聞き手を巧みにゴシップの「共著者 (Co-author：Duranti and Brennais 1986)」として取り込むという (Besnier 1989)。さらに、アフリカ系アメリカ人の少女のゴシップでは 'he said, she said'と称される複雑な引用形式が多用されたり（Goodwin 1990）、北西イングランドの女子高校生の間では、他者を批判的に描写、評価するために「付加疑問形（tag question）」を多用するという分析もある（Moore and Podesva 2009）。

広義の雑談の一種であるゴシップだが、以下ではその何気ない語りが誹謗や責任追及といった（「雑談」に対置される概念としての）「正談」へと発展していく様を観察し、無為と考えられる語りが有為なる行為へと変容する過程を検証してみたい。これにより、雑談の「無目的性」という定義の危うさを指摘する。

3. データと分析方法

本章においては、雑談からゴシップへ、さらに誹謗・中傷的な談話へと発展した一続きの会話に焦点を当てる。分析データは、X 県の某登山小屋に宿泊した常連客 3 名（I、W、N）、管理人夫妻（M、T）、および調査者（R）という計 6 名の参与者によるゴシップである。これは当初、同宿者の雑談として始まった登山中の体験談が、データ収録前年の冬に北アルプスで起こった遭難死亡事故へと話題が移った際に始まったものである。そこには、遭難者（S）のパートナー（その場に不在の第三者 J）の対応に疑義を呈する会話が徐々に強い非難へと移行する様子が収録されている。雑談自体は延べ約 3 時間に及ぶが、本章では上記話題にまつわる 45 分程度の会話に焦点を当てる。それをもとに、第三者への糾弾がいかになされ、登山者集団の常識と暗黙の倫理観がどのように強化されるかを検証してみたい。

具体的には、遭難時のパートナー J の責任を問うために用いられたいくつかの方略を概観し、それらが他者の「声」をどのように「引用」（Leech and Short 2007 ［1981］, 鎌田 2000, 山口 2009）することで達成されたかを考察する。まず引用について、鎌田（2000）は次のように定義する。

「引用」とはある発話・思考の場で成立した（あるいは、成立するであろ

う）発話・思考を新たな発話・思考の場に取り込む行為である。そして、「話法」とはその行為を表現する言語的方法のことである。日本語の場合、引用は助詞「と」を伴って行われることもあれば、そうでないこともある。その判断はどのような話法形式が選択されるかによって決定される。 (鎌田 2000: 17)

　日本語の場合、引用は主に「〜って／〜(ん)だって」「〜みたいな」「〜と(か)」「〜ぐらい」と言った言語的マーカーにより導入される(鎌田 2000, 山口 2009)。ただし、引用される内容はその再現性において段階的な差が見られる。例えば、「この酢みその具合が分からねえって言うんだよ、うちのやつは。」(鎌田 2000: 53)や「修さん、ジェフリー(愛犬)が僕にもみかんちょうだいってゆうてるわよ。」(鎌田 2000: 60)といった例に見られるように、引用される文言が話し手により改変され、仮想される可能性もある。この点で、「引用」とは再現上の忠実度の問題(例えば砂川 1989)であるよりも、「パフォーマンス」(Tannen (1989) が 'constructed dialogue' と呼ぶ行為)としてとらえることが重要となる。この点について、Leech and Short (2007 [1981]) は「介入度」という基準による階層を提案し(図1)、鎌田(2000)もほぼ同様の傾斜を認めている[2]。

　実はこの階層は「指標性」(Silverstein 2003, 小山 2009, 片岡 2002)という概念と相関する関係にある。指標性の大小は発話の出来事の場(オリゴ)への密着度によって決まるため、状況依存性が高いほど指標性も高い。よって図1においては、引用された発話を最も端的に、つまり言葉通りに (verbatim) 伝える FDS が最も「類像性」が高く、同時にオリゴが「今・ここ」から転移している点で指標性は低いと考えられる。一方、階層の左側に位置する介入度の高い引用形式は、おもに「従属・等位接続」や「埋め込み」といった連辞的操作によって実現される。つまり、出来事の場(オリゴ)における語り手の意図や操作に左右されるという点で、比較的指標性の高い形式といえる。本章では、こういった「引用」のスタイルが言及対象への参与者のスタンスと評価を示す指標となることを述べる[3]。

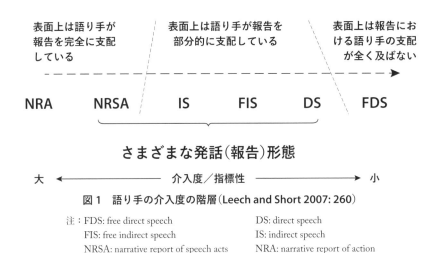

図1　語り手の介入度の階層（Leech and Short 2007: 260）

注：FDS: free direct speech　　DS: direct speech
　　FIS: free indirect speech　　IS: indirect speech
　　NRSA: narrative report of speech acts　　NRA: narrative report of action

4．ゴシップ分析

　我々が人間として負うべき最大の責任は人命にかかわる瑕疵に対してであり、その極刑は自らの命をもって贖うことである。その点で、他者を死に至らしめたか否かを語ることは、語り手にとっても語られる第三者にとっても究極のリスクを伴う。その一例として、親しい人物の死に直面し、そこに関わった第三者にどのような責任が帰属するかを語った事例を検討する。

　その過程は様々な認識にもとづく一連の発話によって達成される。我々の認識は、種としてのヒトが共有する普遍性の高いものから、個人の知識といった個別性の高いものへの連続体をなすと考えられる。そこで本章では、ゴシップ（〜糾弾）の達成に向けて(1)ヒトに共通すると思われる認識、(2)文化・集団に共有された認識、(3)個人特有の認識（の相互作用）という3つの側面で、どのような言動が交わされ、合意が得られたかを考察してみたい。具体的には、(1)人間の精神・病理に関わる「概念メタファー」(Lakoff and Johnson 1981, Kövecses 2002)を用いる方略、(2)参与者間（登山者集団）で共有された「文化モデル(Cultural Model: D'Andrade and Strauss 1992)」にもとづく方略、最後に(3)ゴシップに参与する個々人の認識的差異に依拠

288　第4部　ジャンルとしての雑談

する「引用」(Leech and Short 2007 [1981]) という方略に着目する。

4.1　認識メタファー

4.1.1　幼児化

　最初に検討する事例は、話題となる第三者を発達段階的に劣った人物であると特徴づける発話によりなされた誹謗である。各々の社会においてどのような行為を成熟した「大人」の行為とみなすかについては文化差があるものの、成人を精神的発達が劣った子供とみなす言説は、往々にして誹謗や侮蔑行為となる。日本社会においても、「子ども」は知性、判断力、経験が劣る人物に対する比喩の1つとして用いられる[4]。

　以下の抜粋(1)において、Iは遭難者を見捨てて現場から立ち去ったとされるJの行動を「ガキ」と描写している。

(1)「ガキ」

1　I:　おなじようにそっから .. 現場から立ち去り逃げ帰って,

2　R:　んん.

3　I:　じっとしていたいと.

4　W:　逃げる[だけですよあれは.

5　I:　　　　[あれは悪夢だったと.

6　　　で .. 布団をかぶって寝とりたい.

7　　　ねえ ... ガキが大事件を起こしてしまって,

8　　　ねえ ... 布団をかぶって寝とりたいと.

9　　　その心境はわかるよ.

10　W:　でもパートナー組んだ相手が,

11　　　hh　[ザイルにつながれて,

12　I:　　　[だけどそれでも

13　W:　いま - =

14　I:　=でも大人だったら,

15　　　その心境を書かなきゃならん.

この発言には伏線がある。抜粋（1）の発話に先立ち、ゴシップへの参与者はJの遭難時の行動に強い疑念を抱いていることを表明している。遭難現場でJは、凍った岩稜から滑落したパートナー（S）をロープで固定し、一人では救助できないと判断して、同一区域に偶然入山・幕営していた知人のテントまで2時間かけて戻ったとされる（遭難直前に、SとJは幕営中の彼らに出会っている）。そこでJは、知人に見守られてやや錯乱した状態で夜を明かす。北アルプスの冬山である。一晩パートナーを野外に放置することはその死を意味するが、Jはなぜ適切な処置をせずに放置したのかについて、詳細を報告書に記していない（少なくともその報告書は不十分だと周囲は判断している）。遭難を含む当時の状況は、幕営していたその知人からの伝聞のみで伝わり、各方面からの再三の要求に対してもJからそれ以上の報告がなされなかった。それが15行目の発話の意味するところである。

ここでJは文字通り「布団」（6、8行目）をかぶることはない。冬山に持参するのは保温性に優れたシュラフ（寝袋）であり、布団はあくまで凍えることのないテントで快適に夜を明かした状況のメタファーである。つまり、冬期に布団から出られない子供の怠惰さがその下敷きとしてある。本来なら（深夜に救助に向かうことは二次遭難の可能性から奨励されないとしても）救助の手立てを講ずるために全力を尽くしてしかるべき人物（なおかつJは登山ガイドを生業としている）が、錯乱して自己保身に没頭したという登山者としての未熟さを評して「ガキ」と述べているのである。

実は同様のメタファーは再三用いられる（抜粋2）。

(2)「幼稚」

 1 I:　　だからあれはねぇ,

 2 　　　要するに,

 3 　　　ほんとに,

 4 　　　布団かぶって泣いとったくせにさ：,

 5 W:　そおなの？

 6 I:　　いやけっきょく,

290 第4部 ジャンルとしての雑談

```
 7        そお - それといっしょだがや.
 8  W:   ああ：
 9  I:    いやあ … なんだけど,
10        悪いことしてきて .. ね,
11        そして布団かぶって .. 泣いとった .. ねえ .. 幼い子がね,
12        んで … 布団上げたらあとは何もなかったように,
13        つくろっとるだけなんだ.
14        (2.0)ほんとに幼稚だよ.
15        むかつくな.
16        だからそおゆうものが＝
17  W:   ＝責任感がなさすぎる.
```

　Iが4行目で「布団をかぶる」(「泣く」という誇張含む)と述べると、実際に参与者からその信憑性が問われる(5行目)。Iはそれをメタファーと認めた上で(7行目)、再度Jを「幼稚」であると断言する(14行目)。そして一連の慨嘆はWによる共同構築により追認されている(16–17行目)。17行目の「責任感」とは、まさに「応答可能性(responsibilty)」のことであり、報告書の未提出が責任感の欠如を嘆く根底にある。

　成熟した大人として理解不能な行動は、幼児の特徴であると同時に(精神的な)病の特徴として語られる。つまり、「幼児化」に加えて用いられた方略は「病理化」と呼ぶにふさわしいものである。のちに述べるとおり、両者は「文化モデル」における規範からの逸脱という点で共通の特徴を呈する。

4.1.2　病理化

　幼児化と同様に繰り返し用いられた方略は、批判の対象とされる第三者を精神的・病理的な問題を抱える人物に喩えることである。以下の発言は別の参与者Mによってなされている(抜粋3)。Mは、このゴシップが語られた山小屋の管理人であり、遭難者の友人や関係団体の登山者と親しい関係にあるため、当時の状況を最も詳細に聞き及ぶ立場にあった。その発言を受け、

IはJの行動を「おかしい」と評する(13、15行目)。

(3)「おかしい」
1　M:　普通ならね ... ああゆう場合はね,
2　　　 J-J がとった態度ってゆうのはね,
3　　　 自分のことに対するその：贖罪意識がね,
4　　　 なかなか来れんよ.
5　W:　↑ほんとそお思うんやて.
6　M:　あいつ毎週来て -
7　W:　すぐ来てたよ!
8　M:　まだ毎週人連れて歩いとるやろ.
9　I:　 おお：連れとる.
10　　　今日も連れとった.
11　M:　んん.
12　W:　ガイドやってんだよ.
13　I:　 おかしい.
14　W:　いけしゃあしゃあと.
15　I:　 おかしい.
16　W:　知らない人がかわいそうよ.

　つまり山岳遭難に関わる当事者でありながら、パートナーの死亡直後も平
然とガイドを続ける(＝以前と同様に山に「来る」)ことを「おかしい」と評
している。続くゴシップの中で、この「おかしさ」は道義・倫理的なおかし
さから精神的なおかしさへと転化していく(抜粋4)。

(4)「パンチドランカー」
1　N:　みんなが当分来んなっていったんだけどね：.
2　M:　んん.
3　W:　へっきな顔して人とくる.

292 第4部 ジャンルとしての雑談

```
 4      にっこにこにこにこして平気で来るもんね：.
 5      (1.2)すぐ直後から.
 6  T:  だからやっぱちょとおかしいんや.
 7  M:  おかしい.
 8  W:  おかしい.
 9  M:  おかしい.
10      やっぱね … ありゃあちょとパンチドランカーや.
11  W:  ああ：Sちゃん .. 不運やったんやわ.
12      ほんとに相手が悪かった.
13  M:  パンチドランカーや.
```

　上述の「おかしさ」が参与者全員により追認されると(6、7、8行目)、M
は再度「おかしい」と述べて「パンチドランカー」というメタファーにより
Jの行動を病理化する(10行目)。「病気」は不正を告発するメタファーであ
り('Inappropriate conditions are illness' という概念メタファー：Kövecses
2002: 134)、罹患者は浄化が必要な人物として社会から隔離され、排斥され
る(Sontag 1978)。その極端な発露はハンセン病患者に対する不当な隔離政
策に代表されるように、異端者や異分子を物理的に排除するという行為であ
る。上記(3)、(4)においても、当該のコミュニティから「来る」ことを拒
絶されたにもかかわらず、それを無視して(かつ笑顔を浮かべて)来続けるこ
とが「精神の病」と見なす根拠となっている。
　上述のメタファーを用いた責任感と倫理感の欠如に対する誹謗は、次節に
みられるマクロな社会的常識／良識の体現であり、Jを「逸脱」として定置
する手段であったと考えられる。

4.2 「文化モデル」の暗在

　ある行為に対する責任の所在と帰属は、特定集団内で社会化され、共有さ
れた規範に照らして判断される。発達的・精神的逸脱は、現代社会では受容
されるべき症例でありながら、関係者の生命にかかわる登山活動においては

やや異なる良識が期待され、強化されているように見える。この点で、以下の言動が誹謗として作用するためには、その背後に事態の意味と重大さを判断する際の、登山者間で暗黙裡に構築・共有された「文化モデル（Cultural models）」（D'Andrade and Strauss 1992）が暗在することを示唆する。

　Jに対する誹謗の発端は、Iによる以下の発言を端緒とする（抜粋5）。Iが「名指しでさぁ」（9行目）と述べるまでの非流暢性（（1–3行目）、語りをためらう婉曲的な導入（4–6行目）、さらに話題化の前の長いポーズ（8行目）から、この話題を取り上げることに対するIの躊躇いと決意のほどが伺える。

(5)「発端」
```
1  I:   ところが,
2       んん ... んん ...,
3       その ... んん ... んん,
4       運の悪いってゆうか,
5       自分の精神状態悪くするってことが,
6       世の中で起きるわけでしょ.
7  R:   んん.
8  I:   (2.0)Jちゃんの話じゃないけど,
9       はっきりゆうけど名指しでさぁ.
10      だけどもぉ,
11      そおゆうことが起きるとねぇ,
12      ものすごい不愉快になるんだわ.
```

　すでに前節で見た糾弾の技法は、Jへの批判が最高潮に達した時点で用いられたものである。ただし、それらが技法として効果的に作用するためには、何らかの判断基準が共有されていることが前提であろうと述べた。それは物見遊山的にではなく、自己実現の場として真摯に登山活動に従事する者の共通了解であり、不文律としての登山者心得である。この話題の冒頭で、Iはそれらを教条的に以下のように述べる（抜粋6）。1行目の「それ」とは、

山岳事故に際しては、万難を排して自分が成し得ることを行い、何ができて
何ができなかったのかを誠実に事後報告することを指している。

(6)「法律」

```
 1  I:   それができないものは：,
 2       登山なんかやっちゃいかん.
 3  R:   んん.
 4  W:   h
 5  I:   やっちゃいかんのだよ＝
 6       ＝だってそのルールはないんだもん.
 7       法律はないんだもん.
 8  R:   んん.
 9  I:   そら吹雪いとるときは,
10       そこ歩いたらいけませんなんてゆう看板だってよ：,
11  W:   hx@
12  I:   犯した者は罰金[とられたりなんかしてないよ.
13  W:            [hx  hx@@
14  I:   交通事故みたいに.
15  R:   んん..んん.
16  I:   ↑ないんだもん.
17       なく[て,
18  T:       [そおやな.
19  I:   自分の腕やね...技術や,
20  W:   信用[してやってるんだもんね..お互い.
21  I:      [磨いていくわけだからね.
```


　ルールがないが故の自由の濫用を戒めるその発言に対して、複数の参与者
が重複をしながら強く賛意を示している（15、18、20行目）。ただしその議
論の中にあっても、登山者倫理が一般の社会通念と乖離したものであっては

ならないことを、参与者は強く意識している（抜粋 7）。

(7)「一般の人」
1　W: ちょっとね .. やっぱりねきちっとけじめつけなかんて.
2　　　＜Q もうしわけありませんでした！Q＞ってねぇ,
3　　　認めてねぇ,
4　　　反省して,
5　　　で,
6　I: 精一杯や[る.
7　W:　　　　　[これから同じことを繰り返さないようにね：,
8　　　やっぱり：報告書を出さなあかんて.
9　I: だから --
10　W: 今そうしな＝
11　T: ＝ * 山屋さんてこんなもんかって一般の人に思われるわな.
12　W: そおやて.
13　I: 思われるて.
　　　 * 山家＝登山者の俗称

　このように、登山者倫理が決して社会通念と異なるものでないことを確認
した後、以下のゴシップが倫理的戒めと登山者アイデンティティの強化に向
けた素材として、協働的に構築される過程が観察できる。そのメカニズム
は、「内」と「外」、「登山者倫理を堅持するもの」と「登山者倫理に欠けるも
の」、「我々」と「J」の対立軸からなる。登山者、特に冬山登山や海外登山な
どの厳しい条件下で行われる登山の実践者は、そのコミュニティ内で共有さ
れた行動原理に沿って振る舞うことが期待される。もちろんその理念は時代
とともに変わるが[5]、本データ収録時（1990 年代半ば）の登山者コミュニティ
内では、伝統的な奉仕・犠牲的精神がある程度保持されていたと考えられ
る。それが以下（抜粋 8）の冒頭で W が述べる、「ガイドの殉教的な責任感」
を美徳とする発言にも見て取れる（3–4 行目）。ただし、ヒマラヤ遠征の経験

者でもあるIは、美徳だけでは語れない高所登山の厳しさを熟知しており、
その発言には直ちに同調せず(5行目)、22行目まで言葉を濁している。

(8)「対立軸」
 1 W: hh だってカズさんがエベレストで事故やったあの,
 2   リーダーだって,
 3   あの弱った人に一晩付き合って自分も命を落としたじゃんねえ?
 4   責任感でねぇ ... ガイドが.
 5 I: (0.5)んん:
 6 W: えらい違い[だよ.
 7 M: [いやカズさんに言われとった.
 8   <Q わたしはねえ, Q>
 9   <Q 自分はねぇ, Q>
10   <Q いくらバテバテになっとってもねえ, Q>
11 I: んん
12 M: <Q 死ぬかもわからんと思ってもぜったい, Q>
13   あの::::
14   ザイル...(1.5)ちゃんと固定してあるんだからね,
15 W: そお:.
16 M: <Q 私はもおそれ伝わって降りるよ. Q>
17 W: hx[n
18 I: [んん
19 W: (1.2)確認するよね=
20 M: =んん!
21 N: まあやってる山家さんなら絶対そおする [よね.
22 I: [絶対だ.
23 W: 普通だよね.
24 I: だから場所も条件もね,
25 M: んん

26　I:　あの：絶対だ.

27　　　絶対降りるべきとこ -[ところだ.

28　M:　　　　　　　　[んん　　　んん

　Iに続きMは、第三者「カズさん(仮名)」の声を模した自由直接話法を
用いて(8–16行目)、遭難したパートナーの安否を確認せずに放置したJの
無責任な行動を非難する。そしてそれは、「やってる山家(21行目)」(＝真摯
な登山者)の常識に反することが繰り返し斉唱される(19–28行目)。さらに、
説明責任の不履行という瑕疵を認めないJに対して、引用により補強された
「仮想の語り」(‘small story’の一種：Bamberg and Georgakopoulou 2008)を
投入することで、さらに重大な瑕疵の可能性が示される(抜粋9)。

(9)「疑念」

　1　M:　あの：：：

　2　　　自分が落ちて,

　3　　　Sちゃんを：引きずり込んで,

　4　W:　私そお思った.

　5　M:　怖くなって,

　6　T:　それも考えられるわな.

　7　M:　逃亡したと.

　8　W:　あれだけ黙ってる[とそおゆうことも考えられちゃうの.

　9　T:　　　　　　　　　[悪く言えば.

10　W:　そおじゃなかったら自分ではっきりゆうよ.

11　　　＜QそおじゃないっQ＞つって.

12　M:　んん.

13　W:　それを何ゆわれても黙っとるてこと[わさ,

14　M:　　　　　　　　　　　　　　　　　[そお.

15　W:　なんか疑っちゃうよね.

16　M:　はっきりと：健二さんがさぁ,

17 W: んん

18 M: ＜Qあんたそれじゃ敵前逃亡だよ Q＞って.

19   ＜Q あんた - あんたにとってねえ，Q＞

20   あの：＜Q有利な：あの：こたぁ1つも起きないよ Q＞って.

21 W: そお.

22   ［その -

23 M: ［＜Qずっと不利なんだよ Q＞って.

24 W: その通りだよ.

　以上のやり取りにより、Jに対する参与者の疑義から倫理的オストラシズムへと向かう過程が観察できる。以下では、それを誘発したとみられる登山者コミュニティ内の「文化モデル」を談話分析的に再構築してみたい（図2）。まず、現代日本において期待されるのは、上述の「常識」と「逸脱」を同時に包み込む多様な社会体制である（図2外側破線）。ただし以下に示す通り、参与者の文化モデルは一般社会の通念と構成要素を共有しながらも、談話を通じて実践的かつ排他的な分断をそこに形成していく。

　まず冒頭で、登山者コミュニティにおける倫理観は、法律とは異なるものでありながら、決して乖離すべきでない点（法律≒登山者倫理）が確認される（図2上段）。法とコミュニティ倫理に則る「自律」的な登山者は「健全な」心の持ち主であり、パートナーを見捨てたりせずに救助に向けて努力を惜しまぬ真摯な登山の実践者である。つまり、そのような登山者倫理を遵守・体現するのが「我々」である（この発言は紙幅の関係で未提示）、という関係が成立すると考えられる（図2左側点線）。

　一方それに対置されるのは、登山者倫理において「未熟」であり、社会的な自律性を欠いた人格である（図2右側点線）。未熟は同時に「病理」的な（そして理解不能な）言動や対応と同一視され、健全な登山者倫理からの「逸脱」を含意する。そのような行動をとったのが他ならぬJであった。これはまさにSilverstein（1985）が英語のジェンダー標示におけるイデオロギー的な対立を暴いた過程を想起させる。ただし、ジェンダー標示のような明示的

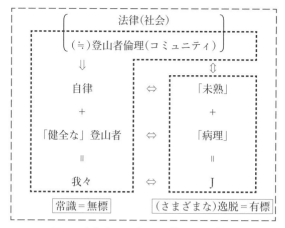

図2 参与者が共有する「文化モデル」

マーカーによってではなく、実践的な言説の積み重ねによって、登山者コミュニティからの逸脱を有標化することで、Jという人格を示差的に対立する異物として構築したのである。こういった対立的な分断に沿って、Jの倫理的オストラシズムの達成とコミュニティ規範の確認・強化が図られたと考えられる。

4.3 引用とスタンス

「語り」においては、他の参与者と語られた事態に対する「スタンス(距離感と立ち位置)」が重要である。ただし、このようなスタンスは語りの対象に対する個別の経験や認識から生じるために、当然個人差が大きい。そこで以下では、Jに対する誹謗がどのような個別の引用形式を通じて達成されたかを考察してみたい。

引用という行為は、「今・ここ」に過去(あるいは未来)の出来事を当事者の「声」により再構築し(Maynard 1993)、オリゴに投錨する程度に応じて指標性の大小が決定できる(小山 2009)。本ゴシップでは、出来事へのスタンスに応じて、参与者により異なる引用スタイルが用いられている。参与者の中で、その違いが顕著に表れているのはIとMである(W、T、Nは発話

数も少ないため、考察から除外する)。よって、「逸脱」の戒めによる集団倫理の強化というゴシップの機能を考える際、この2名の引用スタイルを検証することで有益な知見が得られると思われる。

そこで以下では、M、I両氏の発話中、最も引用が集中的に出現した3個所(発話者の「引用発話数／書き起こし行」の度数が高い個所;「聞き手」行は削除)を比較検討してみたい(表1)。(カッコ内のアルファベットの略字については図1を参照。引用マーカーには下線を施してある。)

表1のIとMの発話は、ゴシップの登場人物の言動をどう伝えたかという部分のみを抜粋したものである。一部に「仮想描写／会話」や「伝聞の伝聞」に相当する部分もあり、対応する発話内容とは言い難いが、まさにその点で引用のスタンスにおける両者の違いが際立っている。Iは本ゴシップの口火を切った人物であり、構築されたJの仮想発話('constructed dialogue': Tannen 1989)を間接引用することによって、Jの登山者倫理の欠如を批判する。一方Mは、Jに対する他者の批判を直接引用することでその逸脱性を強調する。

図3が示すのは、引用のタイプ(縦軸)と引用により言及された登場人物(第三者)のタイプ(横軸:主、副、他)からなる俯瞰図である。図3に見られる通り、Iはゴシップの主対象であるJの視点から、語り手の介入度(指標性)が高い引用スタイルを用い、J本人の声は伝えない。そこでなされるのは、実際にJが取らなかった行動を取る際の、(倫理的な登山者の声を代弁する)Jの架空の発話('small story')である。一方Mは、Jを取り巻く副対象の元発話を比較的忠実に再現しながら、語り手の介入度が低い引用スタイルを用いていることがわかる。特にMの直接引用(FDS/DS)の事例に関しては、副対象による声を忠実に再現するイントネーションや抑揚を採用しながらも、Jの声は一切代弁しない。つまりIとMはJの弁明を再三耳にしながらも、Jの声を直接引用しないことにより、その主張には加担しない姿勢を示しているように見える。

ここで特記すべき点は、IとMのどちらがより強い誹謗を行ったかではなく、話し手による「構築」がいずれも可能な状況にあって、どのようなス

表1 IとMの引用スタイル

I 氏	M 氏
(1)【間接引用】そのテントに逃げ帰った時は，どうしても‥危ないと(IS)，危険だと(IS)思ったとゆう：ね，だから‥そこにはいられなかったと(IS)ゆうけれども[6].	(1)【直接引用】はっきりと：健二さんがさぁ，あんたそれじゃ敵前逃亡だよって(DS)．あんた‐あんたにとってねえ，あの：有利な：あの：こたぁ1つも起きないよって(DS)．その‐ずっと不利なんだよって(DS).
(2)【仮想描写】てか‐Sちゃんとこ降りて(NRA)，ね，着るもんを全部…まとって，置いて(NRA)，食べ物置いて(NRA)，様態を見て(NRA)，自分がね，上のテントに行く(NRA)なら別だけど，だけどそんなことは，そのできんような者はね，かけらもできんような‐すごくくたびれたとか(IS)[7]，明日の朝の会社がどうのこうのとか(NRSA)，とんでもない話だ.	(2)【自由直接引用】いや雅さんに言われとった．わたしはねえ，自分わねぇ，いくらバテバテになっとってもねえ，死ぬかもわからんと思ってもぜったい，〈あの：：：ザイル…(1.5)ちゃんと固定してあるんだからね，〉[9] 私はもおそれ伝わって降りるよ(FDS).
(3)【仮想会話】絶対それを考えて，Jちゃんのほんとの姿勢と姿勢をきちっとそうふうに，彼がほんっとに表現して，頼む俺は全然動けんのだと(NRSA)[8]，あのどっちに‐二人に頼りたいんだけどもって(NRSA)ゆって，土下座して(NRA)そこで頼んで(NRSA)動いてくれなん‐なかってもね，当たり前のことなんだよ．断られても当たり前のことなんだよ．だけど，そうしたら，わかりましたと(NRSA)言って，Jが下りてって一人で付き添うかどうかなんだ.	(3)【伝聞の伝聞】ん‥Jはもう：行きたくなかったらしい(NRSA)んや．ここでもうビバークしようっつって(DS)．ん‥ゆうとった．ここはだめだから(FDS)．Sちゃん‐ん．〈山中君から聞いたんやけどな．〉Sちゃんは，もお行こ行こ，はよ行こっちって(DS)，ん：Sちゃんなんか元気：やったらしい(NRA)わ．なんかコヒー二杯‐二杯飲んで(NRA)，で，ああ：おいしかった：：(DS)もお：はよ行こ行こ：：っちって(DS)，s‐でJ‐Jくんはまあもう，体力的にバテバテやったらしい(NRA)わ.

タンスが個別に指向されたかである。これまで見た通り、Jに対する両者のゴシップは、疑義から誹謗へと深刻度が増していった。その変遷の方向の一致にもかかわらず、そこで用いられた話法は顕著な差異を示している。これが単なる偶然なのか、あるいは直接／間接経験の有無と話法の親和性の問題

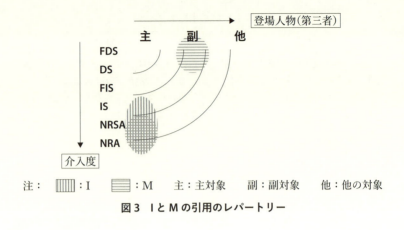

図3 IとMの引用のレパートリー

なのかは考察に値する。

　事実、「経験値」は会話の証拠性(evidentiality)を決定付ける重要な要因の1つである(Mushin 2001)。その差異により様々な言語形式が用いられるように(「ようだ」「らしい」「そうだ」など)、それに伴う話法も同様に影響を受けることは周知の事実である(鎌田 2000, Leech and Short 2007(1981))。Mはデータ収集を行った山小屋の主人として山岳会関係者の知己が多く、「Sちゃん」が所属した山岳会の会員からも直接見解を聞く立場にあった。一方Iは、遭難者Sが所属する山岳会の会員ではないが故、Mほどには一次情報を得る立場にはなかったと考えられる。このような経験上の差異が引用スタイルの格差となって表れている可能性がある。つまり、出来事への経験的スタンスの調整が異なる「声」を可能にし、ゴシップを通じて投影される参与者の社会的ペルソナの形成に寄与するのである。

5. おわりに

　本分析では、親しい参与者間(登山者)の会話で生起した遭難事故のゴシップをもとに、そこに沈潜する登山者集団の常識と暗黙の倫理観を炙り出そうと努めた。つまり、遭難死亡事故における責任の帰属という、「有標」な事例への反応が指標する「無標」な規範の存在を同定しようという試みであ

る。その基盤として文化モデルの暗在を想定し、参与者に共通する方略（メタファー）と個別の方略（引用スタイル）を考察した。その中で、健全で成熟した、社会的に期待される精神性や倫理観からの逸脱はゴシップへの導線となりうることを見た。

　また、本章では雑談に端を発するゴシップを分析対象としたが、雑談（そしてゴシップ）に内在する多目的性ゆえに、無為なる語りは有為なる意図の発露となって、参与者間の社会性と人間関係の強化にも寄与する可能性を示した。我々を魅了して止まないのは、雑談というジャンルのそのような可塑性とキメラ的性質なのであろう。

注

1　2014 年 7 月に龍谷大学にて開催された「雑談の美学を考える」ラウンドテーブル（RT）の参加者諸氏、上記 RT 企画当初から雑談の再考に向けて知的刺激と示唆をいただいた村田和代・井出里咲子両氏、そして草稿に貴重なコメントをいただいた秦かおり氏に深く感謝いたします。なお本論考は、科学研究費基盤（C）「言語的・非言語的『不均衡』から見る社会的実践の諸相」（課題番号 25370499）の助成を受けています。

2　加藤（2010）はこのような階層性を語用論的操作と捉えて、統語・意味的分析から除外しているが、本章では鎌田（2000）、山口（2009）に準じて統合的に考察する。

3　ここで述べる「スタンス」は、Du Bois（2007）のモデルとは異なる要因からなる。

4　本章執筆当時、「安倍晋三首相を「バカ」と連呼　爆問・太田光のラジオ発言が物議醸す」と題する記事が話題となった（2015 年 4 月 3 日）。その中で、太田はかつて 2013 年 4 月の放送においても、閣僚の靖国神社参拝を巡る安倍首相の発言について、「あまりにも幼稚だし、ヒステリックだし、子供だよ」と非難したことが伝えられている。ここでも「子供」は思慮の足りない無分別な行動のメタファーとして用いられていることがわかる（http://www.j-cast.com/2015/03/31231893.html?p=2）。

5　1960 年代頃までの、「極地法」と呼ばれる大集団・物量型の海外遠征登山が盛んなりし頃は、隊員は個を滅して集団内の精鋭を登頂させるための歯車であることが期待されたが、1970 年代以降「アルパインスタイル」と呼ばれる少人数・短期

304　第 4 部　ジャンルとしての雑談

　　速攻型の登山が浸透し始めると、集団への忠誠よりも個人の貢献が重視されるよ
　　うになった。

6　「引用」には発話の引用と思考の引用が想定されるが、本分析では包括的に扱う。

7　「くたびれた」(=「疲れた」)は I の地域方言であり、K がそのように述べたかは
　　不明であるため、「間接引用(IS)」と判断した。

8　一見「直接引用(DS)」に見えるが、I が創作した架空の発話であるため「発話行
　　為の告知(NRSA)」とした。

9　以下の (3) の事例と同様、〈　〉はパラナラティブ層 (McNeill 1992) における発話
　　を示す。

書き起こし記号（Du Bois et al. 1993 を参考）

,　平板イントネーション		.　下降イントネーション	
?　上昇イントネーション		:　音の引き伸ばし	
[₁　]　発話の重複		↑　記号直後の音調の上昇	
=　ラッチング		(( ))　著者コメント	
..　0.2 秒以下の間		...　0.3 から 0.6 秒の間	
(1.0)　0.7 秒以上の間		XXX　不確かな聞き取り	
h　息の吸い込み		hx　息の吐き出し	
-　発語の切り詰め		--　発話の中断	
@　笑い		<@　@>　笑いながらの発話	
<　　>　ゆっくり発話		>　<　素早く発話	
<Q　Q>　引用口調			

＊なお、書き起こし中の登場人物名はすべて仮名である。

参考文献

Bamberg, Michael, and Alexandra Georgakopoulou. (2008) Small stories as a new perspective in narrative and identity analysis. *Text & Talk* 28: pp. 377–96.

Basso, Keith H. (1992) *Western Apache Language and Culture: Essays in Linguistic Anthropology*. Tucson: The University of Arizona Press.

Bergmann, Jörg R. (1993) *Discreet Indiscretions: The Social Organization of Gossip*. Aldine De Gruyter, New York.

Besnier, Niko. (1989) Information withholding as a manipulative and collusive strategy in nukulaelae gossip. *Language in Society* 18: pp. 315–341.

Besnier, Niko. (2009) *Gossip and the Everyday Production of Politics*. Honolulu: University Hawaii Press.

Brenneis, Don. (1992) Gossip. In Bauman, Richard (ed.), *Folklore, Cultural Performance, and Poplar Entertainment*, 150–153. Oxford: Oxford University Press.

Brenneis, Don. (1996) Grog and gossip in Bhatgaon: style and substance in Fiji Indian conversation. In Donald Brenneis and R. K. S. Macaulay (eds.) *The Matrix of Language*, pp. 209–23. Boulder, CO: Westview Press.

Coupland, Justine. (ed.) (2003) Special issue: Small talk: Social functions. *Research on Language and Social Interaction* 36 (1).

D'Andrade, Roy G. (1992) Schemas and motivation. In Roy G. D'Andrade & Claudia Strauss (eds.), *Human Motives and Cultural Models*, pp. 23–44. Cambridge, UK: Cambridge University Press.

D'Andrade, Roy G. and Claudia Strauss. (eds.) (1992) *Human Motives and Cultural Models*. Cambridge, UK: Cambridge University Press.

Du Bois, John W. (2007) The stance triangle. In Robert Englebretson (ed.), *Stancetaking in Discourse: Subjectivity, Evaluation, Interaction*, pp. 139–182. Amsterdam: John Benjamins.

Du Bois, John W., S. Schuetze-Coburn, S. Cumming, and D. Paolino. (1993) Outline of discourse transcription. In J. A. Edwards and M. D. Lampert (eds.), *Talking Data: Transcription and Coding in Discourse Research*, pp. 45–89. Hillsdale, NJ: Lawrence Erlbaum.

Dunbar, Robin. (1996) *Grooming, Gossip and the Evolution of Language*. London: Faber.

Duranti, Alessandro and Donald Brenneis (eds.) (1986) The audience as co-author. *Text* 6 (3): pp. 239–247.

Evaldsson, Ann-Carita. (2002) Boys' gossip telling: Staging identities and indexing (unacceptable) masculine behavior. *Text* 22 (2): pp. 199–225.

Evaldsson, Ann-Carita. (2005) Staging insults and mobilizing categorizations in peer group interaction. *Discourse & Society* 16: pp. 763–786.

Goodwin, Marjorie H. (1990) *He-Said-She-Said: Talk as Social Organization among Black Children*. Bloomington, IN: Indiana University Press.

Goodwin, Marjorie H. (2006) *The Hidden Life of Girls: Games of Stance, Status, and Exclusion*. Oxford: Blackwell.

Goodwin, Marjorie H. and Amy Kyratzis. (2007) Children socializing children: Practices for negotiating the social order among peers. *Research on Language and Social Interaction* 40 (4): pp. 279–289.

Haviland, John B. (1977) Gossip as competition in Zinacantan. *Journal of Communication*, 27(1): pp. 186–191.

Hill, Jane H. (1995) The voices of Don Gabriel: Responsibility and self in a modern Mexicano narrative. In Dennis Tedlock & Bruce Mannheim (eds.), *The Dialogic Emergence of Culture*, pp. 97–147. Urbana, IL: University of Illinois Press.

Holland, Dorothy and Naomi Quinn (eds.) (1987) *Cultural Models in Language and Thought*. New York: Cambridge University Press.

井出里咲子(2005)「スモールトークとあいさつ―会話の潤滑油を超えて」井出祥子・平賀正子編『講座社会言語科学第一巻：異文化とコミュニケーション』pp. 198–214. ひつじ書房

片岡邦好(2002)「指示的、非指示的意味と文化的実践：言語使用における『指標性』について」『社会言語科学』4 (2): pp. 21–41.

加藤陽子(2010)『話し言葉における引用表現：引用標識に注目して』くろしお出版

鎌田修(2000)『日本語の引用』ひつじ書房

Kövecses, Zoltan. (2002) *Metaphor: A Practical Introduction*. Oxford: Oxford University Press.

小山亘(2009)『記号の思想：現代言語人類学の一軌跡』三元社

Lakoff, George and Mark Johnson. (1980) *Metaphors We Live By*. Chicago: University of Chicago Press.

Leech, Geoffrey N. and Michael Short. (2007 [1981]) *Style in Fiction*. London: Longman.

Lewis, David (1976). Route finding by desert Aborigines in Australia. *Journal of Navigation* 29 (1): pp. 21–38.

Malinowski, Bronislaw. (1999 [1926]) On phatic communion. In Adam Jaworski & Nikolas Coupland (eds.), *The Discourse Reader*, pp. 302–305. London and New York: Routledge.

Maynard, Senko K. (1993) *Discourse Modality: Subjectivity, Emotion and Voice in the Japanese Language*. Amsterdam: John Benjamins.

メイナード, 泉子・K. (2008)『マルチジャンル談話論』くろしお出版

McNeill, David. (1992) *Hand and Mind*. Chicago: The University of Chicago Press.

Moore, Emma, and Robert, Podesva (2009) Style, indexicality, and the social meaning of tag questions. *Language in Society* 38: pp. 447–485.

Murata, Kazuyo. (2015). *Relational Practice in Meeting Discourse in New Zealand and Japan*. Tokyo: Hituzi Shobo.

Mushin, Ilana. (2001). *Evidentiality and Epistemological Stance: Narrative Retelling*. Amsterdam: John Benjamins.

Pilkington, Jane. (1998) 'Don't Try and Make Out that I'm Nice!' The different strategies women and men use when gossiping. In Jenifer Coates (ed.), *Language and Gender:*

A Reader, pp. 254–269. Oxford: Blackwell.

Scott, James C.（1985）*Weapons of the Weak: Everyday Forms of Peasant Resistance*. New Haven, CT: Yale University Press.

Silverstein, Michael.（1985）Language and the culture of gender: At the intersection of structure, usage, and ideology. In Elizabeth Mertz & Richard Parmentier（eds.）, *Semiotic Mediation: Sociocultural and Psychological Perspectives*, pp. 219–259. Orlando: Academic Press.

Silverstein, Michael.（2003）Indexical order and the dialectics of sociolinguistic life. *Language and Communication*, 23（3–4）: pp. 193–229.

Sontag, Susan（1978）*Illness as Metaphor*. Farrar, Straus & Giroux.（スーザンソンタグ著 富山太佳夫訳『隠喩としての病い・エイズとその隠喩』(新版)みすず書房）

砂川有里子(1989)「引用と話法」『講座日本語と日本語教育 4 日本語の文法・文体 (上)』明治書院

Tannen, Deborah.（1989）*Talking Voices: Repetition, Dialogue, and Imagery in Conversational Discourse*. New York: Cambridge. University Press.

Tierney, John.（2009）Can you believe how mean office gossip can be? *The New York Times*, November 2, 2009.

筒井佐代(2012)『雑談の構造分析』くろしお出版

山口治彦(2009)『明晰な引用、しなやかな引用』くろしお出版

Yamaguchi, Masataka.（2005）Discursive representation and enactment of national identities: The case of Generation 1.5 Japanese. *Discourse & Society* 16（2）: pp. 269–299.

あとがき

　日常生活でふと心が和むときがあります。授業が終わって教室を出ようとしたら、「先生、○○出身なんですね。私も同じです。なんだか嬉しいです。」と話しかけられ思わずそのまま故郷の話でもりあがったとき。大学キャンパス内の廊下で久しぶりに会った同僚に「元気？　最近どうしてるの？」と声をかけられ短い時間だけどとりとめもない話をしたとき。出張先のヨーロッパの町で入ったジェラート店で、いろんな種類があるんだなと思いながらショーケースを眺めていたら、“Do you like ice-cream? You can choose as many as you like!”と微笑みながら声をかけられたとき。ふりかえってみると、何気ない「雑談」が人と人とをつなぐだけでなく、生活に彩を与え、明日への活力にもつながっているということに気づかされます。

　本書には「雑談」をめぐる 13 編の論文が収録されています。政治家の演説や裁判員評議、鮨屋のカウンターから、登山者仲間内のゴシップ、アフリカ狩猟採集民グイの人々の雑談的おしゃべり、LINE やチャット、手話による雑談的相互行為まで。本書を通して人間社会を形づくる日常生活のさまざまな「雑談」を楽しんでいただけたでしょうか。雑談のもつ新たな魅力や可能性が伝わればと思います。

　「雑談って美しいね。」

　「うん、なんだか万華鏡のようにきらきらしてるね。」

　コミュニケーションや人間の相互行為に興味や関心を持ち続ける二人のエスノグラファーのこんなおしゃべりがきっかけとなって本研究プロジェクトは始まりました。それが「雑談の美学」へと、そして本書の英語のタイトルである *The Kaleidoscope of Small Talk: A Linguistic Approach* へとつながったのです。

　序章でもふれたように、本書は、2014 年 7 月に開催したラウンドテーブ

ルをもとに出版されました。ラウンドテーブルは、龍谷大学地域公共人材・政策開発リサーチセンター（LORC）及び龍谷大学国際社会文化研究所の助成で行うことができました。ここに記して感謝申し上げます。とりわけ、LORC リサーチアシスタントの並木洲太朗さんには準備段階からお手伝いいただきました。また、当日の運営や記録では、同じく LORC リサーチアシスタントの宗田勝也さん、櫻井あかねさんにお世話になりました。会場設営や来られた方々への案内等細かいところまで配慮いただいたスタッフのおかげで、楽しく和気あいあいとラウンドテーブルを進めることができました。2日間の開催を通して、報告者を含めて50名以上の方々に参加いただき、全体議論でも、フロアからたくさんのご意見をいただきました。李在鎬先生には参加のお礼にと2日間の報告や議論内容の記録をお送りいただきました。この場をお借りして皆様にあらためてお礼申し上げます。2日間の開催を通して多くの方々との新たなつながりも生まれました。これも「雑談」の力ですね。

　本書の出版を実現させていただいたひつじ書房の松本功社長に深くお礼申し上げます。ラウンドテーブルを企画した時には、このようなかたちで広く発信できるとは思ってもおらず、ご提案をいただいたときにはこの上なく幸せでした。それぞれの執筆者の原稿を細かくチェックいただいた編集の渡邉あゆみさんにも感謝いたします。

　雑談をめぐる実証的言語研究はまだまだ萌芽期にあります。本書が国内における今後の雑談の研究の活性化を促す契機となれば幸甚です。様々な雑談の状況とその特徴に注目し雑談のメカニズムの体系化を進めることができれば、多様なひとびととの共生や持続可能な社会形成にも寄与することができると考えています。これからも引き続き「雑談の美学」探求の旅を続けていきたいと思います。

2016年1月
感謝の気持ちをこめて。
村田和代・井出里咲子

索引

A–Z

CODA　104
constructed dialogue　286, 300
directives　240
Enfield　241, 243
Goffman　252
Grice　xi
Gumperz　244
Holmes　242
Hymes　257
Jakobson　iv, 272
Levinson　240
Malinowski　iv
queen bee　253
relational practice　55
Searle　240, 257
small story　297, 300
SNS　214
Tannen　242
Wittgenstein　240

あ

アイスブレイク　65
あいづち　61
アイデンティティ　168
あざけり（mock）　272
遊び（遊戯）　145, 147, 158, 161–163

い

言い直し　176, 177
一時に一人が話す　110
逸脱　248, 254, 255
今・ここ　299
インフォーマル　ix
引用（reported speech）　viii, x, 285, 286

う

受け手　104

え

エスノメソドロジー
　（ethnomethodology）　77

お

応答可能性　290
オーバーラップ　124
同じクラスに属する話題　154, 161
オリゴ　286

か

介入度　286, 287
概念メタファー　287, 292
会話資源　108
会話体文章　214
会話の束　189, 200, 202, 205–207, 209
会話の分裂　100, 114
会話分析　73, 74, 76–78, 91, 92, 119,
　125, 128, 137
かかわり合い　24, 44, 45, 47
書きことば性　190, 191
仮説　243
活動タイプ（activity type）　xii, 240, 247
活動への多重的な関与　91
カテゴリー　168

カテゴリー化装置　133
ガナ（言語集団名）　120, 123
からかい（teasing）　272
関係志向　263
関係性維持　272
関係性構築　xi–xiii
完結可能性　128
感性的快　262
漢文調　30, 35
関与　112
関与（involvement）の配分　76, 87, 113

き

聞き手中心　24, 45
基本色彩語　121
競合的協調性　189, 192, 198, 209
協調の原理　9, 119
共著者　284
響鳴（resonance）　271–273, 277

く

クア　120, 133
口の言語　104
くり返し　270, 273
クリック吸入音　121

け

言語ゲーム　124, 240, 254
言語通訳場面　98
言語の多機能的側面　255

こ

コイサン語　120, 136
合意形成　51, 145, 147, 153, 160–162
行為の隣接性　103
行為連鎖　79, 82–84, 86, 87, 91, 93

交感的機能（phatic communion）　214, 273, 283
交感的言語使用　55
「講義」のフレーム　31, 32, 35
豪州人　251
豪州ブリスベン　245
交渉空間　178
公的（public）　ix
交話的コミュニケーション　190
声　284, 299
コード・スイッチング　252
ゴシップ　xiii, 136, 239, 244, 248, 251
ことばと身体の組織化　98
ことばの交感的機能　iv
ことばの民族誌（Hymes）　257
個別文化的協調様式　192
コミュニケーション・ネットワーク　15
コミュニケーションの方向性　24
語用論　137
根拠説明　148, 150, 151, 152, 156–158, 162
今後の課題　256
コンテクスト化の合図（contextualization cues）　244, 248

さ

ザーク（婚外性関係）　121, 123
サービスエンカウンター　75, 79
裁判員　6
裁判員制度　6
雑談性　214
雑談通訳　98
雑談の危険性　256
雑談の構造　98
雑談の光と影　256

参加構造の組織化のリソース　221
参加者間指向表現　193–198, 209
産官学民　53
サンス（意味＝感覚＝方向づけ）　132
参与姿勢　103
参与役割　106
参与枠組み　102

し

ジェスチャー単位　113
ジェスチャーフェーズ　113
視覚言語　99, 112
自己開示（self-disclosure）　x, 12, 58,
　266, 269, 271, 272, 274–277
自己充足的　4
自己紹介　57
指小辞　121
親しみ　61
質問　241, 247
質問―応答連鎖　251
質問形式　175
私的（private）　ix
詩的機能　272, 273
詩的性　xi
支配的（dominant）関与　76
指標性　286, 287
社会化　283
社会的毛づくろい　283
社会美　262
謝罪　247, 248
ジャンル　xii, xiii
修飾化（qualification）　134, 138
従属的（subordinate）関与　76
周辺視野　107
主要（main）関与　76, 113
狩猟採集民研究　136

順番　110
順番どりシステム　128
証拠性　302
情報伝達　4, 51
情報保障　97
初対面会話　vii
「指令的」機能　241
親近方略　8
身体的アクティビティ　xii
神霊（ガマ）　134, 135
親和形成　242

す

スイッチ　38
スタイル　10
スタンス　271
スタンプ　218
スモールトーク　v

せ

正談　ix–xi, xiii, 55
制度的談話　7, 55
制度的な会話　263
制度的な場　264, 266, 268
制度的場面　xi
世帯　122
接線の応答　127, 128
接続詞　29
説明　175–178
ゼロ型前方照応　284

そ

相互行為的　4
相互行為のずれ　157, 161
相互作用空間　178
相互理解　155, 161, 162

創作ダイアログ　viii

た

ターン　120, 123, 128, 137
ターン構成単位　176
第3次言文一致体　214
第一評価　148, 150–152, 156, 157
ダイクシス　274, 275
対人関係機　254
対人関係構築　243
対人関係調整型　ix
第二言語話者　167
第二評価　148, 150–152, 157
対話型言語　99, 100, 112
「対話」（ダイアログ）のフレーム　35
対話的　23
対話の引用　44
多機能性　242
多重的な活動　87
多人数インタラクション　112
多人数会話　xii
多人数型言語　104
楽しさ　213
単線型　16
ダンバー　iv
談話標識　248

ち

知識の共通基盤（common ground）
　241, 242
聴覚言語　104
調査インタビュー　239
直接話法　134, 138

つ

ツワナ語　136

て

定義　240, 248
定型表現　278
手の言語　99, 112
テベ（カラハリ族）　120, 133, 136

と

道具的　4
統合的協調性　189, 192, 198, 209
同時発話　125, 127, 134, 138
投射　128, 138
登場者（キャラクター）　137
トピック・フレーム　137

な

仲間性の投網　125
和やかな雑談　145–148, 158, 161–163

に

日常会話的　35
日本語習得　251
人間の社会性研究　242
人称代名詞　121, 275

の

のり　213

は

配慮　152, 158, 161
バイリンガル　245
白人系豪州人　244
パケハ　244
場作り　66
発語内行為　127
発話行為としての指令　240
発話行為の分類　257

発話の力（illocutionary force） 257
話し合いのデザイン 66
話しことば性 190, 191
反応叫び 130
反復 127
反捕鯨 245

ひ

ビジュアルコミュニケーション xii, 214
非対称的な関係性 169
評価の立場 148, 150, 153, 154, 158
評価発話 111
評議 3
病理化 290

ふ

ファシリテーター 52
夫婦チーム 124, 127
フェイス 55
フォーマル ix
付加疑問形 285
副次的（side）関与 76, 113
福島智 97
複線型 16
不同意 150, 151, 156–158, 162
ブレインストーミング 64
フレーム 181, 252, 255
プロトタイプ的なゴシップ 251
分割送信 189, 198, 199, 209
文化的活動 239
文化モデル 283, 292, 293, 298, 299
分別ある無分別 284

へ

平行体 270, 271, 273

ほ

傍参与者 103, 104, 106
ポーズ 38–40
捕鯨の言語 245
捕鯨問題 244
ぼそぼそ会話 98, 113
本題 56

ま

まちづくり 51
まちづくり系ワークショップ 52
マルチアクティビティ 99, 104, 112
マルチジャンル談話 282
マルチモーダル xi, 213
マルチモーダルトランスクリプト 102

み

ミーティング談話 53
民族誌 137

む

無標 299, 302
無目的性 282

め

明示的 145, 148, 151, 152, 155, 158
メタ・コミュニケーション的規範 248
メタ言語的・意味論的 251
メタ言語的概念 263
メタファー 284, 288, 290
メトニミー 284

も

目的志向 263

目的遂行型　ix, x
黙契（作業合意）　124
物語　40–42, 45

や

役割距離　75, 76, 86, 87

ゆ

有標　299, 302
有標・無標　10
ユーモア　44, 45
ユニゾン　128, 134

よ

幼児化　288
ヨーロッパ系ニュージーランド人
　244

ら

ラポール（rapport）　8, 64, 243
ラポール形成　266, 272
ラポール創造の可能性　255

り

隣接対　125

る

類別的親族名称　130

れ

レジスター　10
連続性仮説　242
連帯感　61

ろ

ローカルな秩序　221

論理性　29, 34, 45

わ

話法　286

執筆者紹介(50 音順　＊は編者)

東 照二(あずま しょうじ)
ユタ大学言語文学部教授
(主著)『社会言語学入門―生きた言葉のおもしろさに迫る』(研究社、2009年)、『選挙演説の言語学』(ミネルヴァ書房、2010年)『スキーリフトに乗り合わせた北米の初対面の人たちは、どのように会話をするのか―スモールトークの談話分析』『スキー研究』12(1)(日本スキー学会、2015年)。

井出里咲子(いで りさこ)＊
筑波大学大学院人文社会系准教授
(主著・主論文)「ナラティブにおける聞き手の役割とパフォーマンス性―震災体験の語りの分析より」佐藤彰・秦かおり編著『ナラティブ研究の最前線―人は語ることで何をなすのか』(ひつじ書房、2013年)、"Aisatsu" In Gunter Senft, et al. (eds.), *Culture and Language Use.*(John Benjamins Publications, 2009年)、『箸とチョッカラク―ことばと文化の日韓比較』(共著、大修館書店、2004年)。

大津友美(おおつ ともみ)
東京外国語大学大学院国際日本学研究院准教授
(主著・主論文)"Turn-taking practices in conversation-for-learning" *Pragmatics and Language Learning* 13(NFLRC, 2013年)、「会話における冗談のコミュニケーション特徴―スタイルシフトによる冗談の場合」『社会言語科学』10(1)(社会言語科学会、2007年)、「親しい友人同士の雑談におけるナラティブ―創作ダイアログによるドラマ作りに注目して」『社会言語科学』8(1)(社会言語科学会、2005年)。

岡本能里子(おかもと のりこ)
東京国際大学国際関係学部教授
(主著・主論文)『メディアとことば 1』(共編、ひつじ書房、2004年)、『メディアとことば 3』(共編、ひつじ書房、2008年)、「コミュニケーション能力を超える「能力」とは―マルチリテラシーズにおけるデザイン概念から考える」片岡邦好・池田佳子編『コミュニケーション能力の諸相―変移・共創・身体化』(ひつじ書房、2013年)。

片岡邦好(かたおか くによし)
愛知大学文学部教授
(主著・主論文)『コミュニケーション能力の諸相―変移・共創・身体化』(共編、ひつじ書房、2013 年)、"The "body poetics": Repeated rhythm as a cultural asset for Japanese life-saving instruction" *Journal of Pragmatics* 44 (Elsevier, 2012 年)、"Variability of spatial frames of reference in the wayfinding discourse on commercial signboards" *Language in Society* 34 (4) (Cambridge University Press, 2005 年)。

白井宏美(しらい ひろみ)
慶應義塾大学総合政策学部准教授
(主著・主論文) *Eine kontrastive Untersuchung zur deutschen und japanischen Chat-Kommunikation* (日独のチャットコミュニケーションに関する対照研究) (Peter Lang, 2009 年)、Torsten Siever/Peter Schlobinski 編 *Microblogs global. Eine internationale Studie zu Twitter & Co. aus der Perspektive von zehn Sprachen und elf Ländern* (10 言語 11 ヶ国のツイッターに関する対照研究) (共著、Peter Lang, 2013 年)、「聞き手は『わからない』をどのように可視化するのか―日独比較マルチモーダル分析」『社会言語科学会第 31 回大会発表論文集』(共著、社会言語科学会、2013 年)。

菅原和孝(すがわら かずよし)
京都大学名誉教授(元京都大学大学院人間・環境学研究科教授)
(主著)『ブッシュマンとして生きる―原野で考えることばと身体』(中央公論新社、2004 年)、『ことばと身体―「言語の手前」の人類学』(講談社、2010 年)、『狩り狩られる経験の現象学―ブッシュマンの感応と変身』(京都大学学術出版会、2015 年)。

筒井佐代(つつい さよ)
大阪大学大学院言語文化研究科教授
(主著・主論文)『雑談の構造分析』(くろしお出版、2012 年)、「『N/Na/A ですか』『V- ますか』による質問の出現位置と談話展開上の機能」『社会言語科学会第 31 回大会発表論文集』(社会言語科学会、2013 年)、「話しことば教育の体系化と会話の構造分析―言語行動と状況によるシラバス作成の提案」『タイ国日本研究国際シンポジウム 2007 論文報告書』(チュラーロンコーン大学文学部東洋言語学科日本語講座、2008 年)。

執筆者紹介　319

平本　毅(ひらもと　たけし)
京都大学経営管理大学院特定助教
(主論文)「他者を「わかる」やり方にかんする会話分析的研究」『社会学評論』62(2)(日本社会学会、2011 年)、「会話分析の「トピック」としてのゴフマン社会学」中河伸俊・渡辺克典編『触発するゴフマン―やりとりの秩序の社会学』(新曜社、2015 年)、「社会的活動としての想像の共有―科学館新規展示物設計打ち合わせ場面における「振り向き」動作の会話分析」『社会学評論』66(1)(共著、日本社会学会、2015 年)。

坊農真弓(ぼうのう　まゆみ)
国立情報学研究所コンテンツ科学研究系・総合研究大学院大学准教授
(主著・主論文)『知の科学　多人数インタラクションの分析手法』(共編、オーム社、2009 年)、「手話会話に対するマルチモーダル分析―手話三人会話の 2 つの事例分析から」『社会言語科学』13(2)(社会言語科学会、2011 年)(2011 年度第 11 回徳川宗賢賞萌芽賞受賞論文)、「ロボットは井戸端会議に入れるか―日常会話の演劇的創作場面におけるフィールドワーク」『認知科学』22(1)(日本認知科学会、2015 年)。

堀田秀吾(ほった　しゅうご)
明治大学法学部教授
(主著)『人間関係の 99％はことばで変わる！』(青春出版社、2015 年)、『なぜ、あの人の頼みは聞いてしまうのか―仕事に使える言語学』(筑摩書房、2014 年)、『法コンテキストの言語理論』(ひつじ書房、2010 年)。

村田和代(むらた　かずよ)＊
龍谷大学政策学部教授
(主著・主論文)"An empirical cross-cultural study of humour in business meetings in New Zealand and Japan" *Journal of Pragmatics* 60 (Elsevier, 2014 年)、*Relational Practice in Meeting Discourse in New Zealand and Japan* (Hituzi Shobo, 2015 年)、『共生の言語学』(編著、ひつじ書房、2015 年)。

山内 裕(やまうち ゆたか)
京都大学経営管理大学院准教授
(主著・主論文)『「闘争」としてのサービス―顧客インタラクションの研究』
(中央経済社、2015 年)、"Reflexive organizing for knowledge sharing: An ethnomethodological study of service technicians" *Journal of Management Studies* 52
(6) (Wiley, 2015 年)、"User knowledge transformation through design: A historical materialism perspective" *Information and Organization* 24 (4) (Elsevier, 2014 年)。

山口征孝(やまぐち まさたか)
慶應義塾大学経済学部・獨協大学経済学部非常勤講師
(主著・主論文) *Approaches to Language, Culture, and Cognition: The Intersection of Cognitive Linguistics and Linguistic Anthropology* (Palgrave MacMillan, 2014 年, Dennis Tay, Benjamin Blount と共編著)、"Reconsidering communicative competence in Web 2.0 environments: 'Asians in the library' and four parodic responses on YouTube" *Language & Communication* (Elsevier, 2013 年)。

雑談の美学―言語研究からの再考

The Kaleidoscope of Small Talk: A Linguistic Approach

Edited by Kazuyo Murata and Risako Ide

発行	2016 年 2 月 18 日　初版 1 刷
定価	2800 円＋税
編者	ⓒ 村田和代・井出里咲子
発行者	松本功
装丁者	坂野公一＋吉田友美（welle design）
印刷・製本所	三美印刷株式会社
発行所	株式会社 ひつじ書房
	〒112-0011 東京都文京区千石 2-1-2　大和ビル 2 階
	Tel.03-5319-4916　Fax.03-5319-4917
	郵便振替 00120-8-142852
	toiawase@hituzi.co.jp　http://www.hituzi.co.jp/

ISBN978-4-89476-786-7

造本には充分注意しておりますが、落丁・乱丁などがございましたら、
小社かお買上げ書店にておとりかえいたします。ご意見、ご感想など、
小社までお寄せ下されば幸いです。

日本語語用論フォーラム 1
加藤重広編
定価 4,800 円＋税

ブックレット
市民の日本語へ　対話のためのコミュニケーションモデルを作る
村田和代・松本功・深尾昌峰・三上直之・重信幸彦著
定価 1,400 円＋税

3.11 原発事故後の公共メディアの言説を考える

名嶋義直・神田靖子編

定価 2,700 円＋税

ナラティブ研究の最前線 人は語ることで何をなすのか

佐藤彰・秦かおり編

定価 4,000 円＋税

**Relational Practice in Meeting Discourse
in New Zealand and Japan**
村田和代著
定価 6,000 円＋税

共生の言語学 持続可能な社会をめざして
村田和代編
定価 3,400 円＋税